国家出版基金项目
NATIONAL PUBLICATION FOUNDATION

中国少数民族设计全集

The Design Collection of Chinese Ethnic Minorities

达斡尔族

中国少数民族设计全集编纂委员会 编

山西人民出版社　人民美术出版社

图书在版编目（CIP）数据

中国少数民族设计全集.达斡尔族／中国少数民族设计全集编纂委员会编；姬莹，彭小丹著.—太原：山西人民出版社，2019.9
ISBN 978-7-203-10959-4

Ⅰ.①中… Ⅱ.①中… ②姬… ③彭… Ⅲ.①达斡尔族－民族文化－研究－中国 Ⅳ.① K28

中国版本图书馆CIP数据核字（2019）第142296号

中国少数民族设计全集.达斡尔族

编　者：	中国少数民族设计全集编纂委员会
著　者：	姬　莹　彭小丹
责任编辑：	冯　昭
复　审：	傅晓红
终　审：	阎卫斌
装帧设计：	谢　成

出 版 者：	山西人民出版社　人民美术出版社
地　　址：	太原市建设南路21号
邮　　编：	030012
发行营销：	0351－4922220　4955996　4956039　4922127（传真）
天猫官网：	https://sxrmcbs.tmall.com　电话：0351－4922159
E—mail：	sxskcb@163.com　发行部
	sxskcb@126.com　总编室
网　　址：	www.sxskcb.com

经 销 者：	山西出版传媒集团·山西人民出版社
承 印 者：	山西出版传媒集团·山西新华印业有限公司
开　　本：	889mm×1194mm　1/16
印　　张：	24.25
字　　数：	280千字
印　　数：	1—1 000册
版　　次：	2019年9月　第1版
印　　次：	2019年9月　第1次印刷
书　　号：	ISBN 978-7-203-10959-4
定　　价：	340.00元

如有印装质量问题请与本社联系调换

中国少数民族设计全集编纂委员会

总 主 编（按年龄排序）
　　　　　　张夫也　王立端　戴晋明　廖　军　王　琥　李豫闽　过伟敏　顾　平
　　　　　　王　强　李　岗
执 行 主 编　王　琥
编 务 统 筹　张明山

中国少数民族设计全集编辑工作委员会

主　　　任　刘伟冬
编　　　委（排名不分先后）
　　　　　　王　琥　王　峰　王　强　王立端　王浩滢　白　波　过伟敏　许　星
　　　　　　许边疆　李　岗　李　丽　李豫闽　成光虎　肖　飞　余　强　汪传跃
　　　　　　罗　力　杨明朗　陈　述　陈见东　邱　珂　胡万明　顾　平　郑　静
　　　　　　郭立忠　姬　莹　张夫也　张泽国　张明山　张秋平　张耀引　梁盛平
　　　　　　樊　进　谢　玮　熊　伟　熊　微　熊建新　蔡克中　葛　芳　鞠　斐
　　　　　　魏　洁　廖　军　戴晋明

中国少数民族设计全集出版工作委员会

主　　　任　胡彦威　周　伟
执 行 主 任　姚　军　欧京海
编 务 统 筹　阎卫斌　周小龙
编　　　辑（排名不分先后）
　　　　　　王新斐　史美珍　冯　昭　冯灵芝　吉　昊　吕绘元　刘小玲　任秀芳
　　　　　　孙　琳　孙宇欣　李广洁　李建业　李　靖　员荣亮　张小芳　张志杰
　　　　　　张书剑　何赵云　陈俞江　吴春华　武　静　周小龙　柳承旭　郝文霞
　　　　　　赵　玉　赵晓丽　席　青　秦继华　高　雷　郭向南　阎卫斌　崔人杰
　　　　　　傅晓红　蔡咏卉　翟丽娟　樊　中　薛正存　魏　红　魏美荣
整 体 设 计　谢　成

中国少数民族设计全集·达斡尔族

本册著者　姬　莹　彭小丹
参与撰写　沃大川（达斡尔族）　沃宝华（达斡尔族）　苗　颖　韩宪军
　　　　　　郭旭光（达斡尔族）　张宝君　敖景峰（达斡尔族）
　　　　　　敖登褂（达斡尔族）　武　坤（鄂温克族）　张艺飞
　　　　　　苏都尔·伟伟（达斡尔族）　于　博　张宇泓　王　莹
　　　　　　宋晓凰　李　婕　孟凡奇　刘　祥　杜博伟（达斡尔族）
　　　　　　郭启武（达斡尔族）

求同存异　和合共荣

刘伟冬

中华民族，是一个由56个民族组成的大家庭。在漫长的文明发展史中，汉族和各少数民族都为中华文明的繁荣发展贡献了自己的聪明才智。纵观中华文明史，其实就是一部各族群之间"求同存异，和合共荣"的文化演进史。

从根子上讲，4000年前的"中国"，仅指北方中原地区，居住在这里的相传是上古时期黄帝部落和炎帝部落的后裔，故而自称"炎黄子孙"。其时的"中国"，不过是黄河中下游（西起陇山，东至泰山）区域。在千年发展与民族融合之后，尤其是晋末"衣冠南渡"，南迁的中原汉族与南方百越民族彻底融合，来自北方的鲜卑等民族融入汉族，使汉族前所未有地壮大发展，逐渐形成后来疆域辽阔、人口众多、物产繁盛、文化昌明的中华民族的主体族群。特别值得强调的是，自从作为一个民族整体之后，中华民族就从未中断过自己的民族发展史——这在世界历史上是硕果仅存、独一无二的。

中华民族具备兼容并蓄、虚心好学的民族天性。仅以设计学范畴的事例讲：在数千年文明发展历史中，中华民族在不断向外输出优秀的文明成果（如烧造之陶瓷砖瓦、营造之榫卯斗拱、织造之丝绸刺绣、锻造之"失蜡"分模等），影响全人类的日

常生活与生产方式的同时，也不断地吸纳域外各民族的优秀文明成果，如汉魏之印度佛教和西域音乐、隋唐之西亚服饰和家具、宋元之东洋印染和漆艺、明清之西洋机器与建筑……在中华民族内部，这样的文化交流更是从未停止过，而且是风生水起、枝繁叶茂，愈发流畅、深入，中华民族各族群之间"求同存异，和合共荣"的文化大演进，共同创造了中华民族极为灿烂辉煌的造物文明历史。仍以设计学范畴为例：原本是匈奴人发明的单足绳圈，被晋代的汉族人设计成铁质双镫；最早是鲜卑人原创的毡毯卷边，被晋代的汉族人改造成"高桥马鞍"，这宗中国式马具设计案例，被誉为"13世纪中国传入欧洲的最重要文化成果"（李约瑟语）。再如，西域（今新疆地区）是全世界最早的皮靴生产地，哈尼族为主的红河地区出现了全世界最早的梯田。再如，全世界最早的"干栏式建筑"和全世界最早的稻米人工育种、栽培，均起源于长江中下游的百越地区；全世界最早的竹藤编结器物起源于闽越地区……由中华民族共同创造、发明，后来又影响了全人类文明进程的优秀造物设计案例很多，不胜枚举。几千年中华民族的文明史，就是各种文化多元融合、共同发展的最好例证。不了解中华民族内部各族群的文明交流史，就无法真正理解中国文化史，也不能理解为什么中华民族总是能在逆境中成长强大。甚至可以说，能否完整地理解中华民族的文化史，是检验每一个当代中国知识分子（特别是文史哲专业的学者）文化立场的"试金石"。

随着改革开放的逐渐深入，各民族地区的经济与社会状态已发生了天翻地覆的变化。令人遗憾和担心的是，由于各地区政策执行力度不平衡，保护措施不得力，少数民族的文化特性正在逐步衰退，有些地区的少数民族文化特征甚至已经消失殆尽，仅仅存在于徒具形式，充满口号、标语的民族文化村旅游景点中。有学者预言，再不加快整理抢救工作，中国的少数民族可能在物质形态和文化内涵的特征上，若干年后将不复存在。

从少数民族地区反映古代中国社会某些面貌的文化遗存看，这些少数民族之所以一直与汉族地区差距巨大，存在多方面的原因，其中历代汉族统治者对少数民族的歧视政策是主要原因。此外这些地区本身就处于偏僻荒地，不是沙漠就是山区，自然条件远不及汉族聚集地区，社会发展水平滞后。20世纪50年代，有相当比例的少数民族在当时仍处于原始农耕社会或奴隶制社会，不要说通电、通水、通汽车，不少人一辈子连铁器长什么样都没见过。部分少数民族聚集地的各种自然条件也较差，缺肥少水，基本生活来源，一靠老天爷恩赐的"望天收"农作物；二靠家庭手工作坊制作些竹藤编结物和土织、土陶等土特产来换取粮食；三靠养猪、兔、羊和鸡、鸭、鹅等家禽来换取日用品，如灯油、农具、衣物和油盐酱醋等；四靠为土司、头人和大户们出卖劳力（社会底层奴隶身份），年老即被抛弃。中华人民共和国成立后，党和政府在这些地区实行社会主义改造，打倒以土司、巫师和头人为首的剥削阶级，将土地和生产资料一律收归集体所有，解放了全体少数民族民众，使他们历史上第一次有了自由劳作和生活的权利。

中华人民共和国成立之初，党和政府就高度关注民族事务问题，为如何保护、关心各少数民族制定了一系列方针、政策，也为当代中国社会处理民族问题、保护民族文化树立了光辉典范。中央人民政府政务院于20世纪50年代初发布了《关于民族事务的几项决定》，为新中国民族政策奠定了最初的思想基础，其主要内容是：一、各大行政区军政委员会（人民政府）须指导各有关

求同存异　和合共荣

省、市、行署人民政府认真推行民族区域自治及民族民主联合政府的政策和制度，并随时向政务院报告推行经验，请示者须事前向政务院请示。二、各大行政区军政委员会（人民政府）须指导各有关省、市、行署人民政府认真并有计划地实行政务院在1950年颁发的《培养少数民族干部试行方案》，并将该项工作进行情况定期加以检查，每半年向政务院报告一次。中央民族学院及西北、西南、中南各军政委员会和新疆省人民政府的民族学院，必须依计划实行，并向政务院报告。三、政务院于1951年下半年适当时间将同时召开有关少数民族的卫生、教育及贸易三个专业会议，责成政务院文教委员会、中财委指导中央卫生部、教育部、贸易部开始筹备，并责成中央民族事务委员会协助进行。有关部门如农业部、文化部也须派人参加。四、责成中央人民政府各委、部、会、院、署、行注意建立有关民族事务的业务。五、在政务院文教委员会内设民族语言文字研究指导委员会，指导和组织少数民族语言文字的研究工作，帮助尚无文字的民族创立文字，帮助文字不完备的民族逐渐充实其文字。六、扩大中央民族事务委员会委员名额，责成中央民族事务委员会提出补充名单的建议，并于1951年下半年召开中央民族事务委员会扩大会议，检查与总结关于推行民族区域自治及民族民主联合政府的经验。

20世纪50年代，中央人民政府和政务院，曾多次组织"中央慰问团""土改工作队"和"普查工作队"等，花费大量人力和物力，深入各少数民族地区，进行了大量较为翔实的社会历史调查。50年代这轮由政府统筹、由中央民委组织行政领导和人类学、社会学专家学者以及民族同志组成工作队与考察队的少数民族大考察活动，1953年正式启动，1956年结束（个别地区延期至1958年才结束）。直接成果之一，就是为1956年国务院公布的55

个少数民族的正式定名和划分，提供了可靠的依据。

从当时考察的资料看，各少数民族的社会发展水平参差不齐，不少民族呈现类似汉族曾经历过的各种历史发展状况，为我们今天考察、了解并研究过去的历史以及各学术分支问题，提供了绝好的活体范本。比如以"设计发生学"研究为例，以山寨（村落）为主的初级社会组织形态，原始手工业在农耕环境中的地位，原始造物的手工技艺与设备、工具等，都是我们极感兴趣的研究对象。

在西北、西南和东北各少数民族聚集地区，有些古时流传下来的本民族手工造物技术，迄今仍保存良好。其吸收了汉族和其他兄弟民族的技术长处之后演变出来的各时段手工造物技术，则印证了各民族互相融合、取长补短的史实。更有些原始手工艺，特别具有艺术和历史研究价值。以维吾尔族人为例，本世纪初，笔者在新疆喀什城艾格孜艾日克老街看到几样手工艺绝活：其一是整条街的维吾尔族乐器店，除了热瓦普、曼陀林和冬不拉等少数维吾尔族知名乐器外，全是些笔者叫不上名来却似曾相识的弹拨乐器和拉弦乐器，于是从心里认可了"西域古乐成就了中国传统民乐"这句话所言不谬。其二是亲眼所见一个拖着鼻涕的不到10岁的维吾尔族小男孩，拿着电砂轮在铜壶上信手飞快地刻着精美细腻的图案，一不要底稿，二没有图纸，真是佩服得五体投地，也相信了"汉族人长于热铸，西域人长于冷锻"这个说法。其三是在喀什近郊著名的大巴扎"金器一条街"上看见近百家金店生意红火，家家门前毡毯上都围坐着一群金店伙计和顾客，正在热烈讨论、共同设计着花样繁多的未来金饰嫁妆，感受到了"中国传统样式的金银首饰工艺，最富有创意的设计和最先进的工艺制作，原来在维吾尔族人手里"这句大实话。还有，笔者

求同存异　和合共荣

在云南景洪县城集市上，曾亲眼见过景颇族老乡用古老的"焖烧法"烧出的红彤彤的土陶——跟笔者一知半解的仰韶彩陶的烧制工艺几乎一模一样。还有，笔者在大西北甘陕宁各省亲眼所见的回族、保安族、裕固族和东乡族老乡巧手做出的那些花样繁多、样式复杂的面塑造型，真是个个精妙绝伦。这方面的事例实在太多了。

50年代的少数民族地区社会大普查，以及半个多世纪以来社会各界对其丰富而珍贵的考察、研究，意义深远，价值极为重大。这些地区客观上保存的较为完整的、与数千年前中国原始社会最初形态近似的许多社会特征，为我们研究社会的最初形态形成和当时的经济、文化、政治的基本状况以及"设计发生学"的相关课题，提供了珍贵的类型学"活化石"范本，价值非凡。改革开放以来，这些少数民族地区也获得了前所未有的巨大发展，人民生活日新月异；但与此同时，少数民族地区的民族性在不可避免地愈发衰减、退化，甚至消失。如果我们再不采取保护措施，若干年后，各少数民族的许多宝贵民族文化遗产将无法挽救地彻底消亡，这部分同属于全人类精神财富和中华民族集体智慧的宝藏，我们将再也看不到了。

在"设计发生学"问题上，我们一向秉持文化多元论的观点，认为人类文明是全世界人民共同创造的，各国家、地区、民族均做出过大小不一、形态各异的贡献；同理，中华民族的灿烂文明是中国的各族人民共同创造的，每个民族都对中华传统文化做出过贡献，也都应当得到尊敬和肯定。中国的各少数民族在中华文明漫长的演化过程中，都曾经以自己独特而充满智慧的文明成果，补充、完善甚至改良着中华文明。比如，古代西域的龟兹古国各民族创造或引自西亚的弹拨乐器和拉弦乐器以及音律、曲

式，彻底改造了中国古代音乐，新创作出代表中国古乐精髓的江南丝竹；南疆的维吾尔族和北疆的哈萨克、塔塔尔、塔吉克等族首创了制革术，并引进古波斯革皮书籍装帧术和制靴术、制毡术、毛衣编结术；海南岛的黎族率先种植棉花并纺织棉布，传入内地后棉织业逐渐形成中国古代手工行业的"天下第一营生"……保护少数民族的民族文化特性，就是保护我们的历史遗产，就是传承我们的文明。我们应进一步发扬文化兼容的优良传统，把振兴中华的百年民族复兴梦，逐步落实为将大中华建设成为中国各民族共同拥有的美好家园。

由上千名来自全国各高等艺术院校的教授、研究生组成的55支团队参与编撰的《中国少数民族设计全集》（55卷），正是有识之士基于对各少数民族的民族文化特性正在快速衰减、消亡的严重现实问题的深切忧虑而进行的抢救、发掘、整理中国少数民族文化遗产的重要文化工程。经过两年精心筹划，六年努力写作，在国家出版基金管理部门的支持下，在山西人民出版社和人民美术出版社的策划和组织下，目前《中国少数民族设计全集》的书稿编撰工作已基本完成，即将付梓。在长达八年的漫长过程中，全国兄弟院校各团队涌现出的各种可歌可泣的事迹经常感动着笔者，并不时鞭策着全体作者克服千难万险，一路向前。有的分卷作者身患绝症仍不眠不休地忘我工作，有的分卷作者遭遇各种意外仍坚持工作。特别是，很多民族同志公而忘私、不计较个人得失，有人不惜将自己赚钱的企业关张歇业，全身心地投入各自所负责分卷的繁重编撰工作中；有人义无反顾地将自己珍藏多年的本民族实物、资料和研究成果无偿提供给相关分卷作者。大家万众一心，克服各种复杂得难以想象的困难，以确保这部凝聚了众人八年心血的巨著，能按计划如期完成。借此机会，笔者谨

代表本丛书编委会全体成员，向领导、编辑和作者们表示衷心的感谢！

作为一项文化创举，笔者深信《中国少数民族设计全集》必将在未来岁月的长期检验中，愈发显现其非凡的、独特的文化价值。

2017年夏季于南京

前言

达斡尔族是我国北方古老的少数民族之一，达斡尔族在日常的生活与生产实践中所产生的造物文化是达斡尔族民众切实的观念和行为，具有一定的程序性、稳定性及模式化特点，达斡尔人世世代代相传承，延续至今。达斡尔族的文化源远流长，我们可以从达斡尔族现存的民族文物中得以证实。达斡尔族的民族文化及造物思想极为丰富，虽经沧海桑田的社会历史变迁，仍然有一大批有价值的民族文物保留下来。我们对达斡尔族造物文化的研究便从目前存在的造物形态开始，追寻它在那些年代里所产生的熠熠生辉的外在特色形态和内在实用价值。在物质层面，不论狩猎、渔业、交通、农耕方面的文物都具有较强的地域民族造物特征，而精神层面则更多地折射出达斡尔族自身的文化特征。达斡尔族的造物文化涉及的内容很多，要想研究达斡尔族民族造物文化、设计思想，必然离不开对达斡尔族的历史发展、宗教文化、生活习俗的研究。

一、达斡尔族概况

近一个多世纪以来，国内外学者对于达斡尔族的渊源提出了各种不同的见解。有些学者认为，达斡尔族是土著的后裔，因为达斡尔人最开始主要分布在黑龙江以及精奇里江的河谷流域，那时的达斡尔人便向中原进贡；辽、金、元时期，中原地区向达斡尔族行使了管辖权；明代以后，达斡尔族又在黑龙江北部旧居地建立安定的居住环境，因此有些学者认为黑龙江以北土著民族的后裔便是达斡尔族的先民。但大部分学者认为，契丹的一个分支即大贺部落是达斡尔族的先民，因为达斡尔族在语言、历史传说和宗教习俗等方面

与契丹人有更多的相同之处，又因为辽代灭亡以后，契丹人被迫迁到黑龙江以北，后来该地区发展成为达斡尔族的聚居地。在本书的编写过程中，我们通过莫力达瓦达斡尔族自治旗达斡尔族学会，采访了一些资深的民间达斡尔族学者，包括达斡尔族学会会长、莫力达瓦达斡尔族民俗博物馆馆长郭旭光先生，他们也更为认同"契丹后裔"说。

达斡尔族的历史悠久，据史料记载，达斡尔族的渊源可追溯到公元11—12世纪，源于大兴安岭南麓的洮儿河，是契丹族其中的一个部落即大贺部落，又称为"达呼尔""达糊里"等，这一部落一直延续下来，成为今天的达斡尔族。达斡尔族居住在西拉木伦河、洮儿河一带，北至黑龙江流域，西起石勒喀河，东至精奇里江及牛满江的黑龙江北岸广大地区，从这个时期开始，达斡尔族的历史发展有了详细的史料记载。

17世纪初，达斡尔族过着游牧民族的生活，随寒暑逐水草，以畜牧捕鱼为业，同时也种植五谷，从事农业，栽培各种蔬菜水果。从黑龙江北岸南迁后，达斡尔人逐渐过上了定居生活，在嫩江流域开始了对我国东北黑土地的探索。在汉族的影响下，达斡尔人开始建造自己有窗户的房子，窗上糊着薄油纸。达斡尔人根据黑龙江北部的气候及自然条件种植着大麦、燕麦、糜子、大麻、荞麦等。在黑龙江及精奇里江沿岸地区，达斡尔族的村落一个挨着一个，他们用勤劳的双手及得天独厚的物质条件，不仅给嫩江流域带来了不同形式的生产方式，而且不断向嫩江流域注入了新的活力。达斡尔族用自产自销所剩余的农产品，换取临近民族的狩猎产品及牲畜，用貂皮等换取内地汉族的铁器与纺织品，互通有无的交易，不仅丰富了各民族的物质生活，也促进了北方多民族经济的发展。

17世纪中叶，沙俄几次入侵我国北部边境，达斡尔人奋力抵抗，英勇奋战，用自己的鲜血捍卫了神圣的领土，为民族的解放，进行了不屈不挠的斗争。同时，达斡尔族在应征参战过程中，接触了更多的外民族文化，对民族文化的发展起到了积极的作用。这个时期，达斡尔族的建筑业也有了相当规模的发展，人们的居住区已经变成了城堡和屯落（包括有数十个自然屯），建造了较为坚固的防御设施，有楼堡、高墙、瞭望台、射箭的塔楼，还有战备洞室和坑道。达斡尔人以他们的聪明才智，保障了自然经济生活，创造了较高的物质文化，写下了自己民族光辉的篇章。

明末清初，达斡尔族同样处于战争局面，社会处于基本封闭、简单自给自足的状态，表现出极大的保守性。达斡尔人渴望和平，寻求安稳的生活，为应对沙俄入侵的危机及满族统治者巩固东北和西北地区边防的政策要求，被迫经历了近百年的迁徙。他们离开了世代繁衍的故居，重新踏上新的征程，这给达斡尔人的生活带来了巨大的困难。他们赶着牛车，扶老携幼，没有任何目的地，车马坏在哪里，就作为他们新的居住地，停留在那里生存。由于这些地区接近满汉居住地，因此对接受先进的文化，促进达斡尔族社会的发展，起到了积极的作用。从黑龙江北岸至嫩江流域的迁徙，是达斡尔族居住地历史性的变迁，形成了目前我国达斡尔族大分散、小聚居的分布特点。

清末民初时期，不断地被征调参战给达斡尔族造成了严重的灾难。尽管达斡尔人负担着繁重的兵役、徭役和向中原贡貂等义务，但是他们的经济在原有的半耕半牧、多种经营为特点的自然经济基础之上也有相应的发展。清代，达斡尔族编入八旗之后，人们纷纷迁居到嫩江流域和讷漠尔河流域，新的地理环境和历史条件，为达斡尔族的发展提供了有利的因素。达斡尔族与其他兄弟民族的经济文化交流更为频繁，随着外国资本主义因素在中国东北的介入渗

透，出现了很多的边镇、屯集。达斡尔族在生产生活过程中出现了商品经济、雇佣关系、阶级分化，达斡尔族进入了封建社会。

抗日战争、解放战争时期，达斡尔族与东北各民族一道，为东北地区抗日以及最终解放作出了杰出贡献。中华人民共和国成立后，根据本民族意愿，统一定名为达斡尔族。这一时期达斡尔人主要居住在内蒙古自治区呼伦贝尔市的莫力达瓦达斡尔族自治旗，黑龙江省齐齐哈尔市的梅里斯达斡尔民族区，新疆维吾尔自治区塔城市阿西尔达斡尔民族乡等地。现在全国有二十多个省市自治区有达斡尔人分布。在中国共产党的领导下，达斡尔人实现了长期以来的民族解放夙愿，进入了全面发展的社会主义时期。达斡尔族与汉族、鄂温克族、赫哲族、鄂伦春族、蒙古族、满族等相邻并且和睦相处，通婚、联谊。在各民族相互影响下，达斡尔族的生产方式从狩猎、捕鱼、采集为主逐步发展到以农耕为主，以渔猎为辅，民族文化也呈现出多元的特点。

二、达斡尔族文化生态

达斡尔族是北方少数民族中最早从事农、林、牧、渔、猎业的定居民族，"设木城数座，以备外虞，建设房院，种田狩猎为生计"。（钦同普《达斡尔族志》）达斡尔族的村落多建在依山傍水环境优美的地方，建筑群落与自然环境构成了田园风格的村落。伴随着长期渔猎农耕，达斡尔人在认识自然了解自然的过程中，逐渐掌握了可持续利用资源的本领，在生产实践过程中创造了多种生产工具，在生活中创造了大量的与衣食住行相关的用具，对资源的利用达到了优质化、高效化。

达斡尔族是我国目前没有文字的少数民族之一，达斡尔人在生产实践中借用汉文、蒙文及其他兄弟民族的文字来记录表述日常的生活场景，并展示、建构本民族文化思想，传承本民族的文化知识。

　　达斡尔族主要聚居地为中温带大陆性气候，四季分明，每年十月份以后进入秋冬季节，冬季寒冷漫长，最低温度会达到-45℃。达斡尔人在建造房屋时要格外考虑冬季房屋的耐寒能力，在房屋构造上采取保温构造，早期流传着"窗户纸糊在外"的说法，即为了保暖，将特制的油纸糊在窗外，这样不仅能抵挡寒风，同时防止雪落在窗上立即融化使窗纸脱落。后期达斡尔人在室内装设取暖设备，形成了适应北方地区特有的防寒取暖功能的居住特征。每年五月份以后，进入春夏季，温热多雨，适宜农、牧、渔业等生产活动。寒来暑往，造就了达斡尔人特有的为了适应地理环境而自然形成的物质生活方式和民族传统习俗。农耕、放牧、狩猎、捕鱼等多种生产方式兼容并蓄，得天独厚的自然资源使达斡尔人创造了丰富多彩的民族文化。达斡尔人世世代代在繁茂的大兴安岭、清澈的嫩江流域和辽阔的呼伦贝尔草原上繁衍生息，这对达斡尔族历史的发展，文化的形成、延续和变化起着重要的作用。

　　达斡尔族的民俗极具本民族的特色，在长期的生产生活中，达斡尔人形成了一整套生活习俗并世代相传。达斡尔人纯洁朴实，善于射猎，英勇善战，面对艰难困阻从不退缩畏惧。达斡尔人冬季以狩猎为主，夏季以农耕为主，饮食一般以各种动物、飞禽的肉为主，少量谷物、干菜为辅。狩猎的习俗使达斡尔族形成了传统饮食及服饰习惯，他们把飞禽做成鲜汤，兽皮做成衣服、被子，解决了基本的生活需求。夏季，主食以米面为主，大量种植的新鲜蔬菜成为夏季的主要食材；进入秋季，达斡尔人开始晾晒干菜、腌制咸菜，一年四季形成了饮食多样化的特点。

　　达斡尔人喜欢择水而居，因此渔猎成为达斡尔族的一种生产方式。各种江河的鱼成了达斡尔人主要的佳肴。在服饰方面，达斡尔族的皮质服饰较多，早年在以狩猎为主要生产方式的年代，没

前言

有布料、丝绸等，故而里里外外基本都以兽皮制作。清代以后随着布料的引进，达斡尔人的内衣及在田间耕种时穿着的衣服都是以布衣为主。服饰的图案以太阳、山水、射猎场景等为主，体现了对狩猎的崇拜与喜爱。达斡尔族村屯坐落于山的阳坡，临近江河的平原上，依山傍水，便于捕鱼、畜养和耕种，更便于狩猎、采伐。达斡尔族的屯基宽阔，为了便于劳作，人们会在房屋的后侧及左右选择可以耕种的田地，以规整的矩形为主。达斡尔人的院落，远看阡陌连片，十分规整，院内整洁宽敞，屋舍布排合理，人畜分离，物品归放井然有序，充分体现了达斡尔人热爱生活、善于思考、科学规划、热爱劳动的民族精神。

达斡尔人一直都非常重视礼仪，在日常生活中，以年长的为尊，年老的人无论在什么场合中，都会受到年轻人的尊重。另外，按照尊卑顺序，年轻人如果是上一辈也要就坐在上席，年长些的如果是晚辈也只能坐在下席。年轻人要向长辈让座、请安、敬烟、敬酒、让路等。行礼时双手指尖对齐，平放至腹部，双膝呈半蹲状，头微低。达斡尔族礼仪中，尊敬老人是特别重要的，千百年来这种优良传统一直传承延续。

达斡尔族为"多神"信仰，"万物有灵"的哲学思想一直延续至今，供祭多神灵，举行多种祭祀活动。达斡尔族每年举办的祭敖包活动，凝聚了达斡尔人千百年的历史、民族文化和情愫，是达斡尔人智慧和艺术的创造。达斡尔族信仰萨满教，萨满文化独具民族特色，族内各个氏族有不同的崇拜造型，有自然崇拜神、图腾崇拜神、始祖神、萨满神等。从现存的文物看，达斡尔族的萨满文化与北方的鄂温克族、鄂伦春族、赫哲族、蒙古族等民族的萨满文化相比，既具有一定的地域性联系又有其自身的特色。

达斡尔族在悠久历史和文化发展中，还创造了丰富多彩的民族文艺、诗歌、手工艺等艺术形式。这些艺术形式集中反映了达斡尔族的生活面貌和思想感情，又是达斡尔族在各个历史进程中顽强拼搏、乐观生活的见证。

三、本卷选编的内容

本卷选取达斡尔族传统造物100个案例，展开了设计学解析。这些案例涉及达斡尔族传统生产、生活的方方面面，是达斡尔族全体民族成员在实践创造中的物化凝结。其中包括达斡尔族传统建筑、传统服饰、传统餐饮、传统生活用具、传统生产工具、传统手工艺、传统民俗和宗教造像共七大部分内容。

"达斡尔族传统建筑"部分选取了达斡尔族庭院、"介"字房、烟囱、蔓子炕、高脚仓房、西宅窗、"人"字围栏、室内门楣上的木雕饰件共8个案例。达斡尔族民居建筑院落规整、有层次，基本上秉承了中国传统的中轴对称格局。达斡尔人的院落十分讲究，院子四周根据各户经济的不同，以木板、杆木、柞木、柳条编篱笆为墙。一般院落为南北方向的长方形，中间用柳编篱笆墙将主院、副院及菜园等区分开。主院在北侧，中轴正中为正房，正房左右分别为狗舍猪圈，向南左右两侧有木制的阁楼式仓房，通风干燥，宜于储藏皮毛、谷物、肉食等。正房旁为高高耸立的烟囱，是从内室灶台沿地下向外建的烟道，便于防火和利用余热。副院中轴线有一条路直通向院外，左右有柳编篱笆墙间隔的小院，分别为马厩和牛圈，各自有通行的门。房后为菜园。达斡尔族田园风格的院落非常别致，人畜分开且距离较远，防污防噪，具有一定的科学性，显示出达斡尔族院落配置所特有的民族个性。尽管随着时代的不同院落会展现出不同的细微变化，但传统的特色一直保留着，因为达斡尔民居建筑突出地代表了本民族的文化特征，体现了达斡尔人的聪明和才智。

"达斡尔族传统服饰"部分选取了男子长皮袍、男子轻便皮袍、女子坎肩、女子狍皮服、女子长身礼服、仿生皮帽、短腰软底毛皮靴、短腰软底单布靴、袜子、儿童马甲、男子大襟皮袍、女子马褂、女子春季夹袍、女子过膝袍、男童套装衣衫、男子冬袍、女童服饰、女子单长袍、毛皮手套、绣花鞋、妇女裹头巾、礼帽、妇女银镯、发簪、头饰带共25个案例。达斡尔族的服饰具有浓郁的民族风格，早期达斡尔族生活以狩猎为主，由于生活相对封闭，服装的面料就地取材，不论男女老少都穿皮质的袍服、皮靴，戴皮手套。随着与满族等其他民族的交流、接触，达斡尔人开始穿着轻便的服饰，以布制为主的单、棉衣物，穿布鞋，戴布帽等。后期出现了丝绸制品，礼服、礼帽、绣花鞋都以丝绸质地为主。达斡尔族的服饰样式既有本民族的基本特色，同时在与满族及其他兄弟民族接触的过程中汲取了其他民族的服饰精华，多种文化元素在达斡尔族服饰上得到了协调体现。达斡尔族的男子服饰因生产生活和狩猎等不同场合以及季节的因素，会出现不同的类型，有轻便的狩猎皮袍，有适合收割农作物的皮袍，有适合捕鱼的皮质长靴以及皮手套、皮套裤、软底短靴等。妇女的服饰与造型比男子的复杂而丰富，早年女子同男子一样着白布内衣，外以皮袍、皮裤、软皮靴为主。清代以后，由于布料品种的流入与增多，出现了款式丰富的布料女装。女外套以短矮圆领、右衽式长袍为主，在一些礼仪场合会在长袍外加穿绸缎面的坎肩。在服饰纹样方面，男子的服饰一般选择太阳、山川、鹰以及与狩猎相关的纹样等，女子服饰一般选择花卉、动物、故事场景为装饰纹样。达斡尔族服饰款式多样、图案古朴、工艺精湛，体现了达斡尔族的地域习俗和民族文化，是值得保护和弘扬的少数民族传统服饰文化。

"达斡尔族传统餐饮"部分选取了柳蒿芽、铸铁茶水壶、炉烤

大饼、牛奶煮荞面片、手抓肉、油炸果子、奶皮等7个案例。达斡尔人的饮食非常具有民族特色，丰富多样，喜欢吃米、面、菜、肉、奶等。米食中的稷子米饭、豆饭、燕麦米饭、荞麦米饭及酸奶粥都是特色主食。达斡尔族早年因以种植荞麦为主，因此面食也以荞麦面为主，来客人时炒一两样小菜配饼吃。来贵客时，则做特色饮食招待，常见饮食是手抓肉、新鲜奶茶、野鸡汤、饸饹面、鱼饺等。烹调方式以煮、烤、炒居多。伴随着饮食，达斡尔族形成一系列的饮食活动，随着饮食活动的延续与发展，与满汉习俗兼容并蓄，逐渐形成了一套与本民族相适应的饮食文化。包括饮食种类、饮食方式、饮食禁忌以及在加工、制作和食用过程中形成的风俗习惯及其礼仪常规。达斡尔族的饮食习俗作为一种特定的文化符号蕴含着该民族的性格特征，随着时代的发展，其饮食习俗也发生了一些变化。

"达斡尔族传统生活用具"部分选取了大轱辘车、滑雪板、马鞍、烟袋、烟荷包、小炕桌、梳妆匣、油灯、小凳、木质花卉衣箱、桦树皮箱、木雕衣箱、摇篮、小桦、火镰盒、和面木盆、儿童便溺篓、储烟袋、狍皮背篓、狍皮被褥、铜镜、褡裢、木库莲共23个案例。达斡尔族在经历了狩猎生产方式的历史条件下，创造了大量的日常生活杂用器物，这些用具制造有着悠久的历史和传统，是传统文化的一个重组成部分。这些生活用具品种多样，造型美观，独具特色，主要有家居用品、生活用品、饮食用品等。达斡尔族木制、皮毛工艺及装饰艺术大部分是在原始狩猎生产过程中所创造出来的，既是原始狩猎经济基础上的物质文化，又是精神文化的重要体现形式之一。达斡尔族的日常生活器物具有实用性，它涉及达斡尔族生产、生活的各个方面，同时体现着达斡尔人的审美情趣及装饰情结。达斡尔族日常生活器物重装饰，采用多种装饰手法，如

剪、压、嵌、拼、贴、烫、雕、刻、编等。装饰风格粗犷豪放，充分表现了狩猎生活的特色，是特定自然环境下的产物。达斡尔族生活器物经久耐用，不变形、不开裂，防潮性能好，而且是纯手工制作，古朴的风格与现代艺术相结合，有着较高的收藏与欣赏价值。

"达斡尔族传统生产工具"部分选取了鱼罩、鱼洞、渔网、搓绳木制手摇器、弓箭、猎物夹子、猎刀、猎枪、鱼叉、鱼形小刀、砸苏子器、木制饸饹面床、肩胛骨饸饹面器、压制烟叶模具、鞣皮木器、捕杀半鸡网、犁杖、做鞋刀共18个案例。达斡尔族在长期的劳动实践中制造和使用了很多得心应手的劳动生产工具，这些工具的使用体现了达斡尔人的劳动智慧，也显示了达斡尔族与其他民族之间的长期交流，这种交流在客观上促进了达斡尔族生产生活方式的发展与进步，使他们成为北方少数民族中较早从狩猎生产方式进入农耕生产方式的民族，创造了鲜明灿烂的民族文化。达斡尔族的渔猎文明也是源远流长的，因此也创造了多种多样的捕鱼方法和实用工具，在现存的文物中，捕鱼工具是最为常见的。长期的狩猎、农耕、捕鱼等生产活动，使达斡尔人对各种野生动物的习性和生活规律非常熟悉，针对其不同特性采取不同的猎取方法，创造了大量的生产及猎捕工具，形成了具有民族特点的、独具特色的生产工具。

"达斡尔族传统手工艺"部分选取了桦树皮器皿、柳编制品、绣花枕头、桦树皮篓、柳编晾晒盘、剪纸、猎鹰尾上的装饰铃共7个案例。达斡尔族传统手工艺同人们的衣、食、住、行、用等各方面息息相关，也保存了独特的制作方法。这些传统手工艺将材料和装饰、美化、观赏的特点相结合，创作者既是使用者又是观赏者。在莫力达瓦达斡尔族自治旗的博物馆里，这些手工艺品大多集中在清末民国时期，在这个时期，达斡尔族大量接受了外来民族文化，尤其是物质文化的影响，开始接受外来装饰风格。达斡尔族传统手工艺追求实用，更追求完美，表达了达斡尔人真实的生活感受，抒发了达斡尔人淳美质朴的感情，体现了达斡尔人丰富的生活气息、民族生存状态、民俗文化内涵，更是研究达斡尔族造物文化的重要载体，因而受到各国各族人民的珍视与喜爱。

"达斡尔族传统民俗和宗教造像"部分选取了哈尼卡、婚俗、祭敖包、抹黑节、萨满神鼓、萨满神帽、萨满神衣、曲棍球、围鹿棋、扳棍赛、颈力赛共11个案例。在北方少数民族中，达斡尔族是较早进入农耕经济的民族，早期农牧渔林的生产方式是与自然相互依存的关系，形成的崇拜自然、"万物有灵"的信仰哲学思想一直延续下来，以自然主宰神为对象的拟人化"白那查"民俗信仰、祭坛式的"敖包"民俗信仰和崇拜图腾及萨满民俗成为不同时期一脉相承的信仰文化。达斡尔族的岁时节日习俗是长期以来多民族文化交流融合的结果，在节日的举办及程序方面存在着鲜明的民族特色。正月十六日是达斡尔族的黑灰节，也称抹黑节，现在的抹黑节已经逐渐演变成一种娱乐活动。敖包节，是达斡尔族的盛大节日，人们用石头堆积祭坛，宰羊或牛举行祭祀，感谢诸神给予的恩惠，祈求诸神显示神威，免除一切灾难。现在的敖包节，仍然保留着传统的祭祀形式，成为达斡尔族的传统民族节日。达斡尔族在一年的生产活动中，经常轮流举行各种体育竞赛、文体活动，例如：竞技、唱歌、跳舞、做游戏等，尽情释放自我。竞技比赛是达斡尔族传统文化的物化体现，蕴藏着达斡尔族的价值取向、审美意识、思维特点等。

四、本卷编辑思路

达斡尔族卷的编写工作始于2013年5月，由于达斡尔族主要居住在内蒙古自治区呼伦贝尔市的莫力达瓦达斡尔族自治旗、黑龙江

省齐齐哈尔市的梅里斯达斡尔民族区、新疆维吾尔自治区塔城市阿西尔达斡尔民族乡，实地考察地点相对集中，目标明确。达斡尔族编写团队成立后，主要通过与编务组中达斡尔族的成员相互沟通，了解达斡尔族的风俗习惯、人文环境等内容，并借助团队中达斡尔族成员的资源和当地政府、文化局、莫力达瓦达斡尔族协会、民俗博物馆建立一定的联系进行沟通。在全面了解达斡尔族历史文化、民俗特征、造物文化的基础上，开始了实地与网络调研相结合的方式收集相关背景资料。实地调研方面，编写团队多次前往呼伦贝尔市的莫力达瓦达斡尔族自治旗、黑龙江省齐齐哈尔市的梅里斯达斡尔族区、新疆维吾尔自治区塔城市阿西尔达斡尔民族乡，尤其在莫力达瓦达斡尔族民俗博物馆获得了大量的一手资料，同时从北京国家博物馆、北京中央民族大学、吉林省博物馆、呼伦贝尔市鄂温克族自治旗巴彦托海镇镇政府组宣部等单位对案例资料进行了进一步补充性采集。在莫力达瓦的达斡尔族民俗博物馆中，编写团队历时4周，拍摄了馆藏的2000多件珍贵的民俗物品。编写团队对博物馆中的重点民俗物件进行信息登记，建立了电子信息库，以备在研究案例过程中使用。在齐齐哈尔市的梅里斯达斡尔族区，编写小组深入达斡尔人的居住地进行实地拍摄，与当地达斡尔人沟通、学习，积累了大量的达斡尔族建筑资料。在新疆维吾尔自治区塔城市阿西尔达斡尔民族乡，编写小组深入达斡尔族餐厅后厨，拍摄了大量的餐饮制作过程。除此以外，编写团队还购买了大量参考画册与书籍，如《走进中国少数民族——达斡尔族》《达斡尔族（画册）》《寻找达斡尔族的足迹》《达斡尔族萨满文化研究》《达斡尔族服饰文化研究》《内蒙古莫力达瓦哈力村调查》等。另外，在莫力达瓦的达斡尔族图书馆中，编写团队对馆藏内部书籍进行了复印、拍摄工作，收集了大量的宝贵资料，其中的一些书籍，如《苏梅的剪纸艺

术》《达斡尔族的饮食文化》《达斡尔族资料集》等都是莫力达瓦达斡尔族图书馆内部翻阅资料，这些资料为项目的开展提供了必要的支持。

经过前期调研，编写团队共收集主要案例800余个，根据莫力达瓦达斡尔族协会成员及广电文化局工作人员的意见，将诸多案例在达斡尔族文化中的重要性进行排序，通过层层筛选，最终敲定编撰案例100个，结合编委会的要求，分七个章节进行编撰。其中，有20个案例集中反映了达斡尔族的民俗文化，具有一定的代表性，在文案分析及图例展示的过程中加重了笔墨。

在文案的编写过程中，编写团队对选取的100个案例分别进行了细致全面的研究，为了能够全面地反映达斡尔族造物思想与设计方法，在案例的编撰过程中，编写团队主要围绕设计学本体进行内拓与延展，通过对案例外观、功能、色彩、材质、工艺、尺寸、用途等几大方面的研究，除了较为全面地反映每个案例的外观材质，更重要的是通过其内涵、用途、是否至今沿用或已消失等相关联信息升华其在设计史中的地位与作用，归纳整理出能够较为全面反映案例设计特征的图例与文字。

在案例的制图方面，第一章以达斡尔族的建筑为主，图片来源于齐齐哈尔市梅里斯达斡尔族区的建筑拍摄，在制图表现上通过平面、立面、剖面等的表现手法进行细致的分析表现，局部图案分析体现了建筑装饰的特征。另外，通过测量，在图中标明了建筑距离，增加了对传统建筑的全面剖析，诠释了建筑案例中的文字信息。第二章以达斡尔族服饰为主，案例主图大部分是民俗博物馆中的实物拍摄，其中有服饰的正反两面。在制图过程中，除了实物照片外，增加了开片图、尺寸图、工艺图、着装效果图等。第三章以达斡尔族的餐饮为主，主要围绕食物的制作流程展开，手绘了相关

场景、加工工具、加工过程，对食物原材料进行了实地拍摄。第四章以达斡尔族传统生活用具为主，进行细致的文字表述，制作了相关的视角图、尺寸图、结构分析图、使用效果图等。第五章，以达斡尔族传统生产用具为主，除了在博物馆实地拍摄案例的主图外，还绘制了反映生产用具各部分名称的结构图、分解图、尺寸图、工艺分析图、操作分析图以及使用环境气氛图。第六章，以达斡尔族传统手工艺为主，案例主图大部分拍摄于莫力达瓦达斡尔族自治旗民俗博物馆，其中部分尺寸图、细节图、展示图、使用效果图为电脑制作。第七章，以达斡尔族传统民俗和宗教造像为主，反映节庆、祭祀、婚庆、传统游戏、竞技比赛等过程。图片大部分为真实拍摄，少部分为手绘描摹。

在达斡尔族卷编写完成后，编撰团队严格按照编撰委员会的要求进行了细致的自查自纠工作，提升制图的质量，规范文字的内容与格式。尽管编写团队查阅了大量的文献资料，进行了多次的实地考察，多次与达斡尔族老一辈成员沟通、学习，但终因达斡尔族民族文化广博，而团队成员学识水平有限，在案例的编写过程中会出现诸多不足之处，恳请广大读者批评指正。

编者

2017年8月

目录

第一章 达斡尔族传统建筑

达斡尔族民居庭院　002

达斡尔族"介"字房　006

达斡尔族烟囱　011

达斡尔族蔓子炕　014

达斡尔族高脚仓房　018

达斡尔族西宅窗　021

达斡尔族"人"字围栏　024

达斡尔族室内门楣上的木雕饰件　026

第二章 达斡尔族传统服饰

达斡尔族男子长皮袍　030

达斡尔族男子轻便皮袍　034

达斡尔族女子坎肩　039

达斡尔族女子狍皮服　043

达斡尔族女子长身礼服　047

达斡尔族仿生皮帽　051

达斡尔族短腰软底毛皮靴　054

达斡尔族短腰软底单布靴　057

达斡尔族袜子　061

达斡尔族儿童马甲　064

达斡尔族男子大襟皮袍　068

达斡尔族女子马褂　072

达斡尔族女子春季夹袍　076

达斡尔族女子过膝袍　080

达斡尔族男童套装衣衫　083

达斡尔族男子冬袍　087

　　达斡尔族女童服装　091
　　达斡尔族女子单长袍　095
　　达斡尔族毛皮手套　099
　　达斡尔族绣花鞋　104
　　达斡尔族妇女裹头巾　108
　　达斡尔族礼帽　112
　　达斡尔族毡帽　115
　　达斡尔族妇女银镯　118
　　达斡尔族发簪　120
　　达斡尔族头饰带　123

第三章　达斡尔族传统餐饮
　　达斡尔族柳蒿芽　128
　　达斡尔族铸铁茶水壶　132
　　达斡尔族烤炉大饼　135
　　达斡尔族牛奶煮荞面片　137
　　达斡尔族手抓肉　140
　　达斡尔族油炸果子　142
　　达斡尔族奶皮　145

第四章　达斡尔族传统生活用具
　　达斡尔族大轱辘车　150
　　达斡尔族滑雪板　155
　　达斡尔族马鞍　158
　　达斡尔族烟袋　162
　　达斡尔族烟荷包　166
　　达斡尔族木制小炕桌　171

　　达斡尔族女用梳妆匣　173
　　达斡尔族苏子油灯　176
　　达斡尔族折叠小凳　179
　　达斡尔族木质花卉衣箱　181
　　达斡尔族桦树皮箱　184
　　达斡尔族木雕衣箱　188
　　达斡尔族摇篮　191
　　达斡尔族小秤　196
　　达斡尔族火镰盒　200
　　达斡尔族和面木盆　204
　　达斡尔族儿童便溺篓　207
　　达斡尔族储烟袋　210
　　达斡尔族狍皮背篓　213
　　达斡尔族狍皮被褥　216
　　达斡尔族铜镜　220
　　达斡尔族褡裢　222
　　达斡尔族木库莲　225

第五章　达斡尔族传统生产工具
　　达斡尔族鱼罩　230
　　达斡尔族鱼洞　234
　　达斡尔族渔网　237
　　达斡尔族搓绳木制手摇器　241
　　达斡尔族弓箭　244
　　达斡尔族猎物夹子　247
　　达斡尔族猎刀　251
　　达斡尔族猎枪　254

  达斡尔族鱼叉　258
  达斡尔族鱼形小刀　261
  达斡尔族砸苏子器　264
  达斡尔族木制饸饹面床　267
  达斡尔族肩胛骨饸饹面器　270
  达斡尔族压制烟叶模具　272
  达斡尔族鞣皮木器　275
  达斡尔族捕杀半鸡网　278
  达斡尔族犁杖　281
  达斡尔族做鞋刀　284

第六章　达斡尔族传统手工艺
  达斡尔族桦树皮器皿　288
  达斡尔族柳编制品　293
  达斡尔族绣花枕头　297
  达斡尔族桦树皮篓　301
  达斡尔族柳编晾晒盘　304
  达斡尔族剪纸　307
  达斡尔族猎鹰尾上的装饰铃　310

第七章　达斡尔族传统民俗和宗教造像
  达斡尔族哈尼卡　316
  达斡尔族婚俗　321
  达斡尔族祭敖包　324
  达斡尔族抹黑节　328
  达斡尔族萨满神鼓　330
  达斡尔族萨满神帽　334

达斡尔族萨满神衣　336
达斡尔族曲棍球　340
达斡尔族围鹿棋　345
达斡尔族扳棍赛　349
达斡尔族颈力赛　352

目录

第一章 达斡尔族传统建筑

达斡尔族民居庭院

图一 达斡尔族民居庭院主图

人类为了生存繁衍，需要建立一个遮风避雨，御严寒，防酷暑，防野兽的休憩场所，不同族群、不同地域的人在各自的社会与自然发展进程中逐渐形成了各异的居住习俗。大自然的恩赐是达斡尔人赖以生存的自然条件，达斡尔人建立房屋的一个重要特点是选择江河之滨、地势较高、自然光线充足的地方，因为靠近江河便于捕鱼、饮水、割柳条、放牧，地势高可以防御洪涝灾害。达斡尔族在住房的四周筑墙围成院落，院落有正方形的也有长方形的。家家户户院墙围绕着柳条编织的带有各种花纹的柳笆。柳笆内便是达斡尔族的一户人家，院场内配有各种与生产生活息息相关的设施。房舍院落修建得整整齐齐、井井有条。

达斡尔人建造房屋非常讲究，房屋院落修建整齐、有条理。院门朝南开，两端各有木门柱，直径大概有30厘米粗，两根柱子间的距离要能通过大轱辘车。门柱上有凿孔，关门时将木杆横穿凿孔即可。庭院一般正南面设有一重大门，也有些人家设有一重门、二重门，有的在大门的两侧配有耳房。正房一般为两间，也有三间或五间的，坐北朝南，正房与大门之间是庭院的中轴线。正房的南侧是仓房、碾房或厢房，不同的人家用途不一样，叫法也不尽相同，但这些房门都是冲着院子开的。住人的厢房不是家家都有，只有大户人家需要雇佣长工的有，正房和仓房中间为院场。大门的左右两侧，即庭院的东南、西南角分别有用围栏围上的畜圈，养牛马等牲畜。正房的西北侧是羊圈，东北侧是猪圈及厕所。猪圈大概3平方米左右。与日常生活有直接关系的家畜一般养在距离正房较近的地方，正房西屋南窗户西侧有狗窝，东屋南窗户东侧是鸡架。庭院东西延伸大概10米，南北延伸10米或更多。院墙一般是由柳条编成的篱笆墙，也有些人家是用土坯筑成的坚固围墙，还有的人家是用木板围墙或用木杆围成的障子。院门外堆放柴草。院场中心是儿童嬉戏、迎客摆宴、岁时欢庆、平时劳作的场地。

烟囱是达斡尔族别具一格的房屋附属建筑，三间房的烟囱在房屋外东侧或西侧，两间房的烟囱在西侧，均距离房屋1米左右，烟囱底部大而上部小，呈圆锥形，高过房檐。烟囱的位置是由灶台和炕道的走向决定的。与其他民族的烟囱有明显区别的是，它既不是用铁皮为料，也不是高耸在房顶的。烟囱脖从屋里的炕洞伸出去，再连接到烟囱的底部，烟囱抽力大，使灶内的火燃烧充分，炕洞内热量增高，还可以防止屋顶的房草起火。

达斡尔人家院落中很具特色的是在西窗外有大概10平方米左右的花园，里面种有各种草本植物，各种花卉从春天开放到秋天。这些季节里，西屋会洋溢着花香，院子里也因此而增加了些许的情趣。在住房的北面和院落的东西外层，开辟有较大的园田，均用柳笆围起来，是达斡尔人家夏季用来满足自家吃菜的田园，里面种有各种各样的蔬菜及烟叶等，夏季里达斡尔人的院落是用这些绿色来环抱的。

达斡尔族能建造房屋，过上定居生活是物质文化不断发达的象征。大自然赋予了达斡尔族浪漫的生存状态，同时也赋予了达斡尔人坚强、机智、勤劳、勇敢的品性。达斡尔人现在建造房屋不像过去那么讲究了，也简单多了，汲取了现代建房省时、省工、省料的平顶房特点。盖房时基本不用房柱了，取而代之的是更加牢固的地基建房，木板仓房大部分变成了砖砌的仓库，而西面开窗的特点依然保留。

图片来源
图一、图三　苏都尔·伟伟　摄影
图二　李婕　制图
图四　孟凡奇　摄影

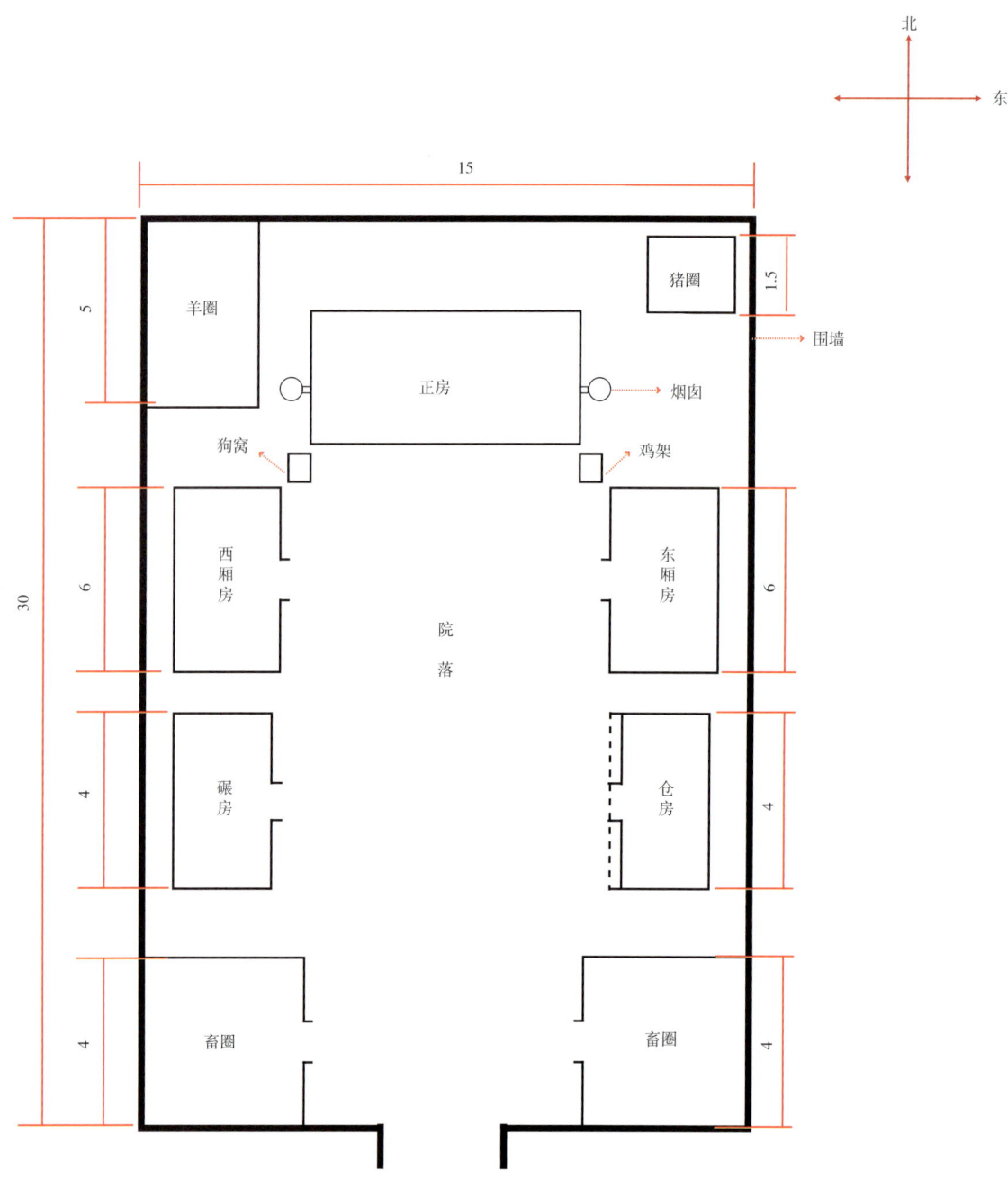

图二 达斡尔族民居庭院尺寸、结构名称图（单位：m）

图三　达斡尔族民居庭院内部气氛实景图1

图四　达斡尔族民居庭院内部气氛实景图2

第一章　达斡尔族传统建筑

达斡尔族"介"字房

图一 达斡尔族"介"字房主图

达斡尔族是具有优秀住宅文化的民族，达斡尔族的住房多是坐北朝南的"介"字形草房，正房以间为单位，有二开间、三开间和五开间之别。二开间的正房，西屋为居室，东屋为厨房。而三开间的正房，中间为厨房，称为"布达格日"；东西两侧为居室，西屋称为"玻得格日"，东屋称为"给雅库格日"。达斡尔族在定居以前的久远年代曾住过简陋的"乌日格"茅屋，定居后至今一直住在现今这种草房子中。

正房由于间数不同，内部的结构也有所不同。正房居室内有盘绕屋子的"凹"形火炕，西屋是南炕、西炕和北炕，东屋是南炕、东炕和北炕；炕上放有炕柜和炕桌。西屋南面、西面（西开窗是达斡尔族的传统）、北面开窗，东屋南面开窗，东西屋门对开，中间为厨房，是南面、北面开窗并设有灶台。屋地中间接近房顶处东西向有一横杆，是挂摇篮用的。室内墙壁用白灰粉刷，给人以明快舒畅的感觉。在天棚和墙壁上，糊有各种色彩鲜艳的剪纸或描绘着图案，形象生动，栩栩如生，具有浓厚的民间气息。

达斡尔族信奉神灵，在正房的西屋供神佛。达斡尔族的尊长观世代恪守，融入人们的精神世界，影响人们生活的方方面面。在居住方面亦是如此，房屋里的安排，按以西为尊的习惯，西屋为上等屋，是老人起居房间；东屋相对比较简陋，但也是南、东、北相连的三面炕，供主人的弟弟或近亲等起居。

据《黑龙江述略》第六卷所说："江省木植极贱，而风力高劲，匠人制屋，先列柱木，入土三分之一，上复以草，加泥涂之，四壁皆筑以土，东西多开窗，以延日，冬暖夏凉，视瓦橡为佳。"这段话充分说明了达斡尔民居的基本建造过程。达斡尔人称自己的房子为"有骨架的房子"，认为汉人的房子是"泥土房屋",其实是各有利弊的。达斡尔族著名的木匠乌力斯·寇阁曾这样介绍房屋搭建的过程:建房要先打好房基,为了防潮,房基要高出地面半米多;其次是埋房柱,挖出一米多深的柱坑,再往坑中倒入松子油或草木灰,用桦树皮包裹住根,经过这样的处理,达斡尔族的房子虽然有些已过百年,但仍然坚固耐用。房间数不同,所用的柱子根数也不同,两间的需要六根,三间的需要八根;然后把柁梁搭在立柱上,六根立柱或八根立柱上都搭上柁梁,柁梁围成了一个四边形,与其垂直的立柱形成了一个新的空间,即房屋雏形空间。然后在每个南北向的柁梁上又立两根小的柱子;两根小柱子上再搭上小柁(比柁梁小一半的梁),再在小柁上立柱子,使房顶的侧面形成"介"字形结构。在最上面的立柱上搭上房屋最上面的脊檩子,在小柁上面搭上两根二檩子,在大柁两头搭上边檩子。柁梁和檩子搭好以后,垂直脊檩子、二檩子、边檩子固定房椽子,每隔35~40厘米放一根房椽子。整个房架搭成不用一根铁钉,都是用木与木之间的穿插来固定其形。

房架搭成后,还要篷房顶,即在房顶椽子上覆盖一层用柳条编的柳笆,这是达斡尔人特有的技术。柳笆上用羊草和泥抹平,厚度在3厘米左右,然后用切成60厘米左右的苫房草,从房檐处向上铺,边铺边抹泥,一直铺到房脊,直到两边的苫房草交叉为止,整个房屋大概要用七八百捆草。然后用木架将草压住,有些大户人家屋顶两侧钉有"人"字形木板,上边饰有花纹图案,有的还有精美的雕刻。

砌房墙是达斡尔族与汉族极大不同的地方,达斡尔族砌房墙不用土坯,而是在草甸子上铲草皮为坯,将草坯切成约30厘米长、20多厘米宽、18厘米厚的规格,用此砌成上下约60厘米厚的墙,有些人家的房墙甚至更厚。这种草坯草根密集,不会碎裂,用它砌墙,然后用泥将里外抹平,不但牢固耐久,而且能防湿御寒,以防东北地区严寒冬季的西北风。砌墙后,就是安门窗、垒烟囱、做装饰等事项。达斡尔族把建房当成大事,郑重对待,整个建房过程都是有程序、有步骤地进行和完成的。

房屋建筑是人类物质文化的一种象征,

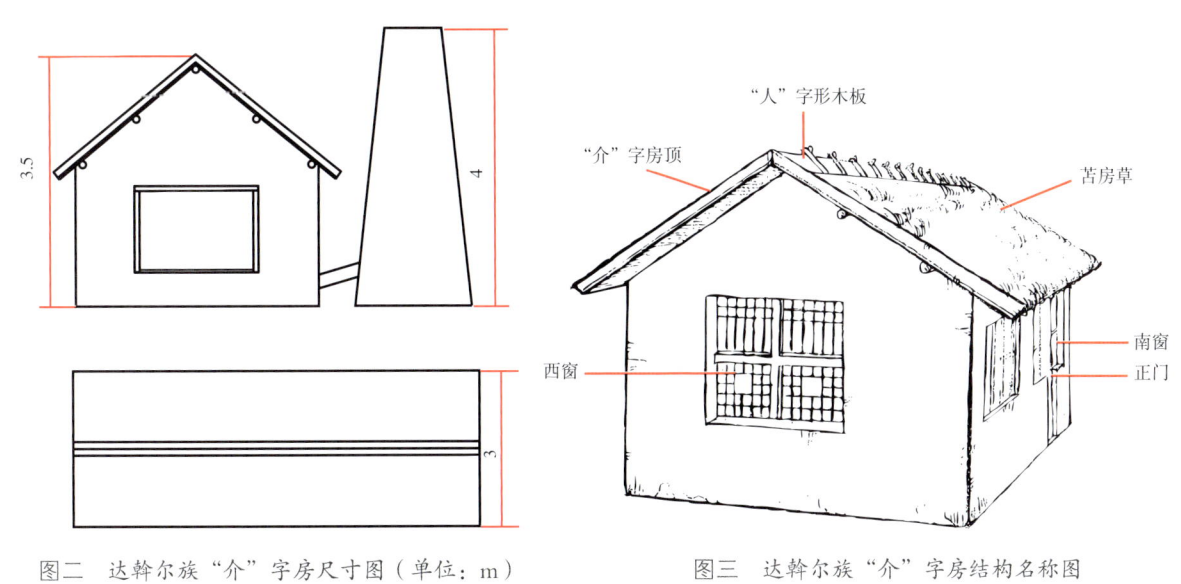

图二　达斡尔族"介"字房尺寸图(单位:m)　　　图三　达斡尔族"介"字房结构名称图

凝聚了一个民族高超的文化创造力。民居作为一种最大众化的建筑，不仅表现了一个民族的生存空间，更重要的是表现一种生活方式，和与这种生活方式相关的经济基础和意识形态。达斡尔族建筑艺术鲜明地反映着这个民族的社会经济发展阶段和他们的生活方式及特点，实用性是达斡尔族正房建筑的基础。此外，达斡尔族的建筑有着鲜明的时代风格、地域风格和民族风格；十分重视空间的序列展开，让人获得审美感受；与周围的环境融为一体，院落严谨，柳篱整齐，和谐美观。达斡尔族正房建筑的感染力主要来源于环境、序列和建筑本身的尺度比例以及雕刻、花纹、剪纸等装饰艺术的参与，这对于我们从设计发生学来认识达斡尔民族造物环境与造物技术的基本面貌，有很大的参照价值。

图片来源
图一、图十一至图十三　孟凡奇　摄影
图二、图四至图八　李婕　制图
图三、图九、图十　李晓璇　制图

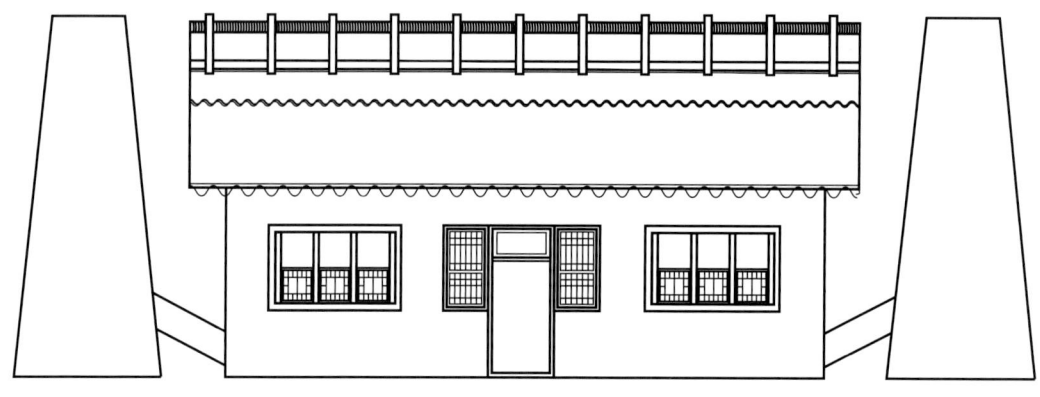

三间正房

图四　达斡尔族"介"字房示意图1

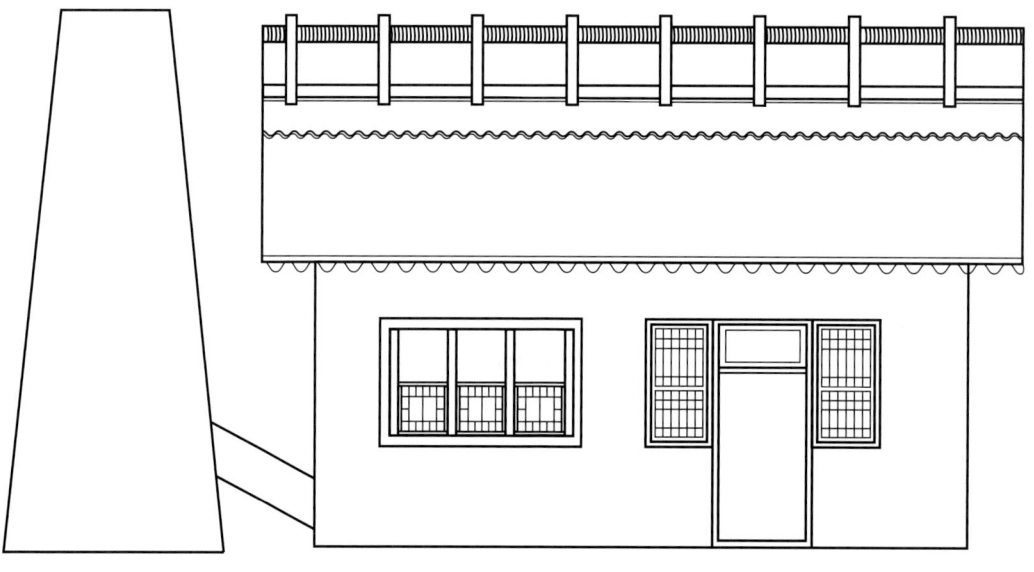

两间正房

图五　达斡尔族"介"字房示意图2

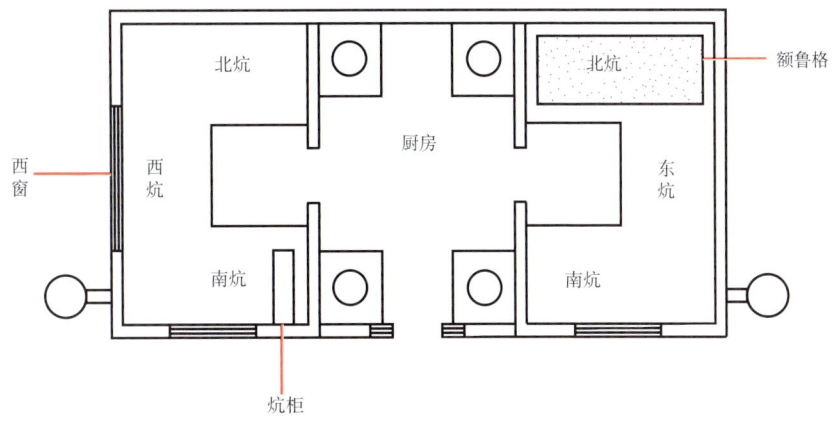

图六　达斡尔族"介"字房平面功能分析图

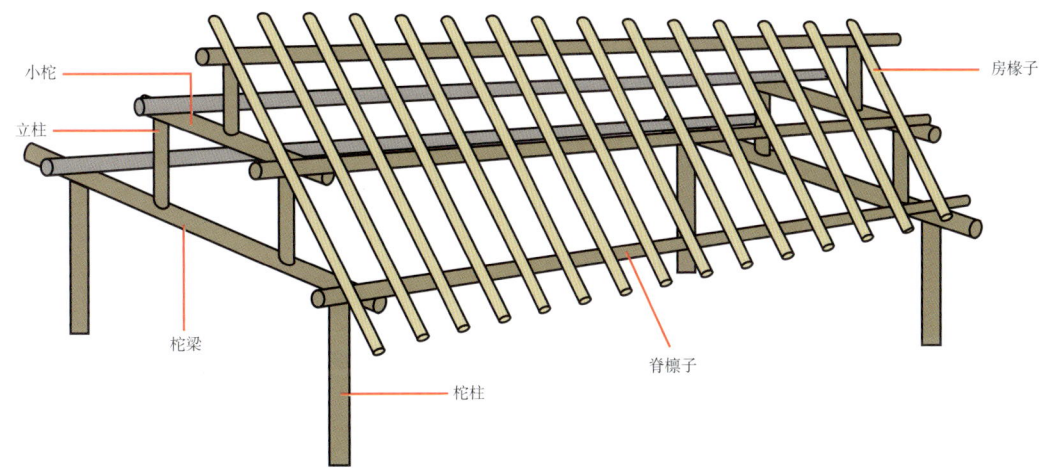

图七　达斡尔族"介"字房房梁各部分名称图

图八　达斡尔族"介"字房西屋入口房门示意图

图九　达斡尔族"介"字房早期住房示意图

图十　达斡尔族"介"字房西屋入口房门门楣局部纹样示意图

图十一　达斡尔族"介"字房西屋入口房门实物图

图十二　达斡尔族"介"字房柳编棚顶实物图

图十三　达斡尔族"介"字房内的南窗实物图

达斡尔族烟囱

图一 达斡尔族烟囱主图

烟囱是达斡尔族民居建筑的附属建筑，设在正房的侧面，三间房的烟囱在房屋外东南角和西南角，两间房的烟囱在房屋的西南角，呈底大上小的圆锥形，烟囱均高出正房房顶，与灶台及火炕相连，为了让灶台中的火燃烧得顺畅，避免房屋火灾，烟囱从房墙向外伸出3～5米远，很像从正房伸出的大烟袋。

烟囱高约4米，下底部直径大约为1.5米，烟囱的用料一般选用草皮或沼泽地的塔头墩，有些用自制的土坯来搭建，也有些人家用粗树的树干挖去中间的木材，然后在里外各抹上一层泥。建造烟囱首先要建好烟囱的主体部分，与正房建筑一样需要先打下烟囱的地基，地基一般在地面下50～80厘米左右，中间部位最深，大概要达到80多厘米，这样不仅可以防止烟囱从四周漏气，而且可以存留住灶内的烟，灶烟沉底的时间稍长，便可以对回流的烟有缓冲的作用，防止从灶内冒出火花。烟囱距离房屋3～5米远，不仅可以防止烟囱冒出的火花落在易燃的苫房草上，而且刮对流风时，烟囱会有很强的抽力。正房的烟道是从灶内进入炕洞，然后经炕洞盘旋后在房屋的一侧连接烟囱，从炕洞的底部到烟囱的底部有一个连接的烟道，连接烟道是逐渐向高处走，然后连接到烟囱底部。炕道底部出烟口与烟囱的入烟口水平高度要相差70厘米左右，这样能防止受对流风的影响出现烟的回流现象发生，并增加烟道的抽力。

达斡尔族的烟囱无论在造型方面还是排烟原理方面都有别于其他民族的烟囱，是别具一格的建筑附属物。在造物思想方面，达斡尔族的烟囱以最为简单的材料，最简单质朴的建造工艺，最为省力的建造方法实现了烟囱最基本的实用功能，这是传统造物思想"因陋就简"的经典概述。我们今天研究设计的目的不仅仅是了解设计本身，更是要了解设计的缘由所在。对达斡尔族烟囱的研究，无疑提示了现代设计师设计活动要探寻传统造物活动的缘由所在。

图片来源
图一　苏都尔·伟伟　摄影
图二至图四　李婕　制图
图五　孟凡奇　摄影

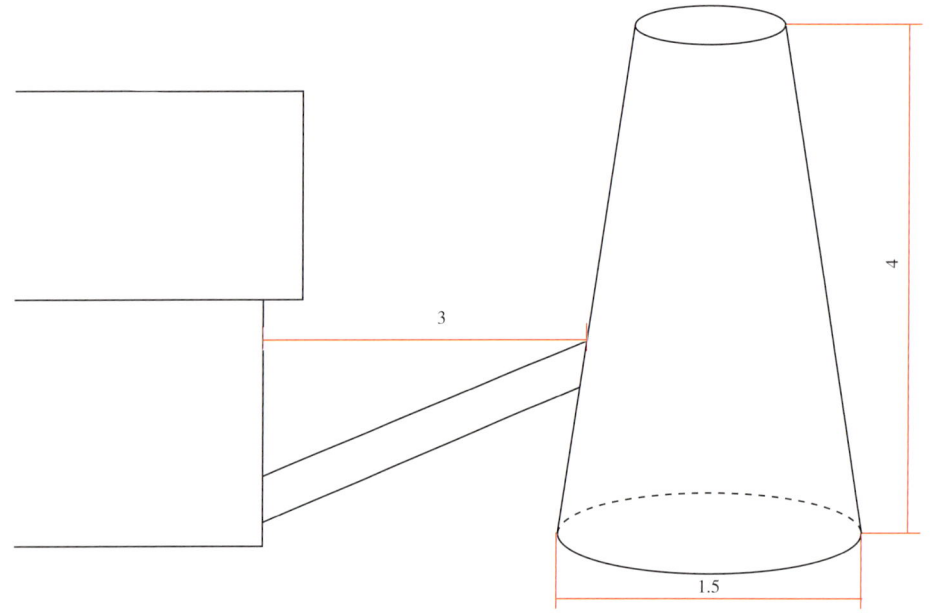

图二　达斡尔族烟囱尺寸图（单位：m）

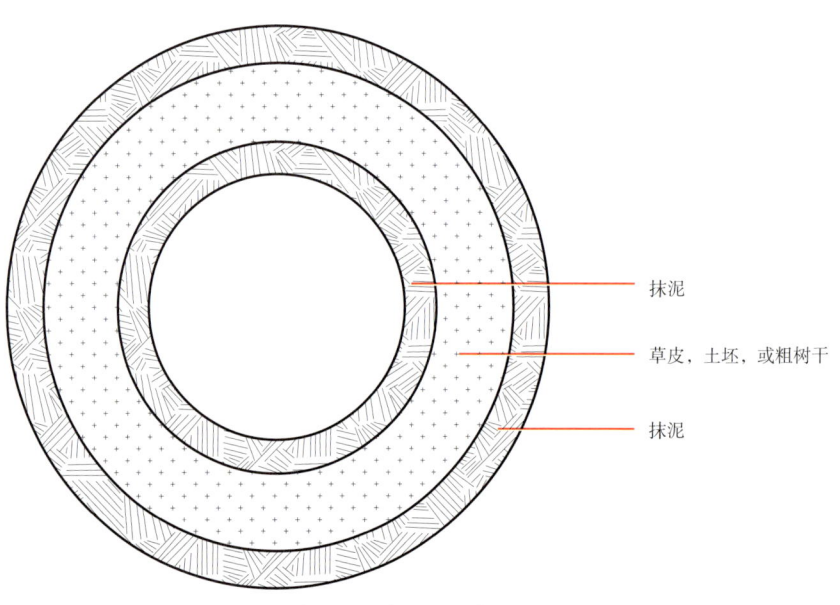

图三　达斡尔族烟囱剖面分析图

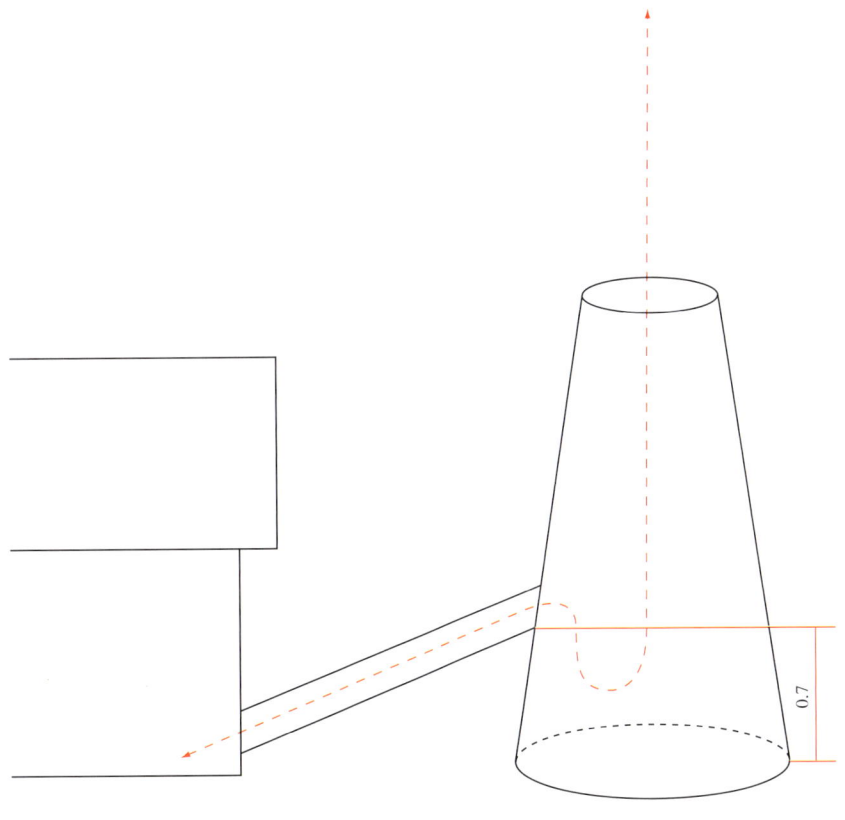

图四 达斡尔族烟囱烟流分析图(单位:m)

图五 达斡尔族烟囱实物图

达斡尔族蔓子炕

图一　达斡尔族蔓子炕主图

"屋无堂室，广三楹，西南北土炕相连，曰卍字炕，虚东为燃薪也，西为尊，南次之，皆宾为也"，这是《黑龙江志稿》卷六中提到的关于达斡尔族蔓子炕的表述，记载里提到的卍字炕，实际就是达斡尔族正房西屋中的三面相连的蔓子炕，又叫"凹"形炕。达斡尔族传统民居中的正房、厢房都有炕，因此炕多是达斡尔族的一大特色。炕多的主要原因是北方寒冷干燥，冬季持续时间较长，最低温度要在零下45度，蔓子炕保温性能好，是达斡尔人冬季不可或缺的取暖设施。

达斡尔族子女成家后也不与老人分开居住，而是同屋不同炕，但因达斡尔族尊卑分明、讲究礼仪，房屋里的安排，以西为尊，西屋为上等屋，是家里老人起居的房间，而西屋又以南炕为贵，因此达斡尔族的老人一般都住在南炕；西炕为第二位，由宾客居住，没有客人时是孩子们起居的地方，也是供奉神龛的地方；北炕为第三位，是儿子和儿媳妇起居处。东屋也是南、东、北相连的三面炕，南炕仍是最尊贵的，是主人的弟弟或近亲等起居处；而东炕则是主人的孩子们因西屋住不下而居住在这里；北炕一般不住人，因其与厨房的灶台直接相连，因此有的人家用来做烘干粮食的地方，也有些大户人家居住雇佣的长工。

蔓子炕的长度与房间的长度相等，宽度通常为1.8米或2米，高度50厘米左右，炕内用土坯或砖砌成条形炕洞，与厨房的灶台相连，热烟在洞内绕行，将炕烘热。炕内的土坯由立坯与盖坯组成，立坯与盖坯大小一致，长约42~46厘米，宽约20~24厘米，高为8厘米，由沙子、黏土混合而成。盖坯一般要加入2~3根柳条，以增加炕面的韧性。搭建炕时，一个盖坯盖在四个立坯之上，呈垂直状态，立坯与立坯之间的空隙便是走烟的烟道。盖坯与盖坯之间必须抹泥封闭严密，不留缝隙，最后形成炕面。

达斡尔族的蔓子炕极具装饰艺术性，也算是一件不小的"建筑装饰艺术品"，炕沿、炕墙（炕面与地面之间的立墙，高50厘米左右）都是用刨得很平滑、油漆得很光亮的桦木或松木厚板制成，炕墙上一般做长方形木格造型，并在其上彩绘、烙绘或雕刻各种装饰纹样。炕面上铺炕席，炕席多是用芦苇或高粱秸编的席子，也有的人家铺上桦树皮，现在不少人家都铺上了人造革或纤维板等。炕上有炕柜，放在炕梢，存有衣物及寝具，一般南炕还有就餐用的炕桌等。在炕沿的下方，有一些向内凹的小槽，这些小槽是用来存放鞋子的，有时也是家中宠物栖息的地方。现如今，旧式的三面连炕，老少三辈同室的房屋日渐减少。一些人家拆掉了原来住房的北炕或南炕。拆了北炕后，摆上组合家具，仍以南炕为尊。拆了南炕的人家，则摆上写字台、电视柜。有些人家在室内搭建火墙，改变了冬季单靠火炕取暖的办法。

值得一提的是，厨房的北灶与东西屋的北炕之间有池形的烘炕，三面炕沿高出炕面30厘米左右，类似池形，是用来烘干粮食的地方，在秋季也用来烘干夏季晾晒的菜干之类的冬储菜，达斡尔语称此为"额鲁格"。达斡尔人以稗子米为主食，而这种米必须用锅煮熟，然后烘干再碾成米，不经煮熟的稗子直接碾成米不好吃。所以，必须设有专门烘干粮食的"额鲁格"。如今，由于不采用炕干的方法加工稗子米，原来基本上家家都有的"额鲁格"已很难见到了。

蔓子炕是达斡尔人根据自己特有的冬季环境、功能要求，在设计创意上的又一例经典案例，与达斡尔族的居住环境、气候和地理有着紧密的联系，同时也是其先民起居方式的继承和发展。现在达斡尔族家庭的火炕已经发生了很大的变化，但在达斡尔族定居后的漫长时期内是具有很高的实用价值的，节能、环保、实用是现如今对蔓子炕的评价。它带给现代设计的启迪是深远的；蔓子炕是达斡尔人自然的造物、淳朴的造物、平常的造物，但这种造物确实让我们感到了平凡之美。蔓子炕的美是质朴的美，是与生态环境相融的美。蔓子炕让现代设计深刻体悟到了美与质朴的血缘远比美与奢侈的关系更为紧密。

图片来源
图一　苏都尔·伟伟　摄影
图二至图四、图六　李婕　制图
图五、图七　李晓璇　制图
图八　孟凡奇　摄影

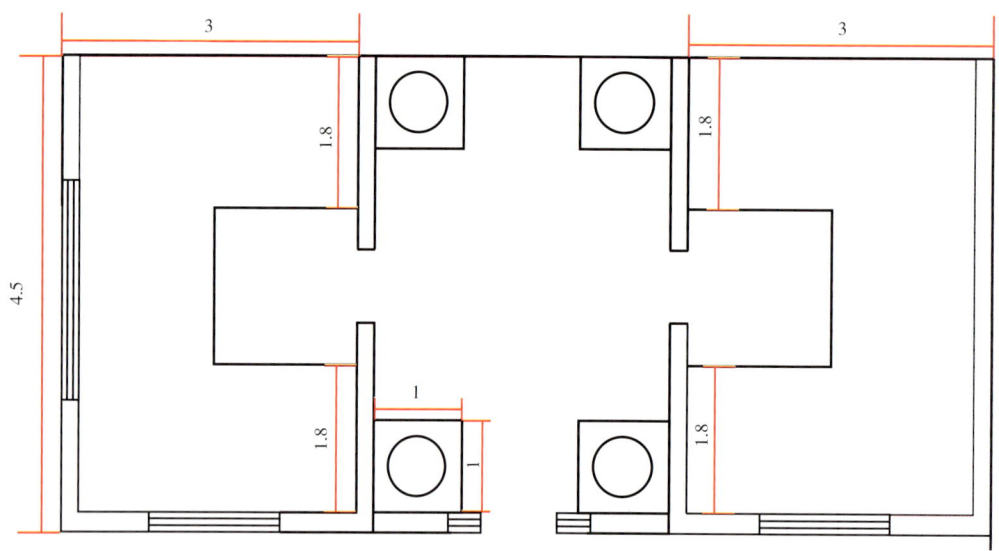

图二 达斡尔族蔓子炕尺寸图（单位：m）

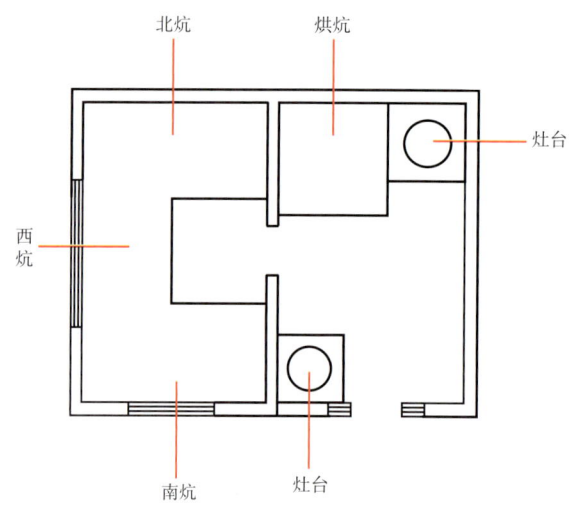

图三 达斡尔族蔓子炕结构名称图

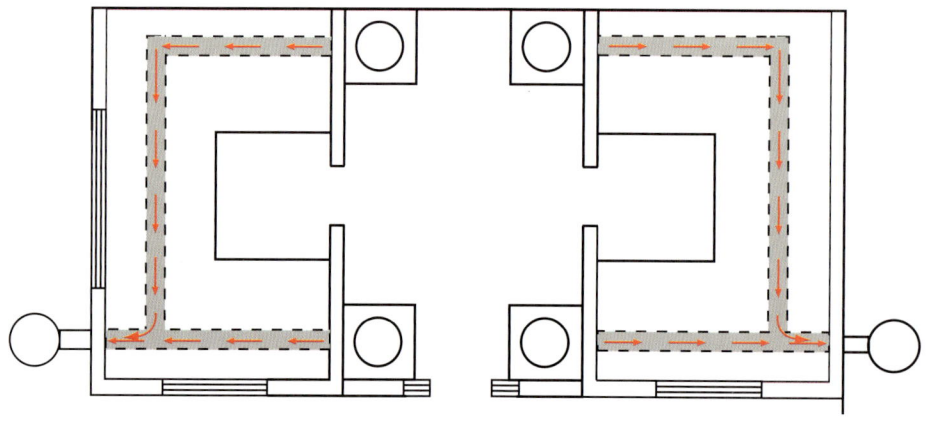

图四 达斡尔族蔓子炕烟流示意图

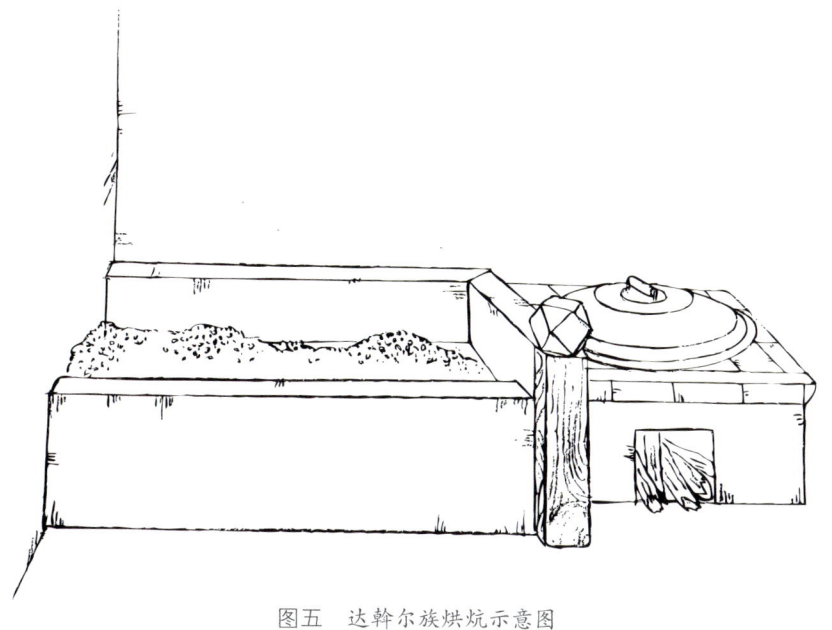

图五 达斡尔族烘炕示意图

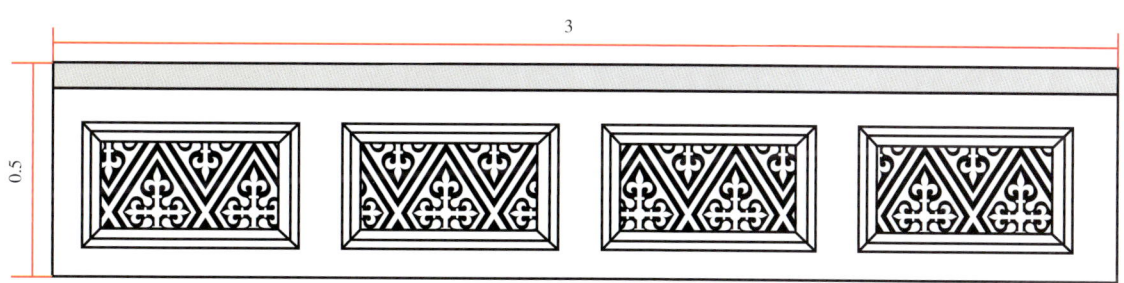

图六 达斡尔族蔓子炕炕墙装饰示意图（单位：m）

图七 达斡尔族蔓子炕炕柜及纹饰效果图

图八 达斡尔族蔓子炕实物图

达斡尔族高脚仓房

图一 达斡尔族高脚仓房主图

高脚仓房，达斡尔语称为"桑格勒"，是达斡尔族住宅建筑不可缺少的组成部分，呈长方形，或一间或两间，是用原木垒制或用木板镶制的台架式建筑，相当于现在的库房。仓房多设置在院场的西侧，便于采光，也有人家东西两侧各建一个仓房，门向院内。仓房主要用于贮藏粮食和存放生产生活用品。仓房的底端高出地面40厘米，并排铺直径为15厘米的圆木做仓底，储备粮食时能起到防水、防鼠、隔潮、通风、干燥的作用。

仓房的建造用料远不及正房的用料，皆用粗木料建成。仓房的面积会根据每家的人口而定，一般的仓房面阔3～6米，进深大概有2.5米左右。单间仓房长度大约为3米，两间的仓房（分为南北两个部分，中间需要存放车辆的）一般长6米左右，宽约1.8～2.5米。盖仓房的方法与正房相似，先将四根圆木立柱埋在地下（大的仓房需要8根圆木立柱）。仓房的墙面是用原木层层垒压而成，在仓房的四角为了起到加固的作用，用纵横垒木、木槽相扣、互相交叉的方法而成。仓顶与正房屋顶相似，为"人"字架，如同正房一样有五条房檩子，仓顶的椽子上会铺柳笆，柳笆上面边抹泥边铺苫房草。为了防止鼠害及虫蛀，仓房底板和木垒墙面一般用麻丝和黄泥抹得严严实实。有特点的是，仓房的前侧墙面缩进房檐大概70厘米深，仓底和房檐同宽，这样在仓底和房檐之间形成了一个新的露台空间，露台底部仓底上可以是走人的过道，也可以成为晒台，或临时存放便于取放的生产工具，上面的房檐自然成了避雨的雨搭。晒台上晾晒干菜时取放非常方便。前面提到仓底距地面40厘米，因此晒台距地面也是40厘米，根据人体工程学原理，这是拿放物品比较方便的位置。

大户人家的仓房相对大一些，一般有三

个组成部分。南侧一般是悬空架设的，是前面提及的存放粮食的地方，门很小，只够一个人进入，门板很坚固，并配有防盗的锁。中间会搭建一间敞开式的棚子，如同一间房间没有前面的墙，墙面上自然也就无门可论了，完全敞开式的，用于存放大轱辘车等大型农具、绳套及杂物。北侧一般是碾房，用来置碾推米，置磨压面，也存放农具，与北侧仓房不同的是开有一扇落地大门，底部以地面为仓底，也有一些殷实的人家把仓房的一半用来居住长工。有碾房的人家一般为富裕人家，碾房里的器物及农具经常有人家来借用。

早期的达斡尔族仓房也有类似周边民族的高柱仓房，仓底距地面有两米，取放东西要登梯子。梯子是临时搭放的，平时放回住处。这是因为在早期的达斡尔族游猎生活中，仓房无人看管，以防野兽糟蹋粮食。定居后，达斡尔族的生产生活方式发生了明显的变化，朝猎、午农、夕渔是达斡尔族定居后的生产生活模式，仓房搭建的过高已经没有实际用途，反而增加进出的难度，因此仓柱变矮，以使上下取物方便，并延续至今。

高脚仓房是达斡尔族民居的附属建筑，也是达斡尔族民居建筑的重要组成部分，是极具民族特色的传统建筑。仓房随着达斡尔族社会生产生活的变化发展而不断演化，现如今绝大多数人家的仓房已经变形、破坏了，一旦现有的仓房毁灭，也就意味着它将从达斡尔人的生活中消失，因为它的存在是以丰富的木材为前提的。当今的森林环境破坏严重，已无法承受仓房大量木料的应用，这是设计史以实际例证再一次提示现代设计：任何事物的存立废止都是要遵循环境的变化、社会的发展及人的需求，这是一切造物活动的历史规律。达斡尔族高脚仓房是其典型的例证，它没有多余的装饰，没有复杂的造型，用最简单、最质朴、最便捷的方式实现了它的功能需求，然而，环境的变化、社会的发展，在当今它又会逐渐地消亡，悄然隐匿在民俗文化的历史长河中。

图片来源
图一　孟凡奇　摄影
图二、图五　李婕　制图
图三、图四　李晓璇　制图

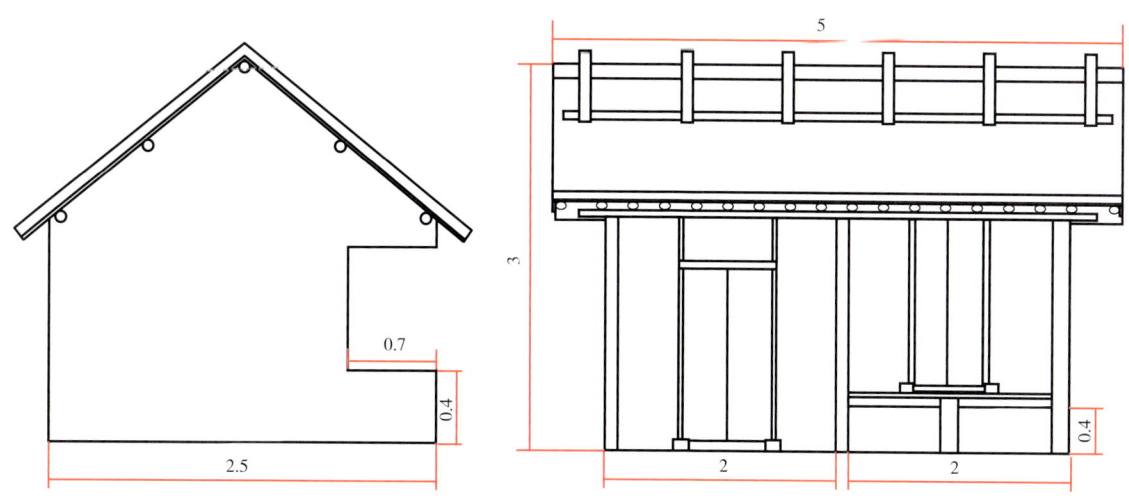

图二　达斡尔族高脚仓房尺寸图（单位：m）

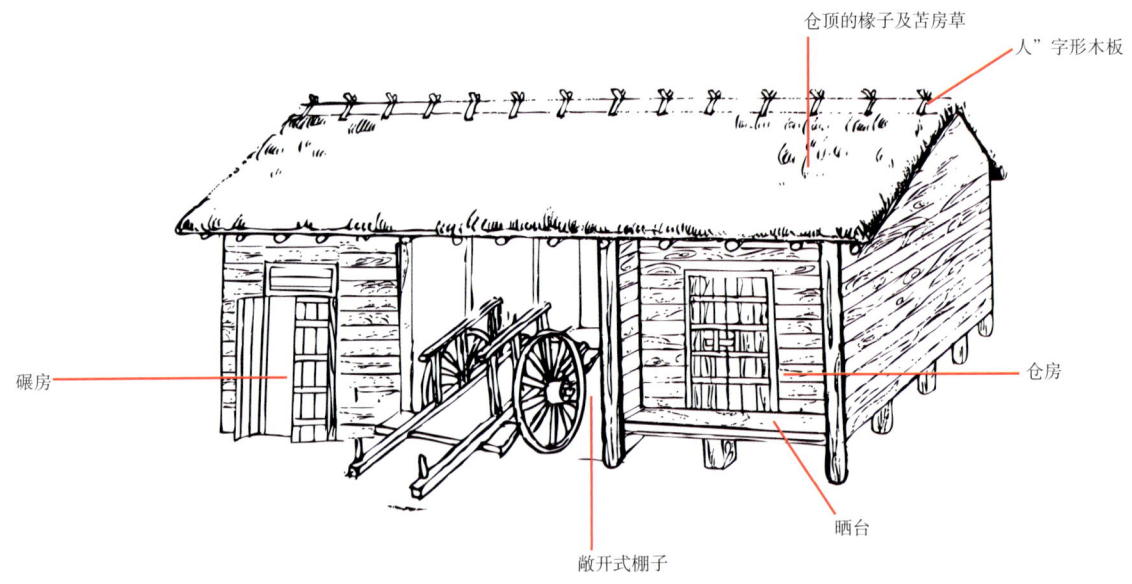

图三　达斡尔族高脚仓房结构名称与功能分析图

图四　达斡尔族高脚仓房墙面木垒与晒台结构示意图

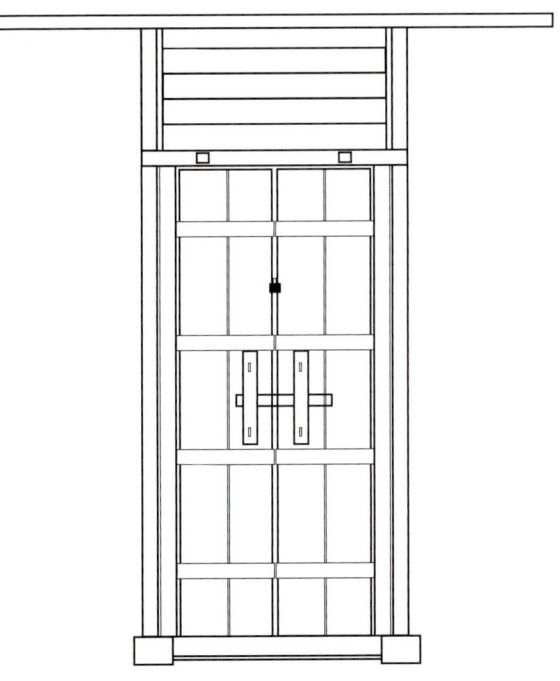

图五　达斡尔族高脚仓房木垒入口示意图

达斡尔族西宅窗

图一 达斡尔族西宅窗主图

达斡尔族的正房西屋开西窗的特点是一种古老的遗俗。《契丹国志》中曾这样记载："临潢府一带和上京及其附近的房舍都是向东的",这说明契丹族习惯是住在西厢房,即坐西朝东的房屋,因此房屋朝西和朝南两面开窗户,后来随着时光的推移改住正房,这样原来东西向房子的大窗户就变成了西窗。也有史料记载,西窗是达斡尔族祖先逃生的窗户,因此一直保留着开西窗的习惯。时至今日,虽然北方的冬天气候寒冷,但开西窗在春夏秋季节很受益，冬季也增加了采光的时间，因此，达斡尔族至今仍然保留着开西窗的习惯。

达斡尔人注重房屋的采光，西屋的南面有三扇窗，西面有两扇窗，房门的两侧各有一扇窗；东屋南面有两扇窗。厨房的房门两侧要开窗，厨房北侧也开窗。如果是两间的正房，要有7扇窗户，如果是三间的正房要有9扇窗户，甚至多达13扇窗。而且窗户很大，南面的窗户几乎与房间的长度是一样的，西面的窗户也会在西墙上占有三分之二以上的面积，这会显得窗户与房子的比例失衡，达斡尔族的民居也因此室内敞亮，阳光充足。窗户以木条为框架，窗户纸是自制的，在普通纸的上面喷有以盐水拌成的酥油，不但增加其耐用性及透明度，而且增强了防御雨雪的能力。在《黑龙江外纪》中也提起过："窗自外糊，用高丽纸，纸上搅盐水酥油喷之，藉以御雨。冬月盈窗棂间，层霜内积如树介，稍暖则化，点滴如雨。"17世纪中叶，沙俄"探险者"（侵略者）在他们的报告中曾这样记载："房屋窗高2俄尺，宽1.5俄尺，窗上糊纸，纸是他们自造的……"从中可以得知，自古以来达斡尔族的窗就是极具特点的。

达斡尔族传统民居中常用的窗户形式分上下两段，上段支起可以起到通风作用，下段可摘掉以利于采光。窗户的格木在里面，窗户纸糊在外面。用棂条组成的窗格图案样式很多、千姿百态，如方格、条框、菱形花等，但民间多采用构造简单的平行垂直线条所组成的直棂窗和水平线条组成的平棂窗。窗户完全是木材制成，与达斡尔族的其他木作方法一样，没有一根铁钉，完全用木与木之间的穿插来固定其形。在窗户关闭后，窗的外框上左右各有一个小洞，窗插可以在里面伸缩，伸开以后窗户可以打开，缩进后就把窗户与窗框固定在一起，窗户也就锁定了，这样可以起到防盗作用。在莫力达瓦达斡尔族聚集地的传统民居中，曾经看到过一端拴在房梁上，一端系上羊蹄的窗钩，羊蹄呈"V"字形，使其能安稳打开窗通风。虽然有所见，但在文献与资料中并未查找到相关的羊蹄窗钩的记载，在此不做深议。

西窗外侧有许多木架，用来晾晒东西，这属于达斡尔族的木作家具了，既可以晾晒衣物，也可以晾晒食物、皮毛等。在西窗外，达斡尔族妇女经常开辟花园，种植多种草本花，以供家人和来客欣赏。开花季节，花的芳香也会由西窗传遍整个屋子。

达斡尔族用这种多窗结构方法，来扩大采光与透气的面积，是绝无仅有的先进经验。经历百年的达斡尔老宅，窗户也接受了自然的洗礼，它显得更加古老、沧桑。近代达斡尔族的窗户受汉人的影响，虽有了不同的改进，但这种过渡定居的开窗方式仍然保留着传统的韵味，是达斡尔族定居后的重要实物例证，深刻揭示了达斡尔地区民居建筑在自然生态环境与风俗民情不断变化的年代不断改良的演化进程。"美善相乐"始于荀子的论述，其中"美"是指物品的外观应该符合人类的审美需求，"善"是指设计应该满足人们的实用要求，"美善相乐"便是认为产品的实用功能和审美属性是本质相关、内在统一的。可以说，达斡尔族的窗户是"美善相乐"的典型代表，对现代设计有着深刻的启示。

图片来源
图一　杜殿文　摄影
图二、图三　李婕　制图
图四　苏都尔·伟伟　摄影
图五　孟凡奇　摄影

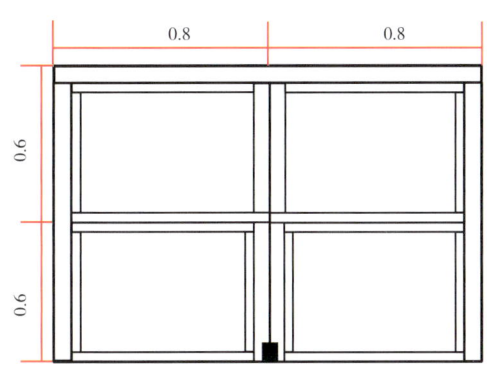

图二 达斡尔族西宅窗尺寸图（单位：m）

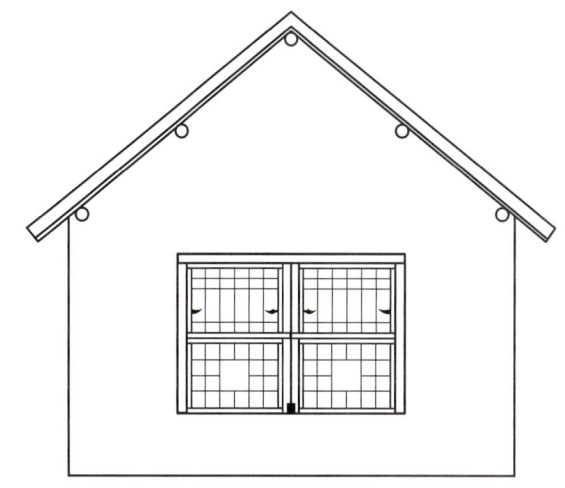

图三 达斡尔族西宅窗示意图

图四 达斡尔族西宅窗外庭院花园

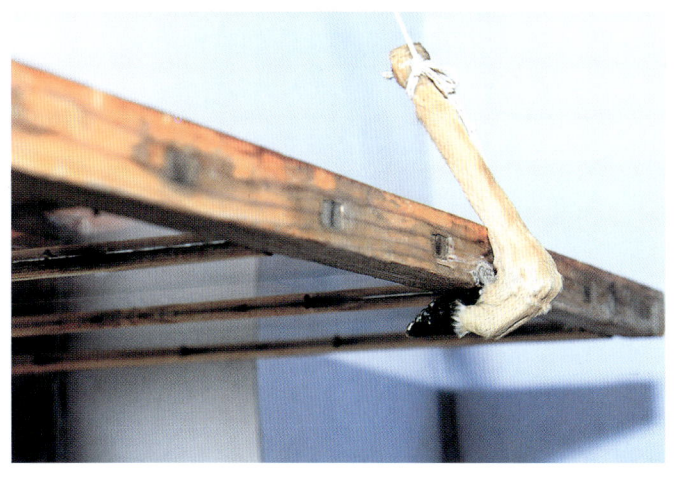

图五 达斡尔族西宅窗及狍子蹄窗钩

第一章 达斡尔族传统建筑

达斡尔族"人"字围栏

图一　达斡尔族"人"字围栏主图

踏入达斡尔族地区，最先映入人们眼帘的是各家用红柳编制而成的"人"字篱笆围栏，在达斡尔族民众日常生活居住的小院中随处可见，成为达斡尔族院落中不可缺少的一部分。

"人"字围栏，是达斡尔人用柳条、树枝等材料编制，用于圈围院落或各家活动场地，即在现代称作的围墙。所需材料可就地取材，一般为柳条、树枝、树干等。制作方法为：先将所要圈围的土地上每隔10厘米左右立一根粗树枝，树枝一般要长些，且立好后每根树枝高度要相同，再在立好的粗树枝上，以"人"字形交叉层叠方式进行编制，每股一般为3~5根左右，中间夹杂着细柳条，可减少留有的空隙，最后在编制好的围栏上端用几根粗树枝相互拼接压实，以保证围栏的牢固性。编制好后的围栏交错层叠，整齐有序，烘托出整个山村和谐兴旺的景象。

"人"字围栏，作为达斡尔族独特的传

统手工艺造物，既具实用性，又具观赏性，展现了达斡尔人善于利用自然资源的智慧，表现了达斡尔人真实的生活，抒发了达斡尔人质朴淳美的情感，有助于我们更好地认识和了解达斡尔族多姿多彩的民族文化。

图片来源

图一、图三、图四　孟凡奇　摄影
图二　李婕　制图

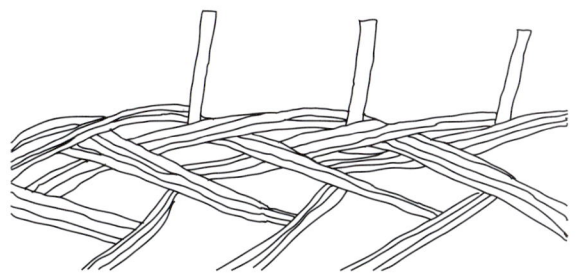

图二　达斡尔族"人"字围栏局部分析图

图三　达斡尔族"人"字围栏实景图1

图四　达斡尔族"人"字围栏实景图2

达斡尔族室内门楣上的木雕饰件

图一　达斡尔族室内门楣上的木雕饰件主图

达斡尔人所居住的室内多用排扇式门，其上浮有雕饰花卉图案，门楣上多以满文或汉字纹饰"福""禄""寿""喜"四个字做团花装饰，也有用吉祥图案或吉祥八宝纹为图案的装饰镂空木雕饰件。

达斡尔族室内门楣上的木雕镂空饰件为木质。门上横栏，两端均有榫头，其中一端开裂，上面左侧有一梯形卯孔。正面雕饰繁丽，构图分内外两层装饰，外层雕有循环宝相花纹、祥云纹，纹饰在"回"字形内呈图案化；内层为芭蕉扇云纹或如意飞云纹装饰，雕刻精细，花与叶子交错于藤边，彩绘与金饰隐约可见。这两种纹饰都是道教的八宝之一，取用八宝寓意吉祥，是达斡尔族在建造房屋时对生活的向往与追求美好生活的体现。门楣上的木雕饰件往往是达斡尔民族信仰的标志，体现人生哲理，是盖房人的生活理想，是子孙后代的财富。

达斡尔族的门楣艺术是达斡尔民族艺术宝库中较为珍贵的文化遗产，它从侧面反映了达斡尔族源远流长、涵养深厚的精神世界与物产丰富、生活多彩的物质世界，为我们今天研究达斡尔族造物设计的基本特征提供了丰富多彩的实物例证。

图片来源
图一　孟凡奇　摄影
图二至图四　李婕　制图

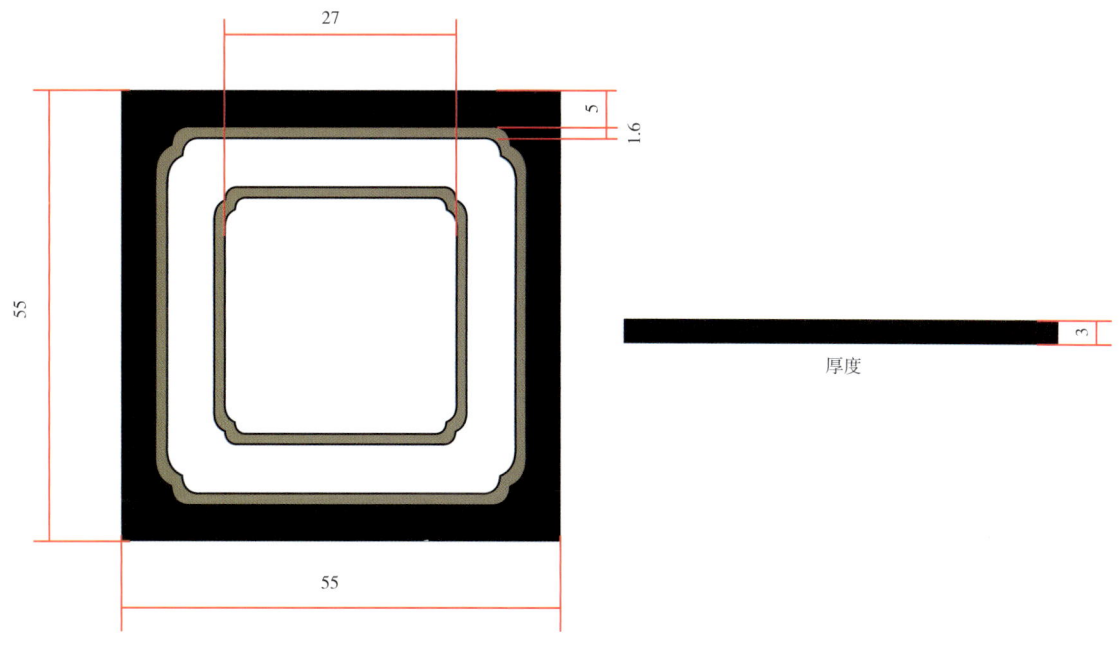

图二 达斡尔族门楣上的木雕饰件尺寸图（单位：cm）

图三 达斡尔族门楣上的木雕饰件示意图

图四 达斡尔族门楣上的木雕饰件局部分析图

第二章 达斡尔族传统服饰

达斡尔族男子长皮袍

图一 达斡尔族男子长皮袍主图

达斡尔族男子长皮袍,达斡尔语称为"德勒",是指达斡尔族男子冬季的防寒服。达斡尔族深受东北地区恶劣气候条件的影响,冬季极其寒冷,因此黑龙江流域的气候条件和原始的生产生活方式在达斡尔族服饰上留下了浓重的印痕。其服饰就地取材,多以兽皮(狍子皮、羊皮、狐狸皮、狼皮等)为材,制作轻便而保暖的狩猎服。长皮袍就是其中一款经典的防御严寒的服饰,并成为达斡尔族服饰的主流,得到了广泛而普遍应用,被历代传承沿袭并加以改进,同时为达斡尔族的现代服饰开拓了一个全新的领域。

达斡尔族男子长皮袍多用立冬前后到春节前后刚长齐绒毛的狍子皮制作。狍子皮毛色棕黄，绒毛厚实，毛质结实，不易脱落，保暖性强，经久耐穿。制作时，毛面向内，皮面向外，适合打猎和冬季出远门时穿。皮袍的领子为窝领或圆形短立领，两侧衣襟交叉后形成交领，两端呈月牙状，领口兽毛外翻，增加了保暖性能。在衣襟的处理上，属于右衽衣襟，右衽的大襟上有密缝的线条纹饰，这些线条纹饰最早是为了增加狍服襟口或边沿牢固度，后来逐渐演变成一种装饰。达斡尔族衣物的这种线缝装饰特点突出，不仅在衣襟上，还存在于布鞋鞋底、长筒软布袜子等手工缝制的物品上。一些兽皮服装出现破洞后也是用这些具有装饰性的密集针线来"掩饰"，针眼清晰可见，针距相等、整齐、规则，疏密有致，针线走向或笔直或卷曲盘旋，非常具有装饰性。由此，不得不感慨民间手工艺人的精湛技艺，也是"以制器者尚其象"这种传统的造物思想的深刻体现。现代达斡尔族长皮袍的衣襟外沿用兽皮作为装饰边，能用针线手工缝制装饰的手工艺人已经很少了。

达斡尔族男子长皮袍的袖为紧袖，袖口处同样是以针线缝制的装饰边，但现代的袖口都是以兽毛外翻作为装饰；下摆过膝，保暖防寒，四面开衩，便于乘骑。前后开衩长约25厘米，左右开衩长约35厘米，前后衩顶端装饰有左右对称的几何图案，其实这种图案也是为了增加开衩口的牢固性而做的。皮袍的扣子系在大襟与领口交合处、大襟与右侧衣身交合处，早期是以编结的形式出现，现代的皮袍则改用铜纽扣。

近一个多世纪以来，布匹成为达斡尔人的主要服饰面料，男子普遍穿着布料单袍和棉袍，这种狍皮服饰逐渐减少，但其背后隐匿着鲜明的时代特色，是时代对造物设计的制约和选择。不同时代的社会背景，不同的生产方式，不同的思想观念深刻地影响着作为人类行为产物的造物设计。另外，人们无

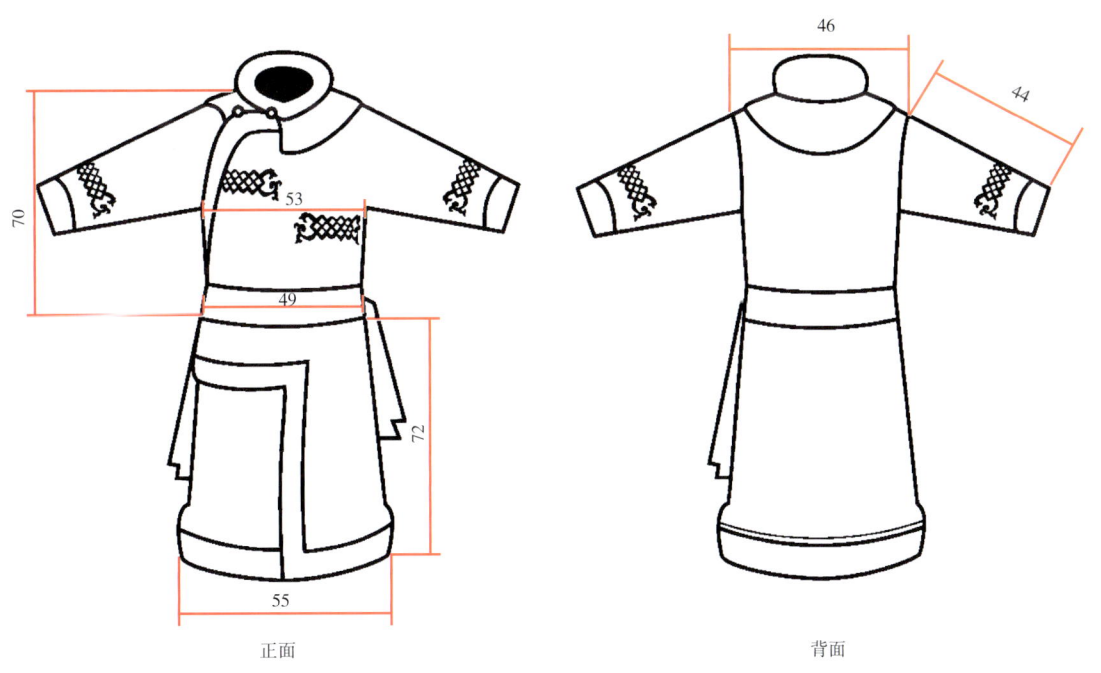

正面　　　　　　　　　背面

图二　达斡尔族男子长皮袍尺寸图（单位：cm）

限度、无计划地大量猎杀动物取其皮毛，以获取丰厚的利润，这对于自然界生态平衡无疑是巨大的破坏。现代设计师同样担当历史重任，在提高自身物质、精神文化的同时，不要忘记对保护自然生态平衡应负有的责任。

人类服饰除去御寒、礼仪等方面的功能外，也表现一个民族的审美心理，是其生产力水平的发展程度的标志。达斡尔族男子长皮袍是达斡尔族创造出的独特的具有自然美、原始美的服饰经典案例。在服饰的造物活动中，达斡尔人已完全融入自然怀抱，渴望与自然和谐相处。在达斡尔族男子长皮袍的造物设计中体现了人要遵从自然，不可以征服自然、与自然规律逆向而行，这为后世的生态伦理学、设计发生学、民俗学作了铺垫。中国传统造物文化是以"和谐"思想为中心，体现在人与物的关系中，是心与物、文与质、形与神、材与艺、用与美的统一；体现在人与自然的关系中，是天人合一，达斡尔族的服饰便是这种和谐的经典再现。

图片来源

图一、图五　彭小丹　摄影
图二、图三　李婕　制图
图四　李晓璇　制图

图三　达斡尔族男子长皮袍开片图（单位：cm）

图四 达斡尔族男子长皮袍穿着示意图

图五 达斡尔族男子长皮袍穿着效果图

第二章 达斡尔族传统服饰

033

达斡尔族男子轻便皮袍

图一　达斡尔族男子轻便皮袍主图

达斡尔族男子轻便皮袍,达斡尔语称为"哈日米",是达斡尔族男子在春秋狩猎或砍柴时所穿的轻便皮袍。达斡尔族世代以打猎捕鱼为生,这种生产方式决定了皮制品成为其服饰的主流。达斡尔族男子轻便皮袍是达斡尔民族服饰文化的精华,它不断发展变化的鞣皮工艺、款式纹样等代表了达斡尔皮服制作的发展趋势,在达斡尔族普遍应用,是猎人入山伐木的理想外衣。

达斡尔族男子轻便皮袍是用春夏和初秋时捕获的狍子的皮制成的,这些季节的狍子长毛基本脱落,毛稀而短,皮质结实。用农历八月的狍皮缝制的皮袍称为"克日·哈日米",用伏天的狍皮缝制的称为"拉兰其·哈日米"。达斡尔族男子轻便皮袍的长短随意,一般在膝盖的上面,轻便保暖,适合上山劳作或打猎。领子为圆形短立领,领口兽毛外翻,右衽开襟,右衽的大襟外沿处有密缝的线条纹饰,这些线条纹饰最早是为了增加襟口或边沿的牢固度,后来逐渐演变成一种装饰。皮袍的袖子为紧袖，袖口处同样是以针线缝制的装饰边，并在工艺上做收袖口处理。达斡尔族男子轻便皮袍与长皮袍相似，四面开衩，便于乘骑。前后衩顶端装饰有前后对称的几何图案，图案也是为了增加开衩口的牢固性而做的，也是一种装饰。扣子一般是用黄铜做成的，钉在前襟的右侧。

在砍柴的时候，为了劳作方便，皮袍是毛朝内、皮朝外穿。而在打猎的时候，为了与猎物接近并起到防御作用，皮袍经常被猎人反穿，这样可以起到伪装的作用。达斡尔人还习惯于在皮袍的外面加穿鹿皮做的马褂，马褂皮柔软且结实，箭矢不易穿透，主要为了在打猎时起到保护作用。

达斡尔族男子轻便皮袍是达斡尔服饰的经典作品，充分体现出古朴、稚拙、粗犷、豪迈的原生态服饰情致。随着环境的变化，这种皮袍在达斡尔族中逐渐稀少了，人们无限度、无计划地大量猎杀动物取其皮毛，以获取丰厚的利润，这对于自然界生态平衡无疑是巨大的破坏。这提醒现代设计师：不要忘记设计对保护自然生态平衡应负有的责任。

图片来源

图一　孟凡奇　摄影

图二、图四、图五　李婕　制图

图三、图六　李晓璇　制图

图七　武坤　摄影

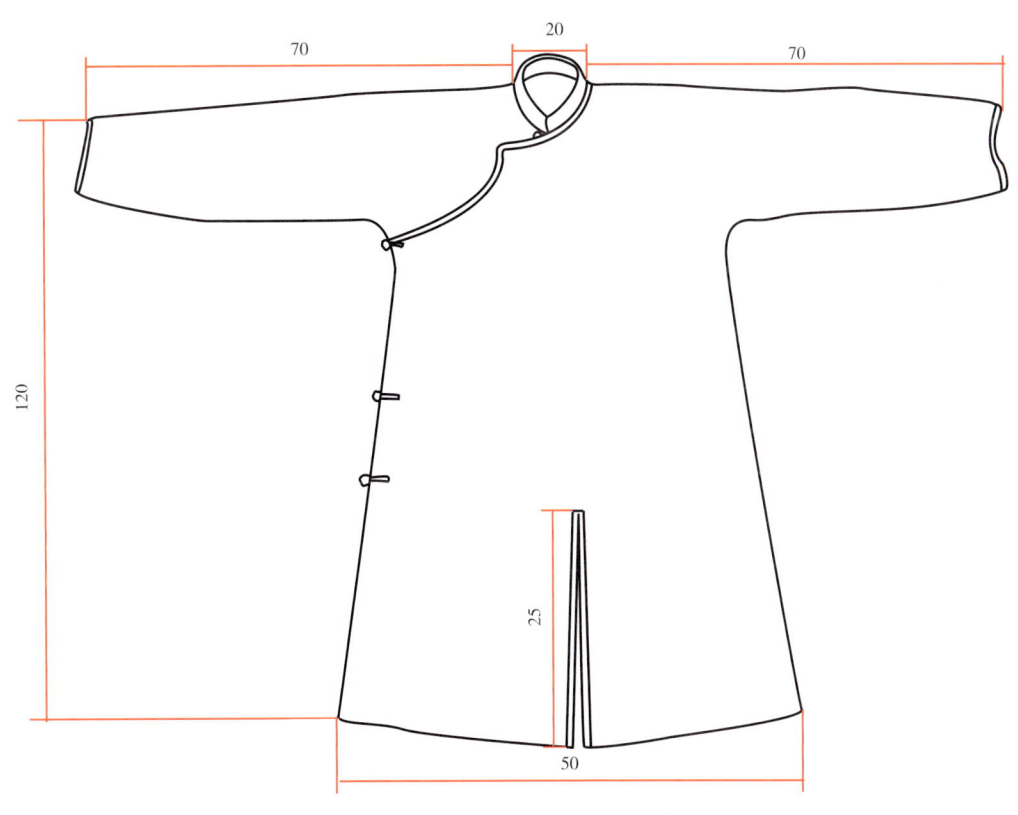

图二　达斡尔族男子轻便皮袍尺寸图（单位：cm）

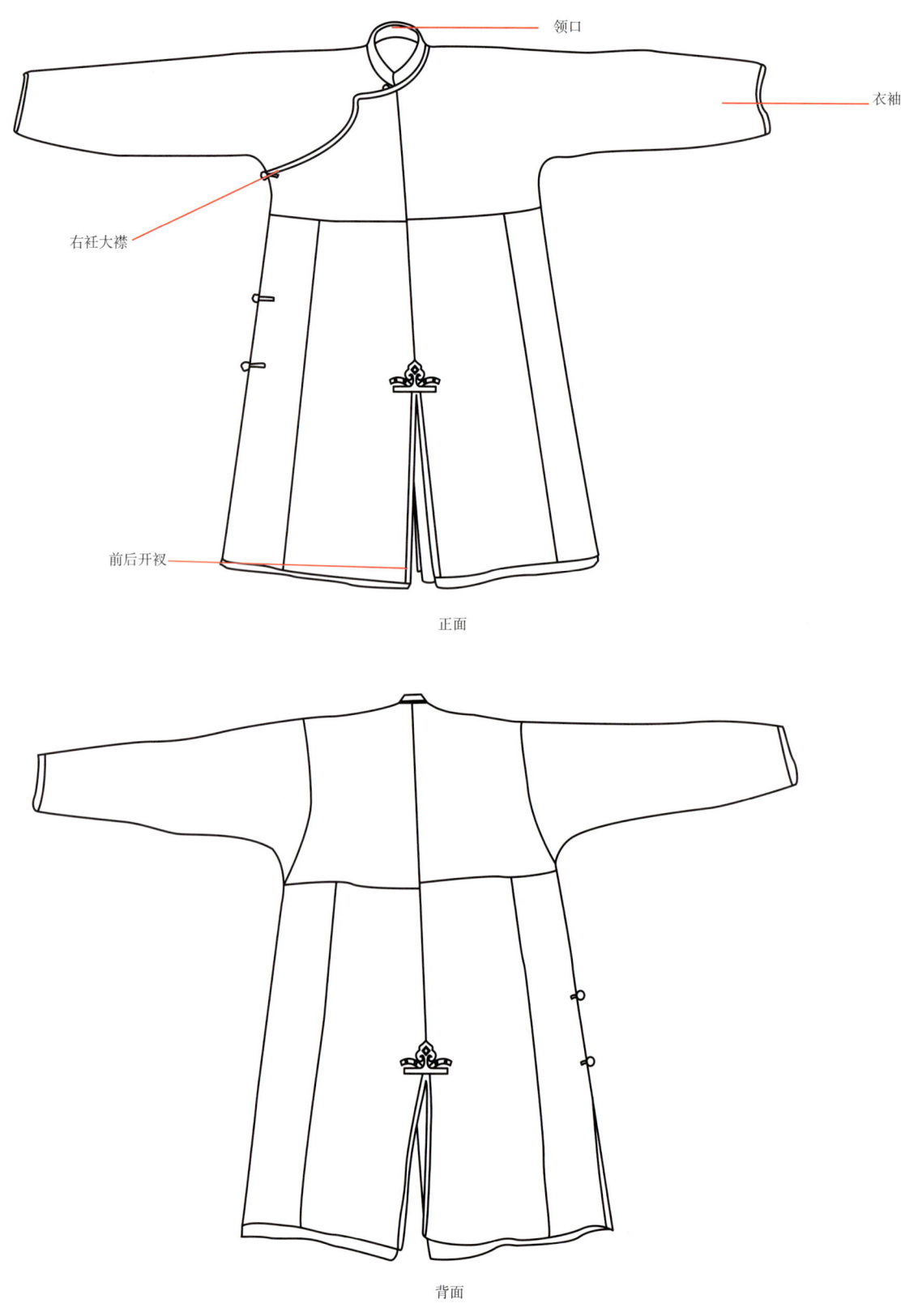

图三 达斡尔族男子轻便皮袍结构名称图

图四　达斡尔族男子轻便皮袍开片图

图五　达斡尔族男子轻便皮袍局部纹样示意图

图六　达斡尔族男子轻便皮袍平面示意图

图七　达斡尔族男子轻便皮袍穿着效果图

达斡尔族女子坎肩

图一　达斡尔族女子坎肩主图

达斡尔族妇女所穿的坎肩，达斡尔语称为"和日格尔奇"，有日常穿用和礼仪场合穿用两种，也有单坎肩和棉坎肩之分。坎肩一般是套在长袍的外面，特别是老年妇女喜欢在褂与袍的外面加穿坎肩，既可以增加保暖性，也很美观，可以一改长袍大褂一体无变化的着装形态，显得端庄优雅。

日常坎肩一般是由布料或绸缎制成，尺寸因人而异，有对襟盘扣的，也有偏襟盘扣的。坎肩为圆立领，长短一般在腰以上。颜色一般以单色或鲜艳的颜色为主，坎肩的中间部位装饰有几何纹饰或植物纹饰。礼仪上穿用的坎肩十分讲究，以绸缎为面。冬季的棉坎肩以细毛皮为里，夏季的单坎肩以单色绸缎为里。坎肩的做工非常精良，上面一般有各种层次的装饰，包括刺绣、镶嵌装饰边、附加各种金属装饰小物件等。刺绣一般以植物蔓藤纹、盘缠叶片纹为主，颜色为深色居多，上面配有暗花纹。穿着礼仪坎肩显得达斡尔族女子形体挺立，姿态优美。

坎肩的制作工艺简单，但装饰工艺复杂。制作由背部一片与胸前两片缝合而成，圆领单独成弧形布片；装饰工艺除了刺绣外，还要在所有边沿处加装饰边，有些坎肩的装饰边多有三层，装饰效果非常好。扣的装饰一般是绸缎盘扣，也有用单色绸缎或布料来盘扣的，盘扣的设计不影响坎肩的整体装饰效果，盘扣与坎肩的花色搭配适当，非常适合新婚及节日、礼仪等场合穿用。

达斡尔族女子坎肩是达斡尔妇女普遍穿用的服饰，无论在造型、装饰及工艺方面都是别具一格的，是达斡尔民族在自己长期生产劳作和生活习俗中逐渐形成的民族文化事物，凝聚了达斡尔族具有千年传统的民族造物思想和民族造物方式的集体智慧，通过对达斡尔族女子坎肩设计制作理念的梳理、总结，足以为当代和未来设计师们提供有益而丰富的创意启示。

图片来源
图一　杨兴斌　摄影
图二至图四　李婕　制图
图五　武坤　摄影

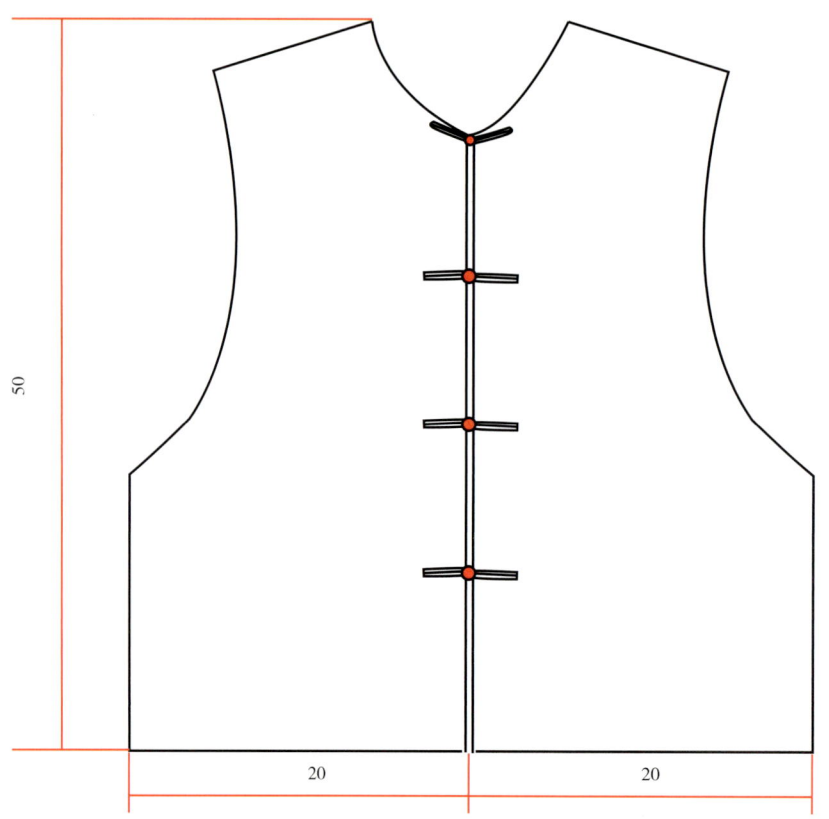

图二　达斡尔族女子坎肩尺寸图（单位：cm）

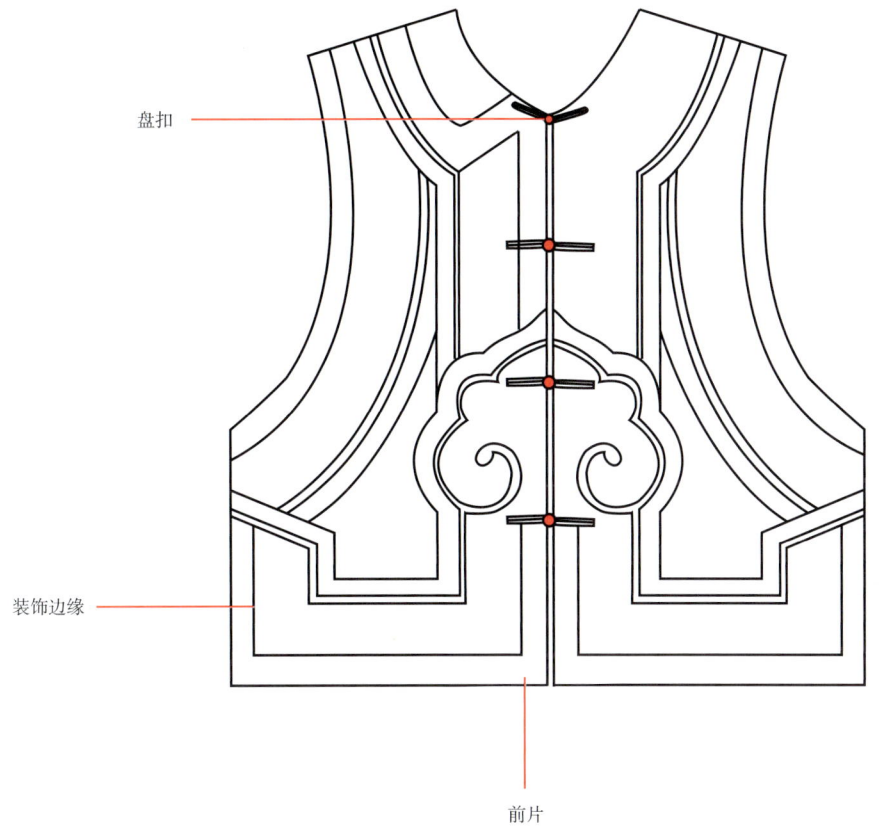

图三 达斡尔族女子坎肩结构名称图

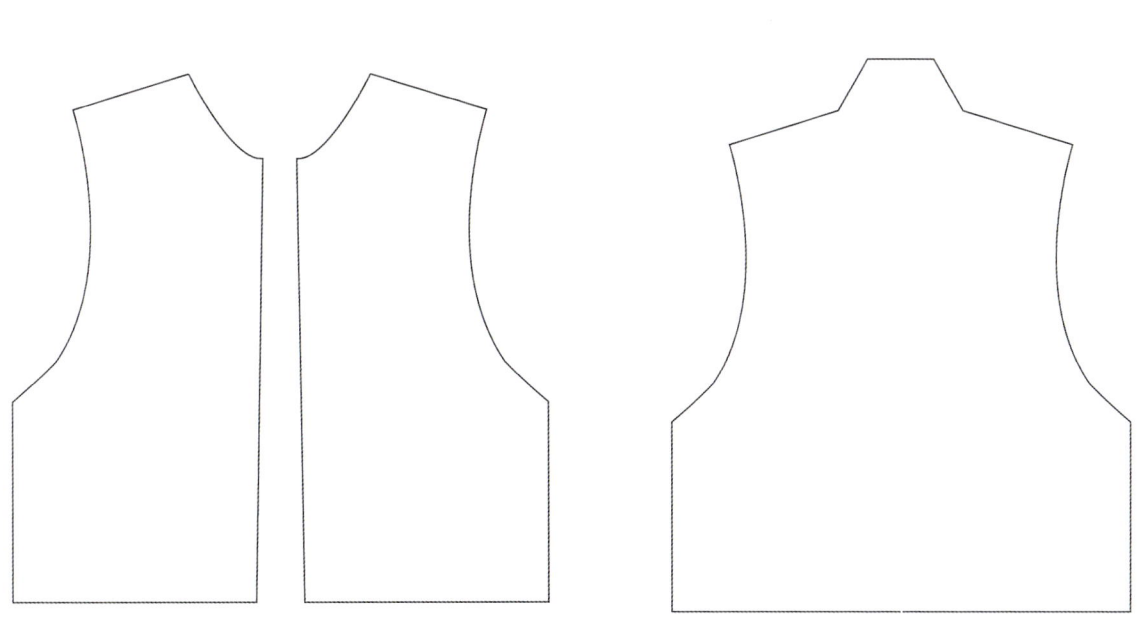

图四 达斡尔族女子坎肩开片图

图五　达斡尔族女子坎肩穿着效果图

达斡尔族女子狍皮服

达斡尔族女子冬季穿着的棉服、狍皮棉袍，达斡尔语称为"库日特"。清末以前，达斡尔族女子以冬季穿着狍皮服来防寒，虽然冬季不用野外打猎与农耕，但由于布匹的缺乏，加之东北冬季的恶劣自然气候条件，狍皮服仍是达斡尔族女子在冬季的主要服饰。电影《傲蕾·一兰》向我们清晰地展示了达斡尔族女子的冬季狍皮服饰。达斡尔人把对自然的崇拜、依赖、期盼等原生态民俗信仰都通过服饰表现了出来，创造出独特的原生态服饰，女子狍皮防寒服便是其中经典的案例。

达斡尔女子冬季服饰以皮袍、皮衣、皮裤、软皮靴为主，遮挡严寒是其唯一的选择，可谓无奈之举，但却体现了一种最为朴素的审美追求。女子皮服多用狍子皮制成，狍子是黑龙江流域数量最多的一种食草动物，其皮可制作皮衣、皮裤、皮套裤、皮坎肩、皮帽、皮靴、皮手套等。狍皮的绒毛厚实，毛质结实，不易脱落，保暖性强，经久耐穿，这些狍皮服饰的特点不仅体现在男子狩猎装上，女子的狍皮服也同样具有以上特征。达斡尔族女子皮衣厚重而合体，毛面向内，皮面向外，衣领、袖口处镶细毛皮作为装饰，有别于男子的狍皮服饰。女子皮袍左右开衩，左下摆开衩处补绣黑皮剪花，在开衩处饰装饰图案，不但美观而且增加了开衩口的牢固性。女子不系腰带，因此在腰部有

图一　达斡尔族女子狍皮服主图

收腰效果，并在腰部狍皮接缝处饰有装饰图案，一般是抽象云纹。右衽开襟，大襟边沿处有图案装饰，领子为立领或圆领，毛朝外翻，增加保暖性及美观性。皮袍下摆宽松，既美观又能在劳作的过程中突显轻便，正如李渔在《闲情偶寄》中讲道："裙制之精粗，惟视折纹之多寡。折多则行走自如，无缠身碍之患；折少则往来局促，有拘挛桎梏之形。故衣服之料，他或可省，裙幅必不可省……"

在狍皮服饰的裁剪技艺方面，手巧而节俭的达斡尔女子，常常把收集的不同规格的狍皮料经过合理拼合，上面施以细腻平顺的针脚，缝制成一件独一无二的狍皮服装。达斡尔族狍皮服装中的拼接大多是为了经济实用，充分利用、节约皮料，特别对于劳作的服装，肩部、袖部和正身等部位都是易磨损的区域，用装饰图案或以繁密的针脚缝制加固，增加了服饰在实用方面的耐磨性，并利用了狍皮面料的简约化和装饰图案的规整化，在简约中富有极浓的装饰效果，同时符合中华民族传统的节俭朴素的优良品质。狍皮服饰造物中的细节，无不体现出"巧用"的造物思想。

达斡尔族女子狍皮服饰除了皮袍外，还有皮衣、皮裤、皮坎肩等。但经过时代的变更，现代的狍皮服饰已经有了极大的变化，改变了过去单一追求保暖御寒的功能。现代人对服饰审美的要求，已从单一的实用性能转为对样式及服装对个体特质的表现程度，以此来达到运用外在的服饰来反映个性的特点。现代女子狍皮服饰中，皮坎肩为对襟处理，盘扣两侧饰有达斡尔族传统图案，肩部同样饰有黑皮剪花等装饰。皮裤大面积饰有装饰图案，突出民族服装特色。从达斡尔族女子狍皮服饰的种类、样式发展过程上说，现代服装做了巨大的改进，但其中不难看出传统狍皮服饰给予的相当深厚的影响。

从达斡尔族女子袍皮服中解读中国传统的造物设计文化，不仅仅要从片断中看到

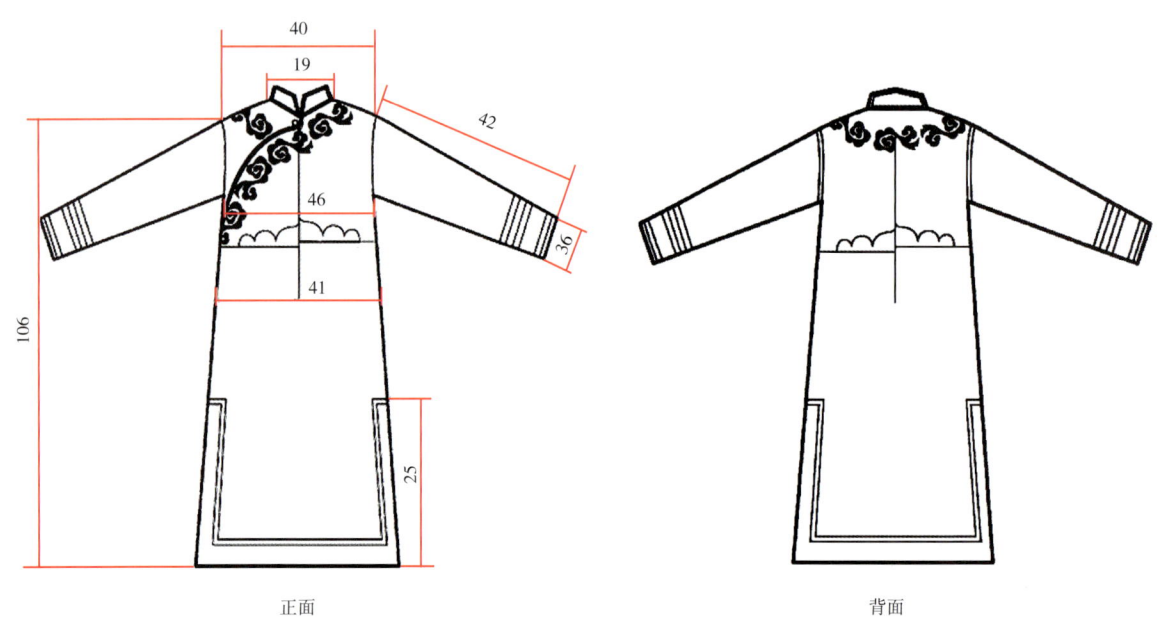

图二　达斡尔族女子狍皮服尺寸图（单位：cm）

设计结果和设计造型，更重要的是引导现代设计师思考设计风格形成的原因，从意念与事实的互动中探究中国传统设计思想，从中挖掘出具有民族性和历史性的造物观。从设计学角度分析，达斡尔族的女子袍皮服体现了中国传统造物设计理念中以"人为中心、物为我用、备物致用"等传统设计观，即在实用层次、适用层次、巧用层次等实践方面逐渐形成的一条最基本的造物观点和一种最根本的造物状态，也是设计造物活动中贯穿古今的造物实践价值标准，明确指导和规范着现代的设计造物活动。

图片来源

图一　沃大川　摄影

图二至图四　李婕　制图

图五　彭小丹　摄影

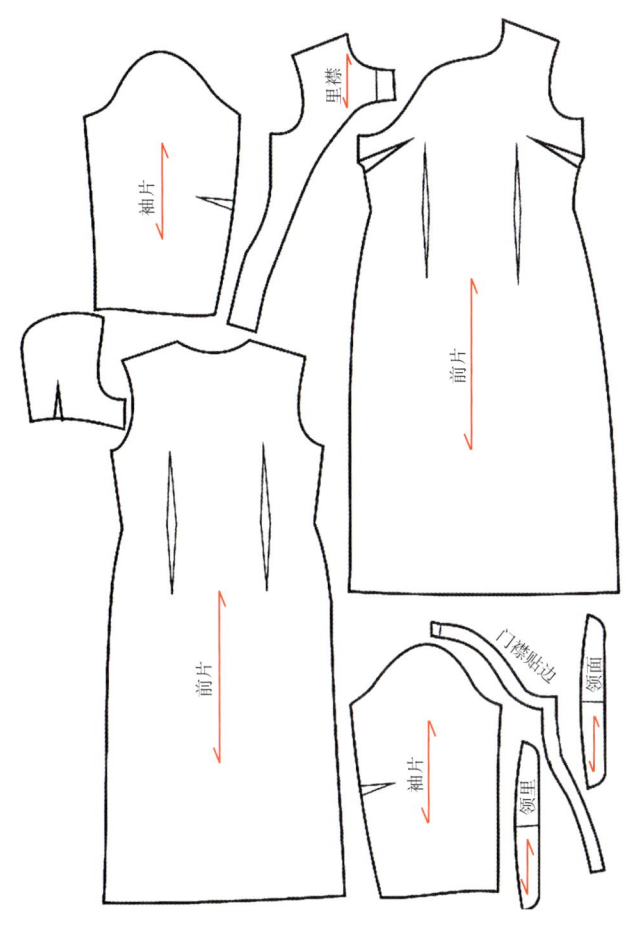

图三　达斡尔族女子狍皮服开片图

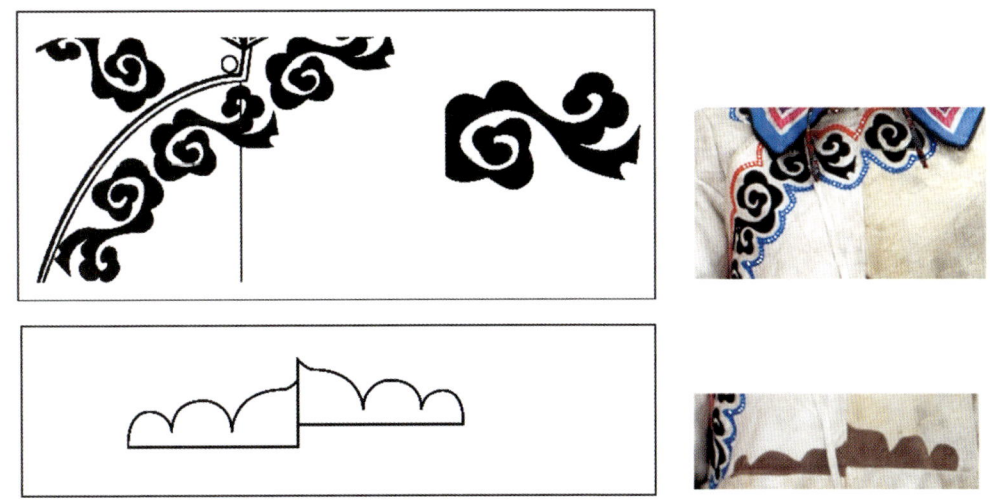

图四　达斡尔族女子狍皮服局部纹样示意图

图五　达斡尔族女子狍皮服穿着效果图

达斡尔族女子长身礼服

图一 达斡尔族女子长身礼服主图

达斡尔族女子长身礼服,达斡尔语称为"库如木"。清末以后,随着布匹和绸缎进入达斡尔族的家庭,一些家境殷实的贵族开始穿着由布匹和绸缎制作的服装,改变了达斡尔族世代以皮毛裹身的历史,库如木就是在此时发展兴起的长身礼服,服装质地的变化,使其色泽更加丰富多彩。在袍服的领边、袖口、下摆和大襟边缘,再也不是单纯的黑颜色了,鲜艳的服装把姑娘们打扮得更加美丽光彩。

达斡尔族女子长身礼服多以绸缎为料,非劳作时所穿,因此上窄下宽,长身过膝。圆立领,领口一般镶有不同图案的花边,大襟的边沿直到下摆都有装饰,年轻女子的襟沿装饰的纹样色彩比较鲜艳,而年长的妇女及老年人的襟沿装饰一般是黑色底上饰暗色提花。礼服在左襟下摆有开衩,其余部位不开衩,开衩的边缘有包边的装饰,一般与大襟边沿的装饰相同,开衩的顶端有图案装饰,并起到加固的作用。礼服一般为宽袖,袖口同样装饰有与大襟相同的边沿装饰，有些礼服为了增加美观性，在袖子的中间部位也加上了宽边装饰。礼服的底边也有装饰，一般是大襟边沿装饰的延续，有些礼服底边不做装饰。面料的颜色也是根据年龄的不同而有相应的差异。一般老人的长袍以蓝、灰、褐色居多，中年妇女的礼服颜色相对要鲜艳些，而且花纹图案也明显增多，并镶上不同的花边，做工考究。

不同款式和色彩的达斡尔族女子长身礼服，表现了达斡尔人特有的思维方式，把不同的色彩和款式变成了不同的符号，并赋予它象征意义。作为达斡尔族民俗载体的服饰，尽管达斡尔族妇女没有条件专门从事工艺美术或坐下来描龙绘凤，但就是在这种繁忙的生产和频繁的迁徙环境中，聪明的达斡尔族妇女创造了具有本民族艺术风格的长袍礼服。通过对达斡尔族女子长身礼服的分析研究，对现代民族服饰及现代设计学、民俗学等都有着不可忽视的作用。

图片来源
图一　孟凡奇　摄影
图二至图四　李婕　制图
图五、图六　李晓璇　制图
图七　武坤　摄影

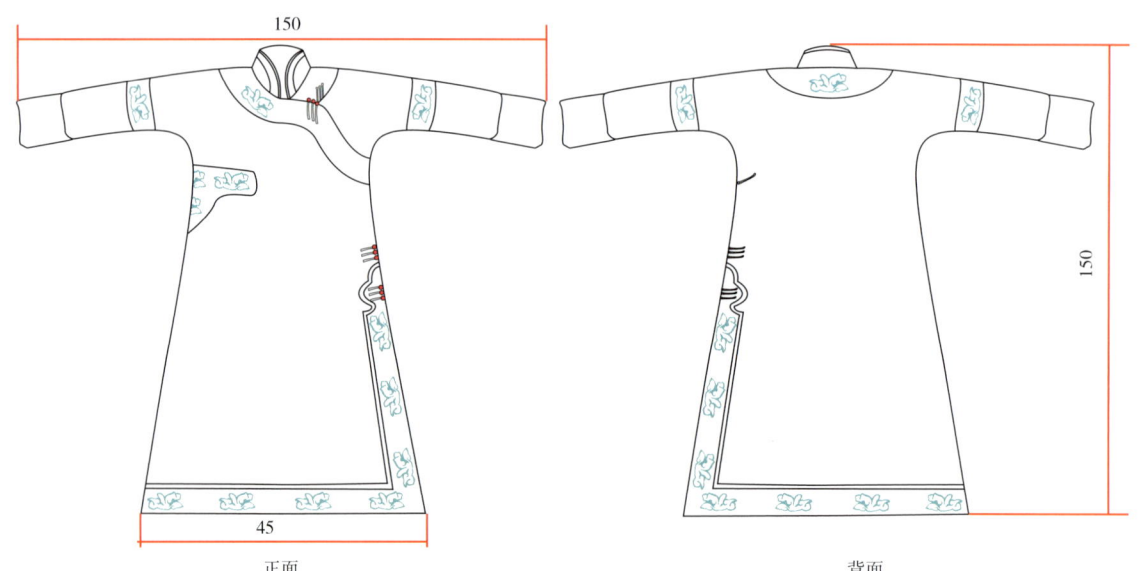

图二　达斡尔族女子长身礼服尺寸图（单位：cm）

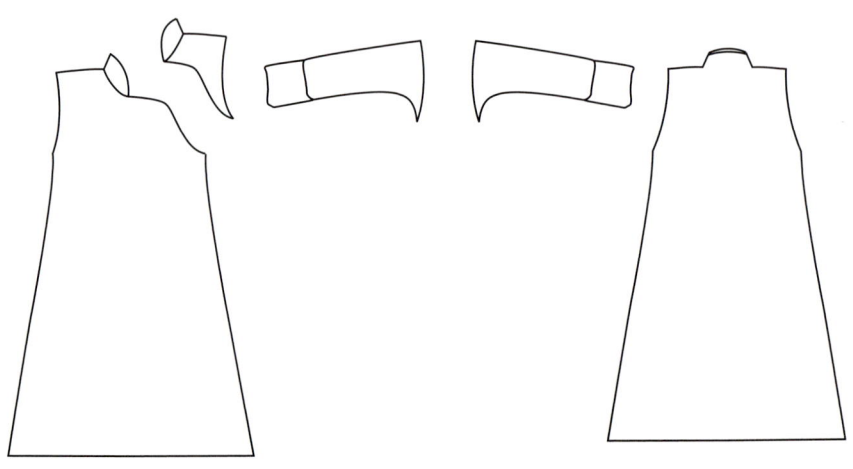

图三　达斡尔族女子长身礼服开片图

图四　达斡尔族女子长身礼服局部纹样示意图

图五　达斡尔族女子长身礼服示意图1 　　　　图六　达斡尔族女子长身礼服示意图2

图七　达斡尔族女子长身礼服穿着效果图

达斡尔族仿生皮帽

图一　达斡尔族仿生狍皮帽主图

　　达斡尔族男子冬季打猎时所戴的仿生皮帽子，达斡尔语称为"玛格勒"，是达斡尔族狩猎时代的产物。达斡尔族世代以打猎为生，冬季打猎时猎人头戴仿生皮帽。仿生皮帽具有在接近猎物时伪装与防御的作用，看起来如同猎物的头部，头戴皮帽容易接近猎物，缩短猎人与猎物的距离，提高打猎效率。仿生皮帽的耳、目、口、鼻刻画得生动逼真，不仅美观而且具有很好的保暖效果，是达斡尔族男子在冬季打猎时不可或缺的保暖物品。

　　达斡尔族仿生皮帽是用狍、狐狸或者狼的皮毛制作，毛朝外皮朝内，高约35～40厘米，不同的帽子根据犄角长短，高度略有不同，外圈直径大概为30厘米，内直径大概为25厘米。最常见的皮帽是利用狍子的头部毛皮制作的，将整个狍子头部的毛皮连同狍子的犄角一起剥下，经过鞣皮工序后缝制而成。做成的帽子有双耳双犄角，用线在眼部缝出双眼的轮廓线，然后用白色、黑色的布缝上眼白和黑眼仁，也有用扣子、铁钉等缝制眼仁的。早期狍子的脖颈后的皮毛一般也一同剥离下来，作为帽子的后垂而披到肩部或背部，后来皮毛的后垂逐渐消失了，一般剥到狍子的双耳以下部位。为了保暖，需要用灰鼠皮做帽里子，还要在狍皮下面缝上一圈毛皮，平时将毛皮帽檐向上卷起，冷时放下捂住耳朵，狍子头上的两只角还要保持原状不动。用狐狸、狼等的皮毛做的帽子也别具特色，制作方法基本与狍皮帽相同，有些在兽头的皮上染上各种颜色，并用金银线绣出耳、鼻、口的形状，生动逼真。

随着打猎活动逐渐减少，加之"别尔弹"猎枪的出现，猎人不再需要近距离接触猎物，仿生皮帽便逐渐演变成了儿童的装饰帽，在帽檐处染上或绣出各种装饰图案，帽顶插上染色的翎羽，栩栩如生。儿童带上这种帽子格外招人喜爱，给孩子带上这种帽子也是为了炫耀勇敢、机智，寄托着达斡尔人对后代茁壮成长的期盼。达斡尔族仿生皮帽的制作工艺技术体现了达斡尔族精湛的鞣皮工艺与技术，是人类造物活动中"用"和"美"的有机结合，为现代设计学、生态环境学、民俗学等的研究提供了极大的借鉴。

图片来源
图一　孟凡奇　摄影
图二　李婕　制图
图三、图四　李晓璇　制图
图五　武坤　摄影

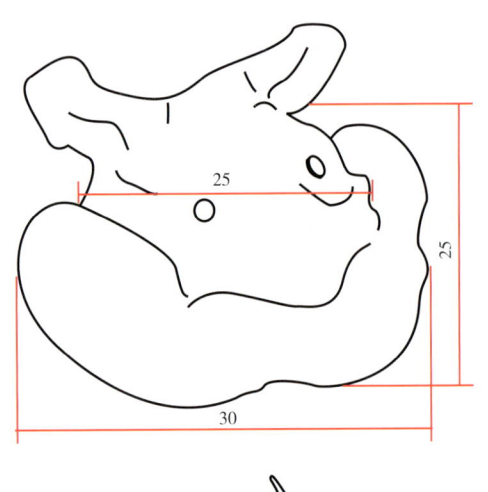

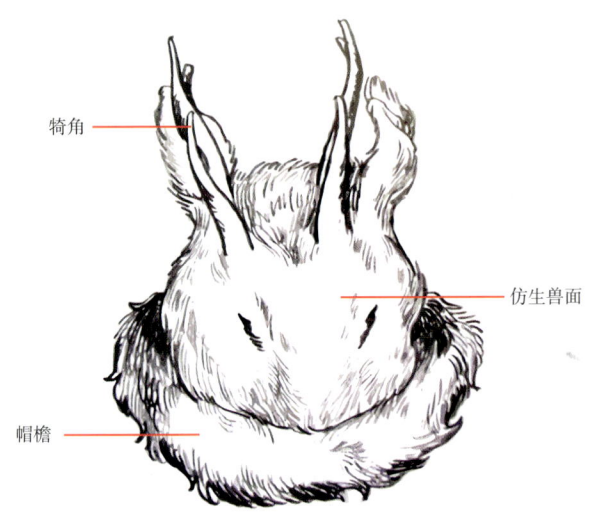

图三　达斡尔族仿生狍皮帽结构名称图

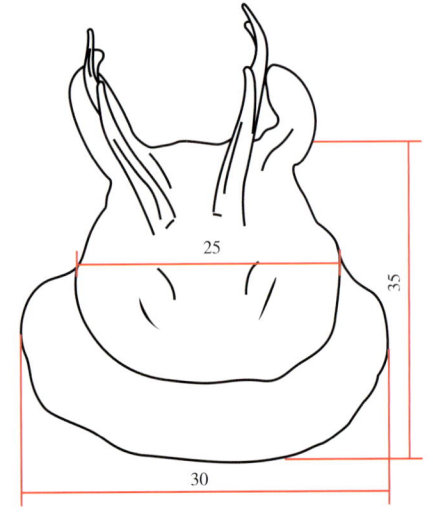

图二　达斡尔族仿生狍皮帽尺寸图（单位：cm）

图四　达斡尔族仿生狍皮帽示意图

图五　达斡尔族仿生狍皮帽穿戴效果图

达斡尔族短腰软底毛皮靴

图一　达斡尔族短腰软底毛皮靴主图

达斡尔族男子冬季打猎时脚穿的短腰软底毛皮靴，达斡尔语称为"奇卡米"。历史上达斡尔族祖祖辈辈以打猎为生，生活在黑龙江流域的达斡尔猎人要在零下30度～40度的严寒中劳作，穿戴得舒适暖和是打猎的重要物质前提。奇卡米这种毛皮短靴保暖轻便，靴筒的高度适中，非常适合在林海雪原中行走，是猎人必备的冬季防寒靴。

达斡尔族短腰软底毛皮靴是达斡尔男子普遍穿用的冬季皮靴，尺寸无固定标准，长度因人而异，高度一般在30厘米左右，由靴底、靴面、靴帮及靴腰组成。制作毛皮靴的主要材料是狍皮，一双毛皮靴大概需要用十几张狍腿皮来制作。狍子的前腿皮毛色棕黄并带有暗色纹，非常美观，适合做靴腰；狍子的后腿皮适合做靴帮和靴面。缝制靴腰、靴帮和靴面时，把狍腿皮按着毛纹、色泽、肌理等搭配得当，做完的靴子会显得非常美观。靴腰的上口开口处以黑色、蓝色的布包边，也有用彩绸来包边的。靴底是用鹿颈皮或牛脊皮来制作的，因为厚实、耐磨，鞣制工艺一般是用木制的砸皮器锤砸，这样鞣制出的靴底不仅结实而且柔软、舒适，即便是走在冰雪地上也既暖和又防滑，轻便跟脚。毛皮靴的靴腰高到小腿，穿起来轻巧、美观、暖和，在雪地上行走不会发出声响，因此达斡尔人不仅在狩猎时穿，在节日喜事、走亲访友或走远路时都喜欢穿。

在缝制毛皮靴时，首先缝制靴底，将鞣制好的鹿颈皮或牛脊皮剪成鞋底形状的一个椭圆形皮块，鞋底的制作较为简单，无非剪成大小适合的皮块而已，但在材料的选择上，一定是要耐磨的。接下来是缝制靴腰、靴帮和靴面，一般将狍皮拼合搭配好后，剪成脚部的左右两片靴形，脚的前面部分，由脚尖部一直缝合到小腿前部的靴腰口；脚的后面部分，由后跟处一直缝制到小腿后部的靴腰口处。最后是鞋底的椭圆形皮块与鞋帮周圈缝合，一般靴底要翻卷过靴面与靴帮周圈缝合，这样的靴子穿起来舒适、轻便，适宜行走。达斡尔人在靴子里面穿狍皮袜斯（袜子），垫乌拉草，轻暖柔软，吸汗防潮。

随着猎物的减少，达斡尔人开始用棉布面代替毛皮靴的狍皮面。现代的达斡尔人穿的鞋基本已经汉化了。时代的变化，环境的

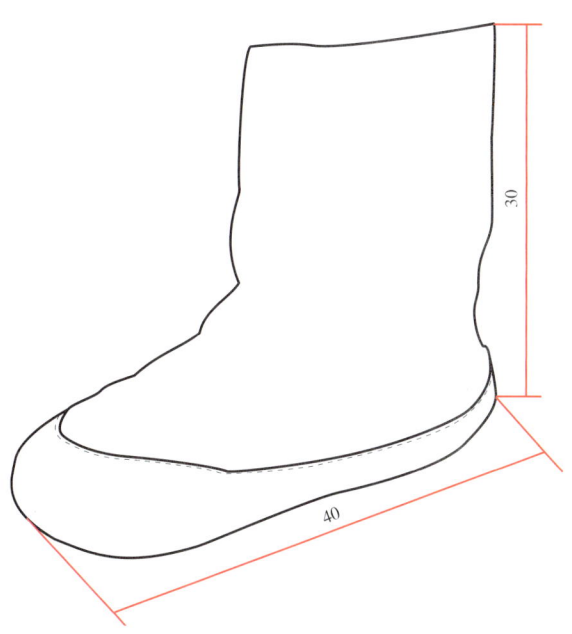

图二　达斡尔族短腰软底毛皮靴尺寸图（单位：cm）

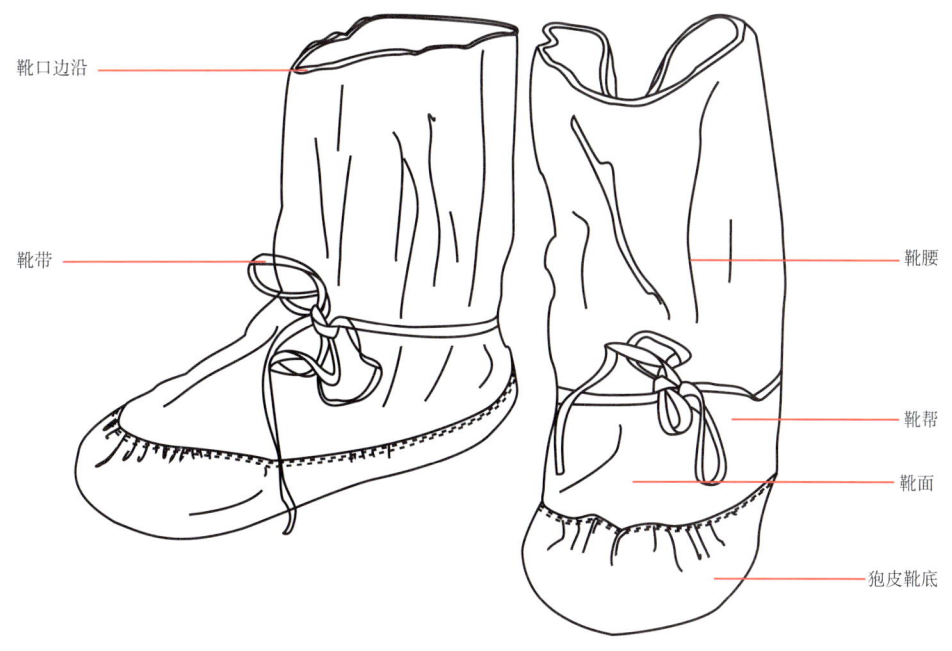

图三　达斡尔族短腰软底毛皮靴结构名称图

不同，使达斡尔族的短腰软底毛皮靴悄然融入民俗文化中。也许这种短腰软底毛皮靴能使人类承受-40℃的高寒冰雪气候，却难抵挡现代恶劣沙尘暴天气对它的"袭击"。它存在的根本还是在于环境、地域及人群的需求，这也是造物活动的根本规律。在达斡尔族短腰软底毛皮靴的造物设计活动中，反映出传统造物设计对环境的关注，对生活方式的感知，对社会的责任。总之，达斡尔族短腰软底毛皮靴是为真实世界设计的，它在最朴素的基本层面满足了千百年来达斡尔人的基本需求。

图片来源

图一　孟凡奇　摄影
图二至图四　李婕　制图
图五　武坤　摄影

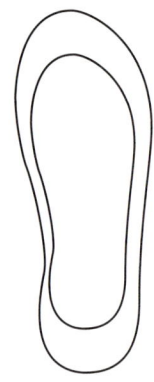

图四　达斡尔族短腰软底毛皮靴开片图

图五　达斡尔族短腰软底毛皮靴穿着效果图

达斡尔族短腰软底单布靴

图一　达斡尔族短腰软底单布靴主图

达斡尔族短腰软底单布靴，达斡尔语称为"斡洛奇"，是达斡尔族男子在春、夏、秋三个季节穿用的布靴。外形为布筒型并饰以纹样的靴子，造型别致，通常是以白布做靴面，在靴尖、靴后跟、靴口饰以黑色为主调的几何形图案装饰，靴帮后跟处一般装饰单独纹样的图案，多以古钱纹、蝴蝶纹居多，正前面开口系两个盘扣，靴底用布或狍腿皮制成。这种靴子轻便而柔软，适合骑马、打猎，深受达斡尔男子的喜爱，其造型与契丹族短腰靴子的造型相似。

达斡尔族短腰软底单布靴穿着舒适、方便，也有配合服饰的装饰功能，在热恋中的女子经常缝制一双漂亮的这种布靴送给情人，以示爱恋。布靴的尺寸无固定标准，长度因人而异，高度一般在20厘米左右，由靴底、靴帮及靴腰组成。制作布靴的主要材料是布，随着猎取之物逐渐减少，靴底由原来的皮料逐渐改为布料。布靴的制作工艺巧妙，首先将布料剪成比靴垫大一大圈的椭圆形布块，由于布料的厚度有限，需要将几块布料叠加在一起，统一剪成上述形状，再用平顺繁密的针脚将这几块布同时缝起来。缝针的工艺非常具有巧妙性：首先是整整齐齐，每个针眼、针距的大小完全相同；其次利用一边缝针一边抽褶的方法将靴底缝制成凹凸规整的摩擦面，既用针线缝制了靴底规整统一的纹饰，也形成了有很多突起的摩擦块，走步时抓地力很强，并可分散冲击力，走起步来更为舒适。靴底规整的针眼仿佛静谧河中荡起的涟漪，均匀细致，起伏有致，难怪西方手工艺运动反对大机器生产，追求神性而不是理性，追求人工而不是科技……这里借用吕品田先生的"动手有功"来表明人类手工劳作的巧妙是任何大机器生产永远无法企及的，这在达斡尔族短腰软底单布靴的造物设计中也体现得淋漓尽致。

达斡尔族短腰软底单布靴的靴帮与靴腰是连在一起的，左右对称各一片，同样是用几块布料叠加在一起缝制后剪裁成靴帮与靴腰的侧面形状，两片靴帮在后跟处完全缝合。靴帮的正面脚面部分缝合三分之二，另外三分之一是穿脱靴子的豁口，上下分别系上一个或两个同样大小的盘扣，缝在腰身的两侧并相对。接下来的工序就是要把靴帮、靴腰与靴底缝合，靴底的布块较大，与靴帮、靴腰缝合时靴底的周长远远大于两片靴帮缝合后的周长，此时需要边缝制边抽褶处理，关键的工艺程序是靴底面要翻卷过脚面与靴帮缝合，这样缝制出来的靴子既美观又适合行走，是达斡尔族手工缝制布靴、手套、烟荷包等的传统手工艺程序。

在装饰方面，靴腰的腰口处用黑色布边加以装饰，装饰黑边的尾端，饰以云朵卷曲纹样；在靴后跟处，装饰黑边渐变成适合后跟部位的卷曲几何纹样，左右对称。在靴底与靴帮缝合处，一般饰有黑色的几何卷曲装饰纹样，属于适合纹样。最后，左右靴腰上均有补花装饰，补花图案有钱币纹，也有蝴蝶纹样等。在达斡尔人心中，云朵为吉祥的象征，他们从内心深处希望把大自然的云朵漂浮缠绕在靴子的装饰中，因此，变化多样的云纹图案是表现较多的内容。

达斡尔族短腰软底单布靴体现出达斡尔族传统造物文明的基本特征，它以精美的纹饰、千层百纳的鞋底、优良的做工、大气的造型为现代设计学提供了活态样本。达斡尔人现在已经很少有人穿这种布靴了，能制作这种布靴的手工艺人也逐渐离去，但作为达斡尔族传统造物的主要载体之一，研究整理达斡尔族短腰软底单布靴的制作工艺及装饰纹样，是当代中国设计学界和民族学界的重要课题。

图片来源
  图一、图八、图九 孟凡奇 摄影
  图二、图四至图七 李婕 制图
  图三、图十 李晓璇 制图

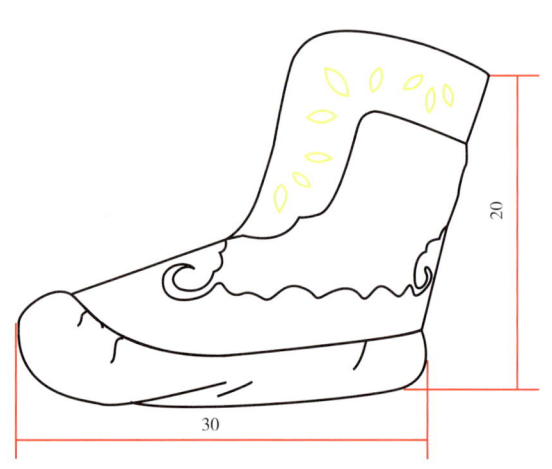

图二 达斡尔族短腰软底单布靴尺寸图（单位：cm）

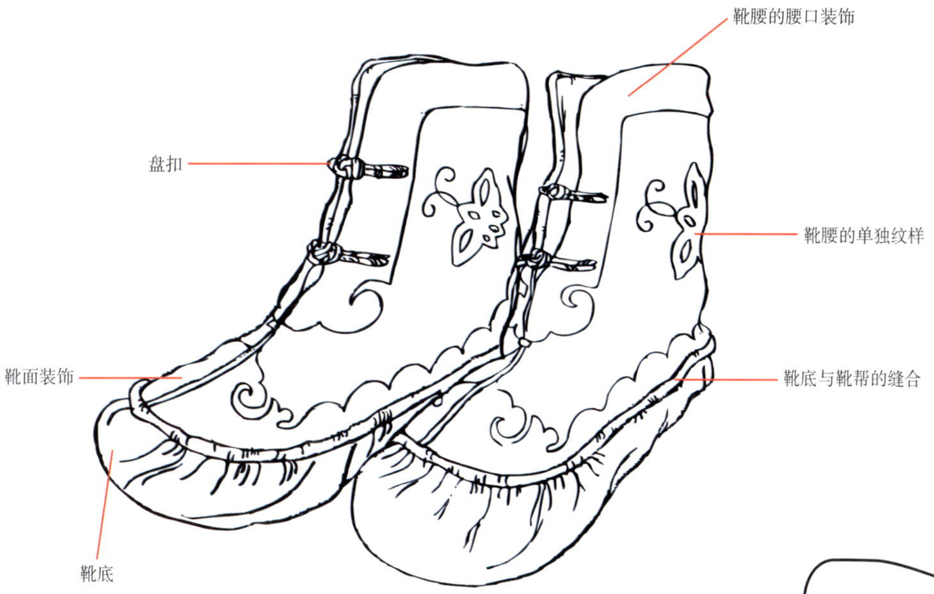

图三 达斡尔族短腰软底单布靴结构名称图

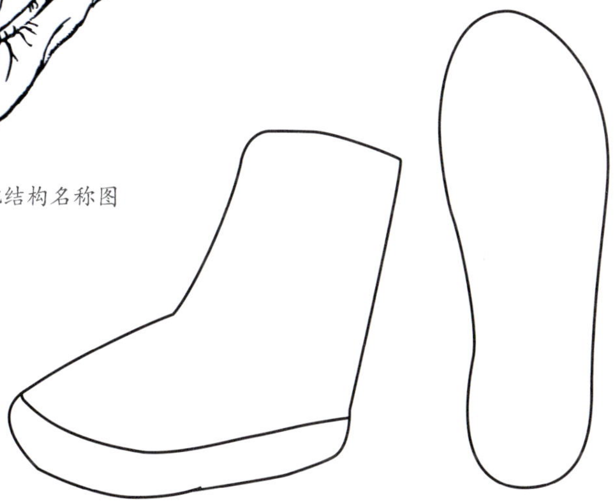

图四 达斡尔族短腰软底单布靴开片图

图五 达斡尔族短腰软底单布靴局部纹样示意图

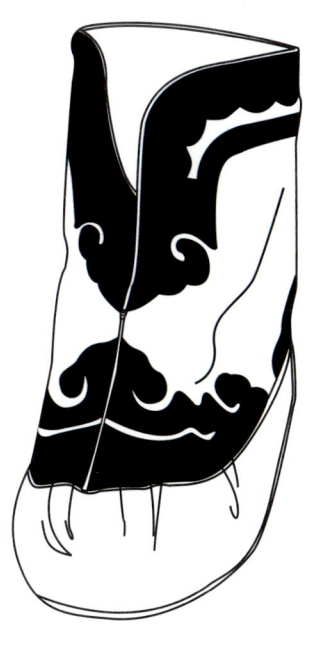

图六 达斡尔族短腰软底单布靴示意图

第二章 达斡尔族传统服饰

图七　达斡尔族短腰软底单布靴色彩分析图

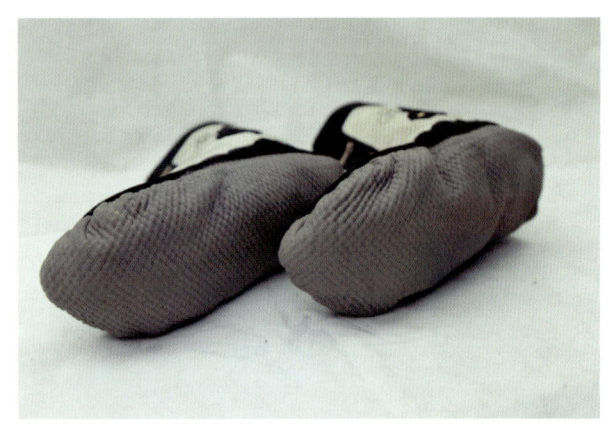

图八　达斡尔族短腰软底单布靴鞋底局部图

图九　达斡尔族短腰软底单布靴实物图

图十　达斡尔族短腰软底单布靴穿着示意图

达斡尔族袜子

图一　达斡尔族袜子主图

达斡尔族的袜子，达斡尔语称为"卓贡吉"，包括冬季的毛皮袜子和春秋的白布袜子两种。达斡尔人在冬季打猎时脚穿短腰软底毛皮靴，毛皮袜子一般穿在毛皮靴里面增加保暖效果；春秋的白布袜子一般穿在软短腰软底单布靴里，吸汗防滑，增加舒适性。心灵手巧的达斡尔女子在制作袜子时，在袜底和袜腰上都绣上了漂亮的图案，袜子除了具有保暖吸汗的功能外，也是达斡尔族不可小视的装饰品。

达斡尔族毛皮袜子一般是用羊皮、狗皮或狍子皮制成，毛朝内皮朝外，长约26～28厘米，有袜腰，袜腰高到小腿，大概有15～18厘米不等，有些毛皮袜子的腰口以兽毛外翻作为装饰，有些袜子的腰口用黑色的布条封边并饰以装饰文案，以几何形纹及云纹居多。缝制毛皮袜子分为三步：首先，按照人脚的大小将鞣制好的皮子剪成鞋垫一样的袜底；其次，将皮料按照人脚的侧面形状连同脚脖侧面剪成左右两块皮料；最后，将左右两块皮料自脚跟处缝合至后侧袜腰口，自脚尖处缝合到前侧袜腰口，再与袜底缝合。毛皮袜子一般是根据专人专制的，要根据脚型及大小缝合成大小适合的袜子。春秋两季穿的白布袜子以两层白布做料，袜底的部分多加一两层布，把各层缝合在一起然后剪裁，制作方法与毛皮袜子相同。白布袜子的袜底一般装饰花纹，多以植物纹样居多。

达斡尔族袜子，无论是毛皮袜子还是白布袜子，无论是借鉴其他民族的造型装饰还是自创的造型装饰，其普及与流行的原因都是根据达斡尔族的气候条件决定的。达斡尔族袜子所诠释的不仅仅是人类造物初衷的"物以致用"及"以用为美"，更主要的是它还生动地描述了达斡尔族别样的地域特征、思维方式及审美趣味等文化内容。

图片来源

图一、图六　孟凡奇　摄影
图二至图四　李婕　制图
图五、图七　李晓璇　制图

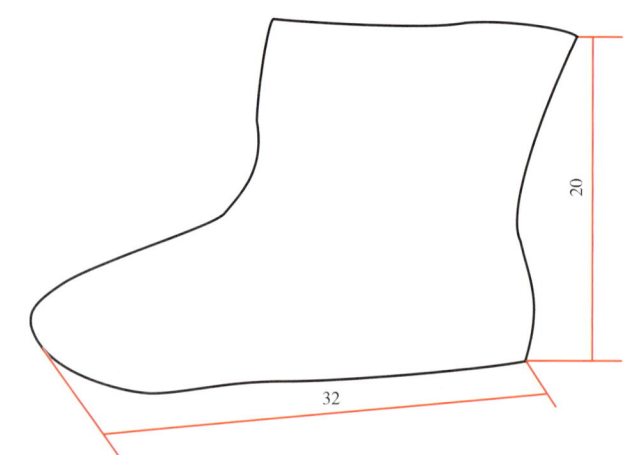

图二　达斡尔族袜子尺寸图（单位：cm）

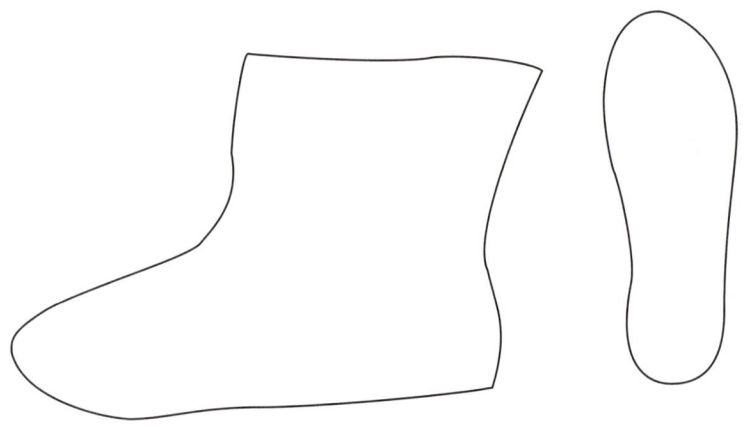

图三　达斡尔族袜子开片图

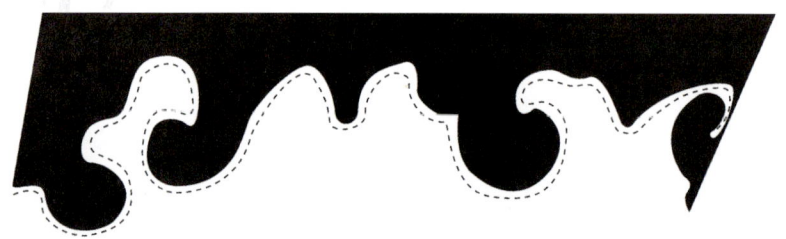

图四　达斡尔族袜子局部纹样示意图

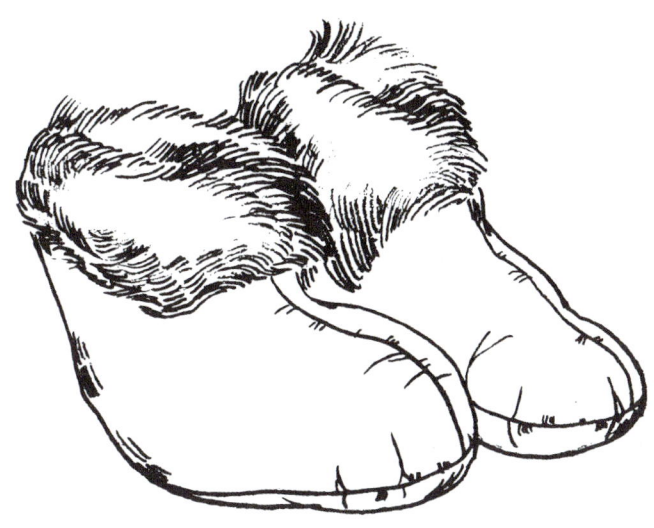

图五　达斡尔族袜子示意图

图六　达斡尔族袜子实物图

图七　达斡尔族袜子穿着示意图

第二章　达斡尔族传统服饰

达斡尔族儿童马甲

图一 达斡尔族儿童马甲主图

儿童马甲是达斡尔族儿童在日常与礼仪场合穿着的，制作精良，通常以绸缎为面并在上面附有刺绣。儿童在春秋两季多穿单马甲，而在寒冷的冬季，则换用带有皮毛的棉马甲，无论在做工还是在刺绣工艺方面都十分讲究，展示了达斡尔人对儿童寄托的希望。

达斡尔族儿童马甲一般以鲜艳的颜色为主，红色、绿色、粉色是马甲的常用颜色，搭配服饰颜色使少年儿童显得朝气蓬勃。本案例儿童马甲为绿色，长约50厘米，腰围约45厘米。马甲的用料分为两层，内层是为了保暖加厚的棉布面料，外层则为绸缎面料，在绿色的绸缎上有淡色花纹。在制作工艺上，马甲分为前后两片，后片面积较大，留出领口的位置后从肩部折到正面，正面的布片稍小些，在大襟处与后片由六个布盘扣扣合，无论前片还是后片都以金线与黑色线编织的饰线装饰，黑色装饰线条内侧还有一条浅颜色的装饰线条，增加了马甲的精致效果。马甲的左右两边分别用同样的三个盘扣扣合。这种马甲的制作工艺不但简单而且美观大方。

达斡尔族的儿童马甲穿着舒适、大方得体，深受达斡尔族儿童的喜爱。在制作上精益求精，刺绣精美，针线缝合紧密，结实耐用，在达斡尔民族中经常是连续几个孩子都穿上同一件马甲，认为穿着其他孩子的旧衣服吉祥、健康并拥有美好的未来。一件小小马甲，体现了达斡尔族人对儿童的热爱。

图片来源
图一　孟凡奇　摄影
图二至图五　李婕　制图
图六　刘祥　制图

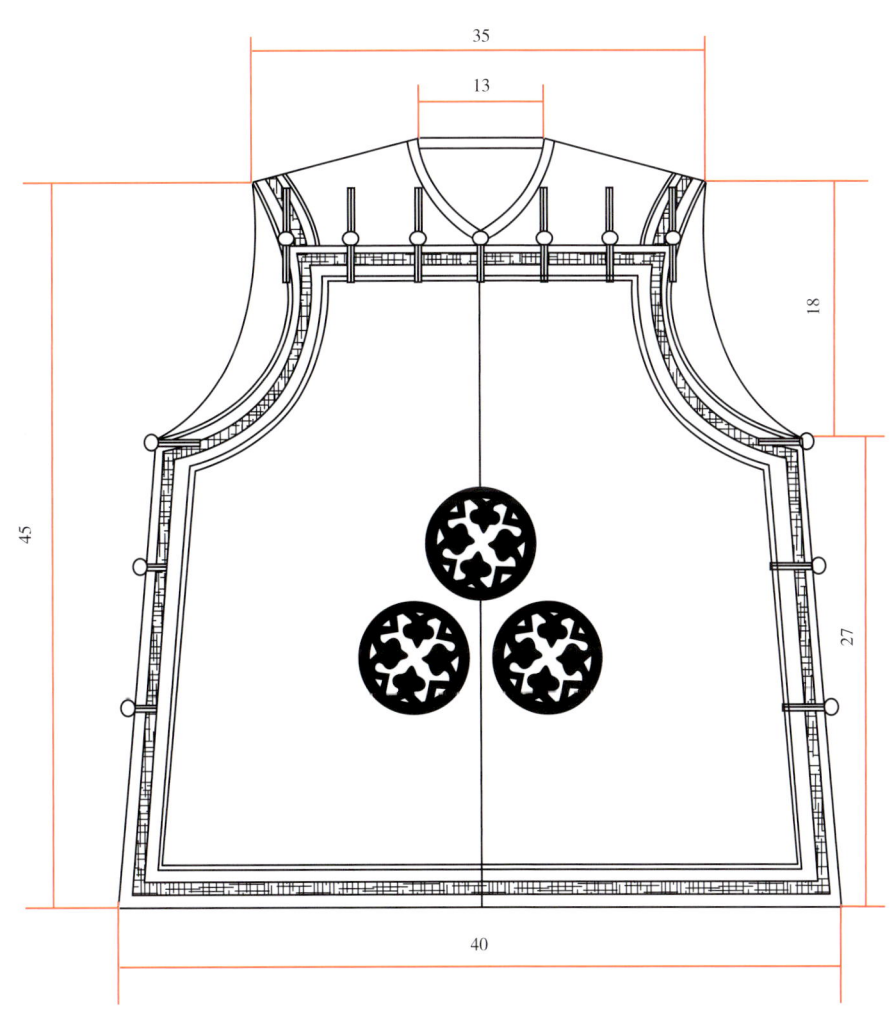

图二　达斡尔族儿童马甲尺寸图（单位：cm）

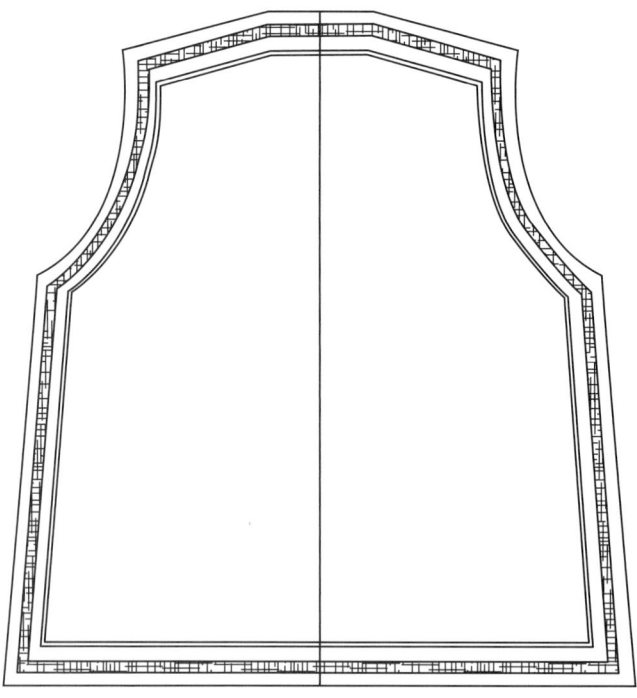

图三 达斡尔族儿童马甲背面示意图

图四 达斡尔族儿童马甲局部纹样示意图

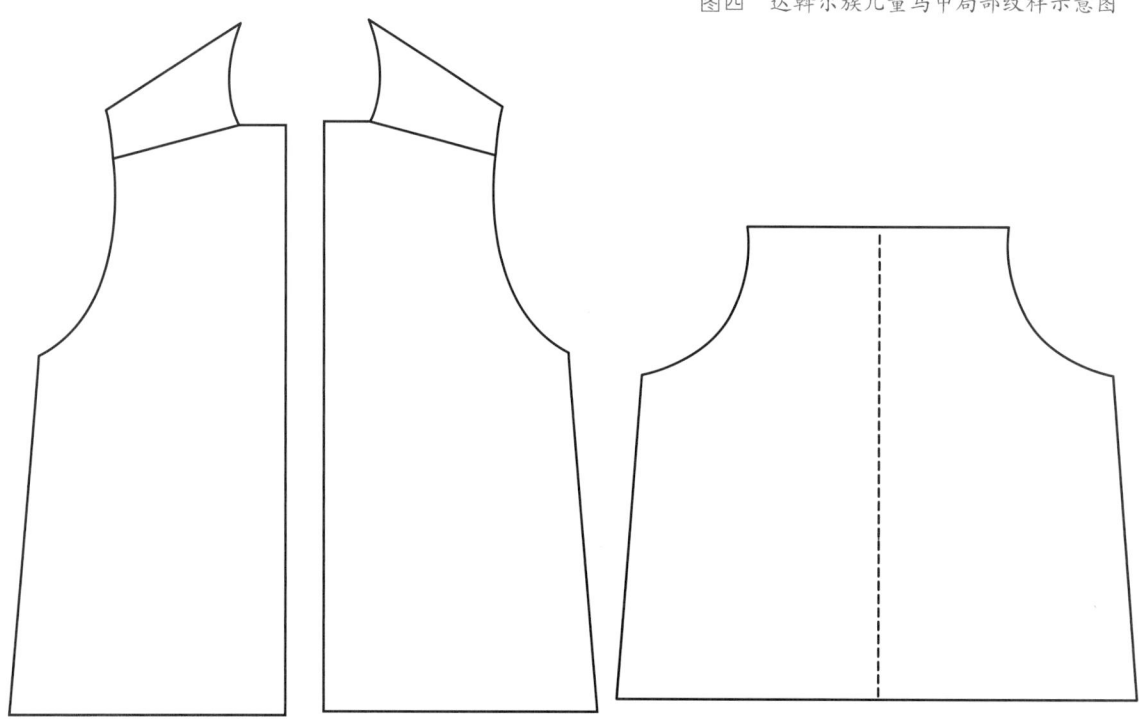

图五 达斡尔族儿童马甲开片图

图六 达斡尔族儿童马甲穿着示意图

达斡尔族男子大襟皮袍

图一 达斡尔族男子大襟皮袍主图

达斡尔族生活在黑龙江北岸,处于严寒地带,他们的服饰以自产的兽皮为主,从衣冠到靴鞋,创造了具有本民族特色的服饰。男子的大襟皮袍,达斡尔语称为"布贡奇德力",是达斡尔族男子在外出打猎时穿着的主要服饰,具有防御高寒天气的保暖作用。

大襟皮袍的皮料用秋末初冬的狍皮,保暖性好,毛朝内,皮朝外。特点是:身长较长,过膝,大概150厘米,袖长约90厘米,衣宽约80厘米,有利于保暖御寒;皮袍非常厚实,穿着舒适,柔软保暖;两端开衩,便于乘骑和劳作,适合在冰雪环境中活动。布贡奇德力的开衩处有几何装饰图案,兼顾加固和美观作用。大襟襟口处兽毛外翻,有皮质的盘扣沿大襟边延伸到下摆处。胸前绣有装饰图案,以几何纹与吉祥纹居多。袖口处绣有装饰纹样带，以几何纹样为主，增加了服饰的装饰效果。在参加重大活动时，达斡尔族的男子要在皮袍的外面系上腰带，否则会被认为是不讲礼貌。腰带上挂有烟荷包、火镰及烟袋等装饰物。布贡奇德力上的装饰图案很突出也很具有民族特色，显示出达斡尔族男子服饰文化的民族特色。

达斡尔族男子大襟皮袍是达斡尔人在长期生产劳作过程中设计制作的，它不仅美观，而且保暖实用，无任何过度装饰，不得不感慨其中的设计意蕴，表达出达斡尔人对生活的美好向往。

图片来源
图一　孟凡奇　摄影
图二至图五　李婕　制图
图六　刘祥　制图

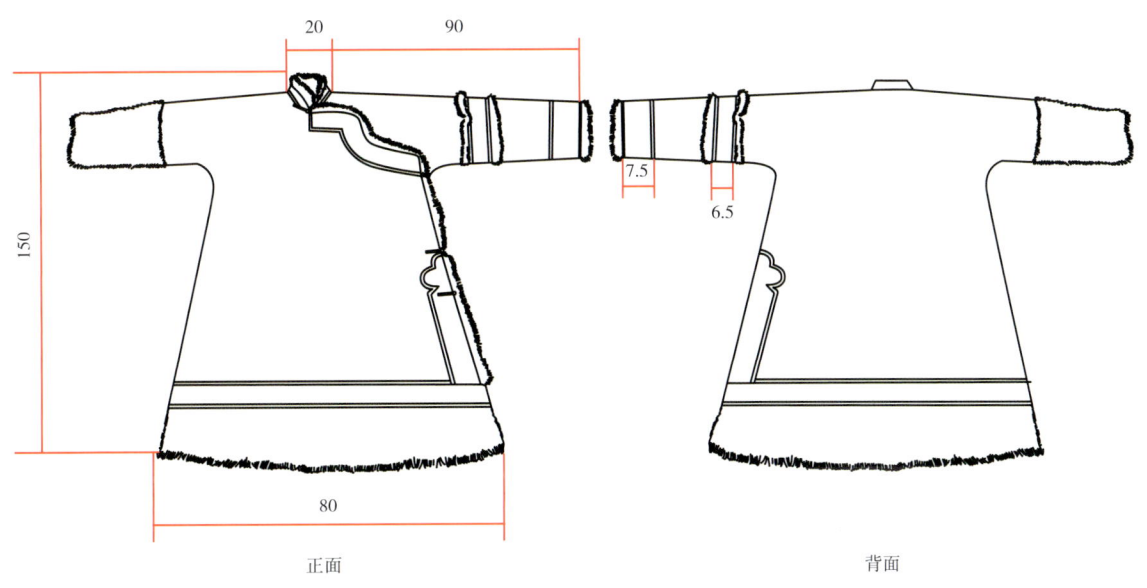

图二　达斡尔族男子大襟皮袍尺寸图（单位：cm）

图三　达斡尔族男子大襟皮袍局部纹样示意图

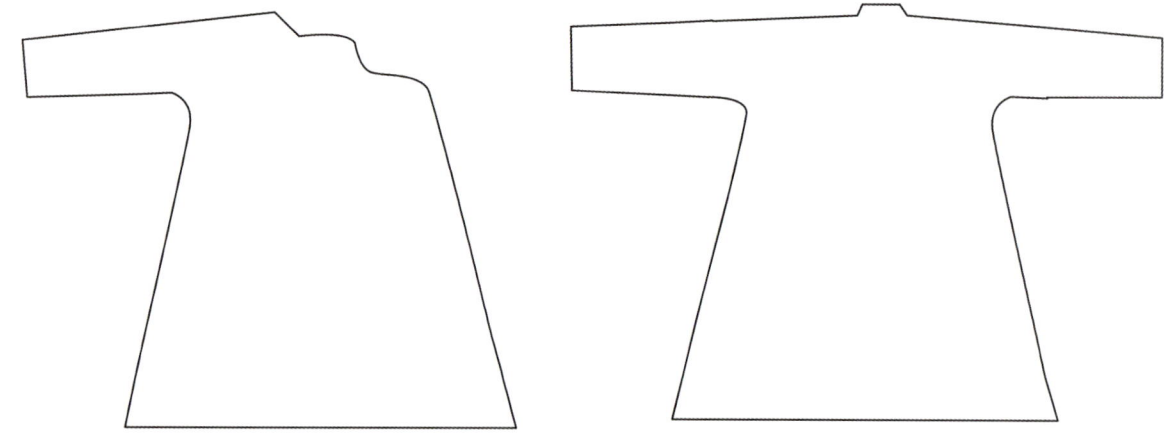

图四　达斡尔族男子大襟皮袍开片图

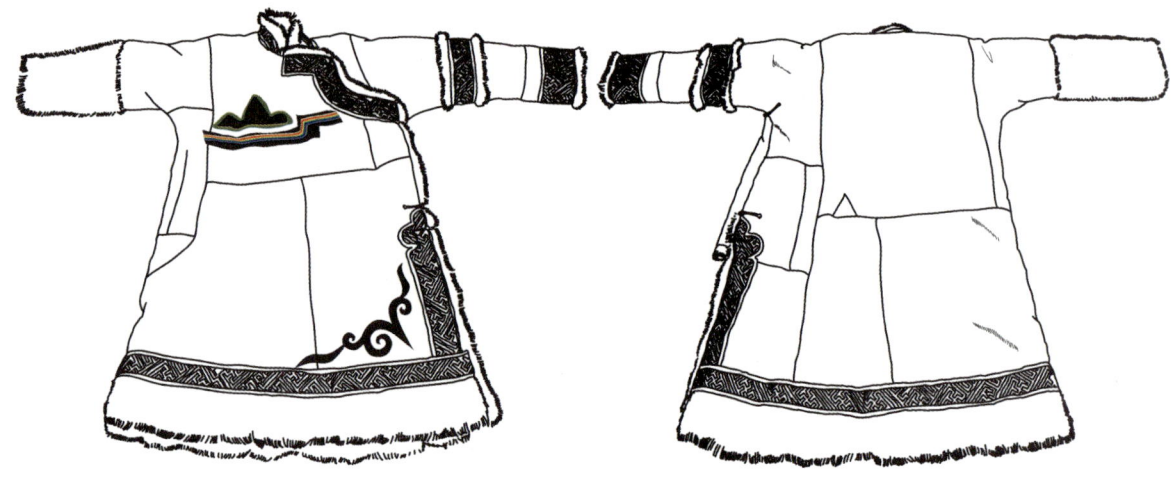

图五　达斡尔族男子大襟皮袍示意图

图六　达斡尔族男子大襟皮袍穿着示意图

达斡尔族女子马褂

图一　达斡尔族女子马褂主图

　　自17世纪中叶以后，随着对外经济与文化交流的加强，达斡尔族的男女服饰面料开始由皮制转向布制，特别是女子服饰，从头冠到足履，形成了极具民族特点的服饰，女子马褂便是其中一款。

　　达斡尔族女子马褂，达斡尔语称为"奥勒布"，是达斡尔族妇女在日常生活中穿着的常服，主要以布为面料，也有以绸缎为面料的。本案例由两层棉布料叠加而成，蓝色布料饰以黑色装饰边，是右衽、宽袖、紧腰短衫，身长57厘米，腰围60厘米，袖长55厘米。衣服下底边、大襟处及袖口有黑色装饰边，宽约5厘米。前后左右均开衩，腰处紧窄。大襟处系有布制盘扣，小圆立领，立领中间系有布制盘扣，装饰效果非常好。大襟饰边、袖口饰边、衣服底端饰边的内侧缝有装饰线，妇女穿在身上显得优雅简练。冬季妇女穿的马褂则絮有棉花，颜色较夏季单马褂深。这种马褂是达斡尔族妇女在礼仪场合穿着的服饰，在达斡尔族中应用比较广泛。

　　达斡尔族女子马褂是达斡尔族妇女在长期生产劳作过程中设计制作的，它不仅美观实用，制作简单，而且无任何过度装饰，体现了达斡尔人对服饰独特的设计理念。

图片来源
图一　孟凡奇　摄影
图二至图五　李婕　制图
图六　刘祥　制图

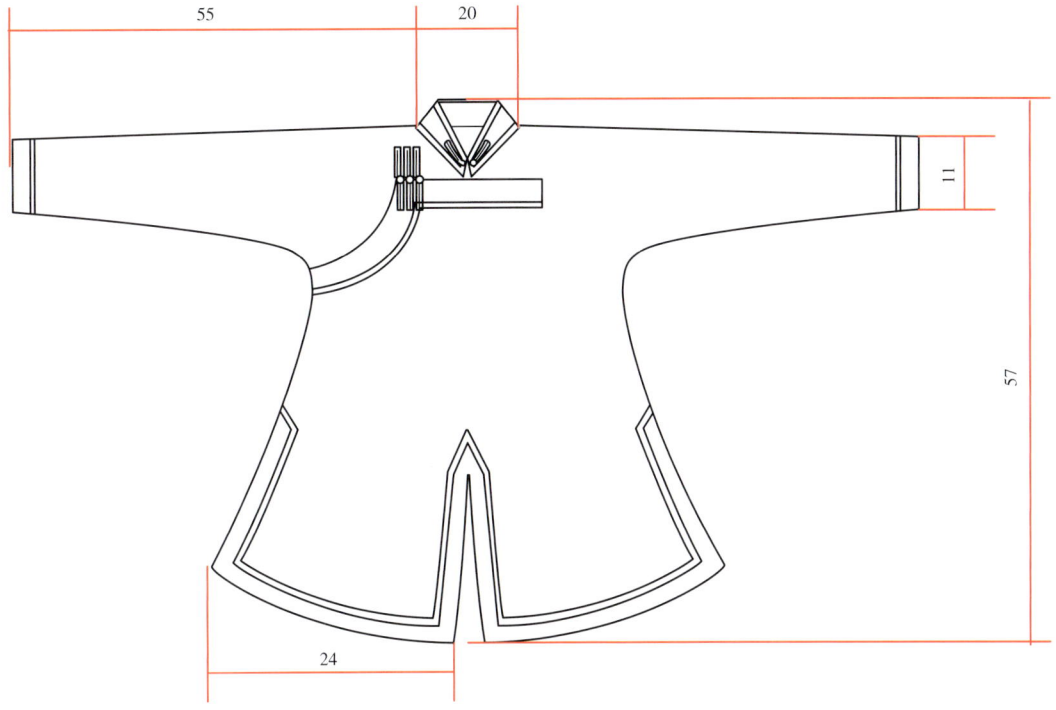

图二 达斡尔族女子马褂尺寸图（单位：cm）

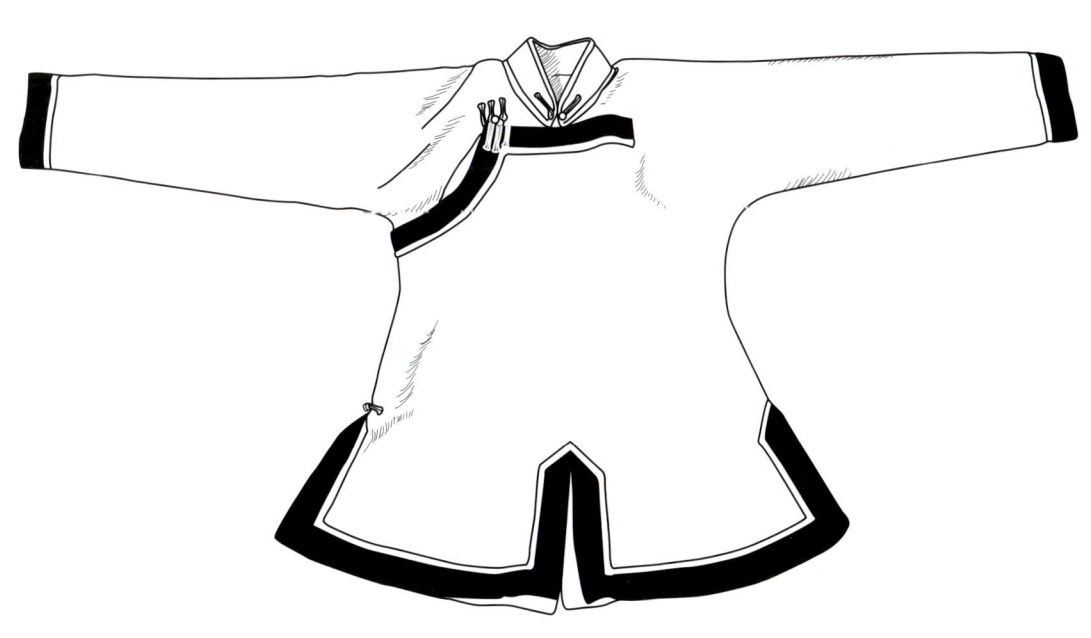

图三 达斡尔族女子马褂正面示意图

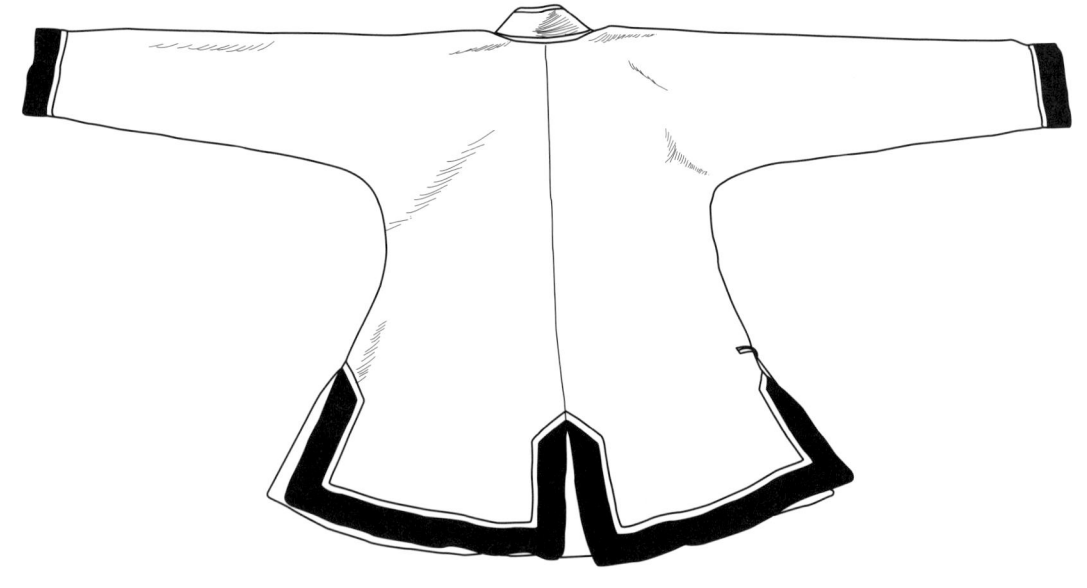

图四　达斡尔族女子马褂背面示意图

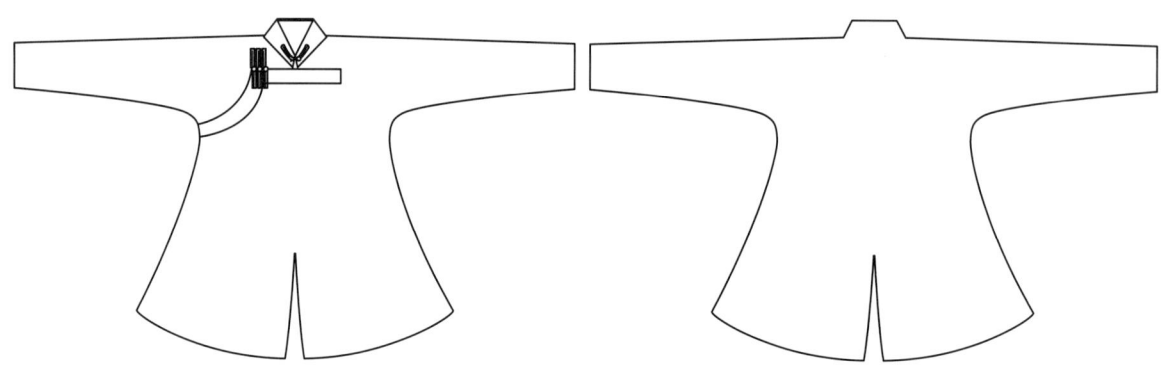

图五　达斡尔族女子马褂开片图

图六　达斡尔族女子马褂穿着示意图

达斡尔族女子春季夹袍

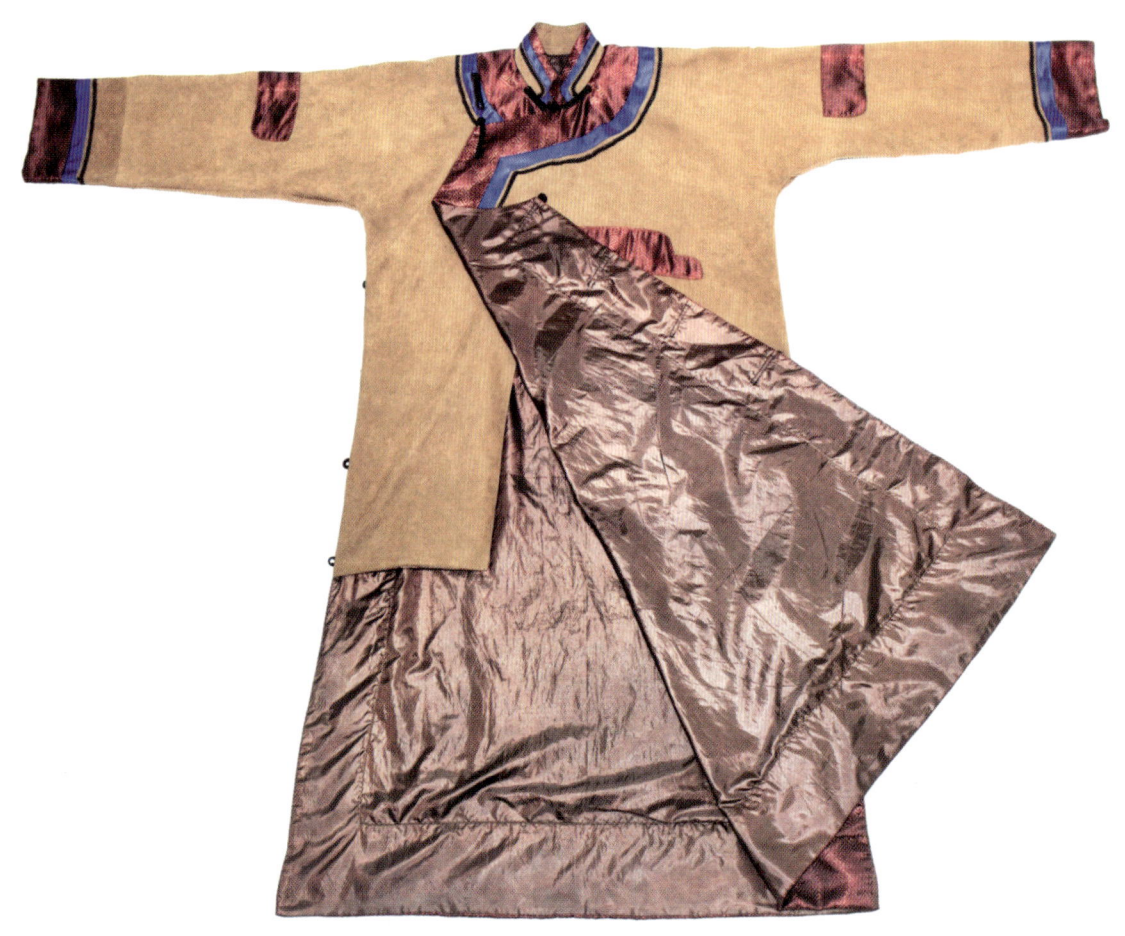

图一　达斡尔族女子春季夹袍（正面）主图1

达斡尔族文化在接受中原文化影响下，服饰文化也发生了质的变化。表现较明显之处便是由原来的兽皮手工制作服饰变成了带有刺绣的布质服饰，在服饰的款式、用料、颜色等方面有了很大的变化。这样的变化更适应生产生活，更适应日常的田间耕作。达斡尔族妇女多穿棉布面料衣服，或采用厚重质地的粗布或翻毛绒，这种面料服装具有耐磨、保暖的特点。达斡尔族妇女所穿的夹袍，达斡尔语称为"夹得勤奇"，是分析研究达斡尔族地区服饰特色的例证。

达斡尔族女子夹袍为妇女春秋时节穿着的主要服饰，这种服装款式不强调凹凸的曲线美，不约束妇女身材，一切从劳作和活动方便角度出发，顺应日常生活劳作需求。面料主要是用翻毛绒、棉绸或粗布面料拼接而成，随着妇女年龄增长，一般选用深棕色为主要服饰颜色。衣身长至膝关节左右，领口为长形短立领、右衽开襟，右衽的前襟外沿及领口、袖口处用酒红色绸缎拼接，并扎有密缝的蓝色线条纹饰，不仅增加了边沿的牢固度，而且增加了美观性，后逐渐演变为装饰。领口及右侧衣襟开口处钉上用同一布料做成的盘扣至下摆底部，左右两面开衩，便于劳作时行动方便，在左右袖及前襟中间处缝有酒红色绵绸布进行装饰。服饰整体给人以简洁大方、朴实素雅的感觉。

达斡尔族女子春季夹袍承载着达斡尔族的历史习俗、传统文化、宗教观念等，体现了达斡尔族的文化特点与精神气质，映射出本民族民众的性格心理、社会关系与民族意识，同时蕴藏着当地民众的审美情趣、审美心理以及审美追求，体现出较强的文化接纳与整合能力，彰显了时代的服饰特点、民族的造型观念，给现代服饰界带来了清新洒脱的新元素。将民族的服饰文化应用到现代服饰中，是现代服饰很好的借鉴。

图片来源
图一、图二　孟凡奇　摄影
图三至图五　李婕　制图
图六　刘祥　制图

图二　达斡尔族女子春季夹袍（背面）主图2

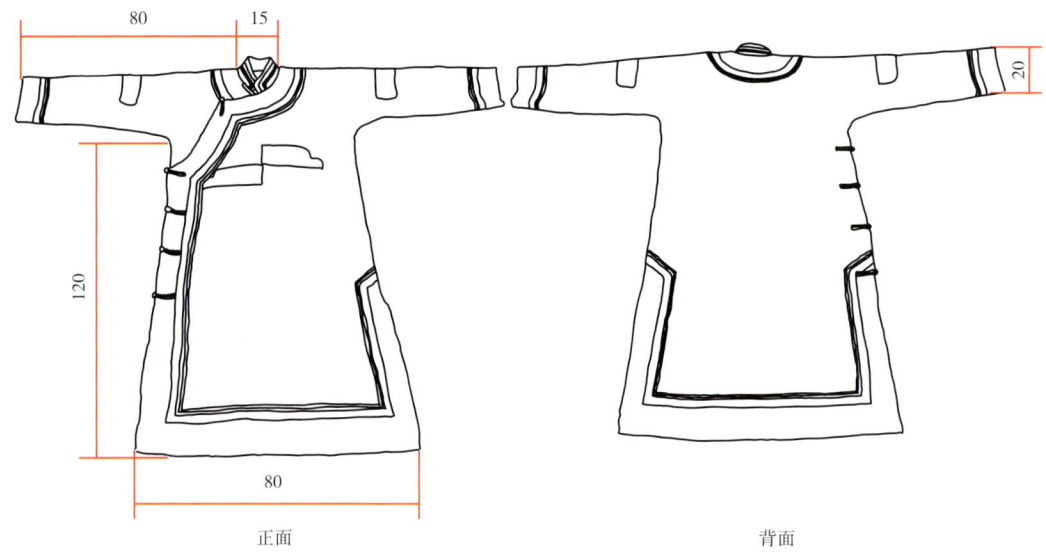

图三 达斡尔族女子春季夹袍尺寸图（单位：cm）

图四 达斡尔族女子春季夹袍颜色分析图

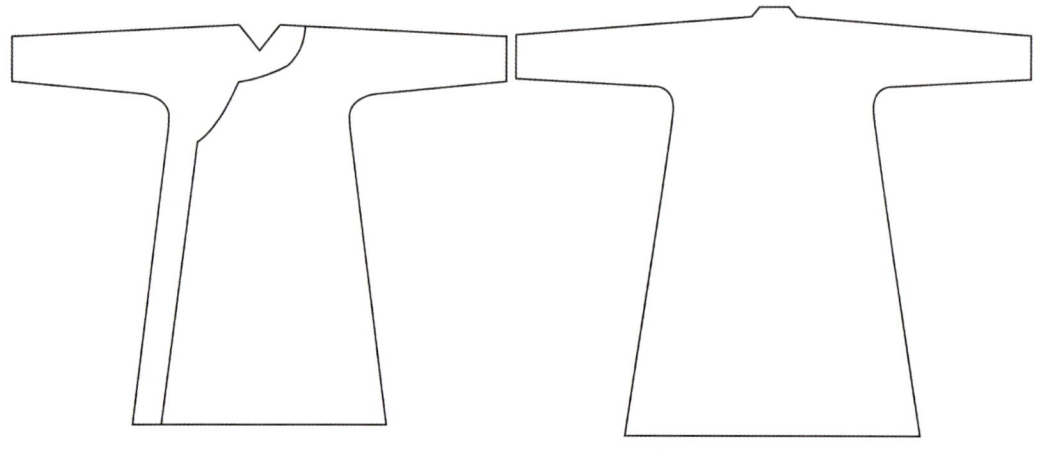

图五 达斡尔族女子春季夹袍开片图

图六 达斡尔族女子春季夹袍穿着示意图

达斡尔族女子过膝袍

图一　达斡尔族女子过膝袍（正面）主图1

服饰文化是人类不可缺少的生活民俗，也是一种社会文化现象，达斡尔族以游牧农耕为主要生产活动，直接或间接地反映在服饰上就形成了本民族特有的装束，达斡尔族女子日常劳作穿着的粗布过膝袍就是达斡尔族服饰文化较鲜明的标志之一。

达斡尔族妇女平时穿轻便舒适的布料衣服，便于日常劳作。布制过膝袍达斡尔语称为"瓦日克勒"，普遍采用厚重的土林蓝布缝制，根据年龄的不同对颜色的选择也各异，一般中年妇女选择黄灰色，穿于春秋两季。过膝袍基本形态为圆形短领，下摆至膝部，领口以及衣服下摆处环绕黑色拼接短布面，并绣有黄色、黑色相间的精美几何形状对称花边，既美观大方又牢固耐磨。左衽开襟，左衽大襟外沿处有密缝的线条，衣袖和上身自上而下逐渐加宽，在衣领与左襟交合处、衣服下摆开口处钉黄色圆鼓套扣装饰。衣服袖口处饰有彩绣和颜色鲜艳的绸缎镶边，袖口钉有长条套扣。

达斡尔族女子过膝袍在服饰的面料、款式、制作工艺等方面融入了达斡尔族独特的流行元素和审美意识，是集合达斡尔人智慧而创造出的独具特色的服饰，表现了这一地区在不同时代、思想观念上对服饰造物设计的审美心理及需求。这一服饰不仅将自然美和原始美紧密相结合，而且具有鲜明的民族特色和时代特色，对现代服饰设计产生了深远影响，为研究生态伦理学、设计发生学、民俗学打下深厚的基础。

图片来源

图一、图二　孟凡奇　摄影
图三至图五　李婕　制图
图六　刘祥　制图

图二　达斡尔族女子过膝袍（背面）主图2

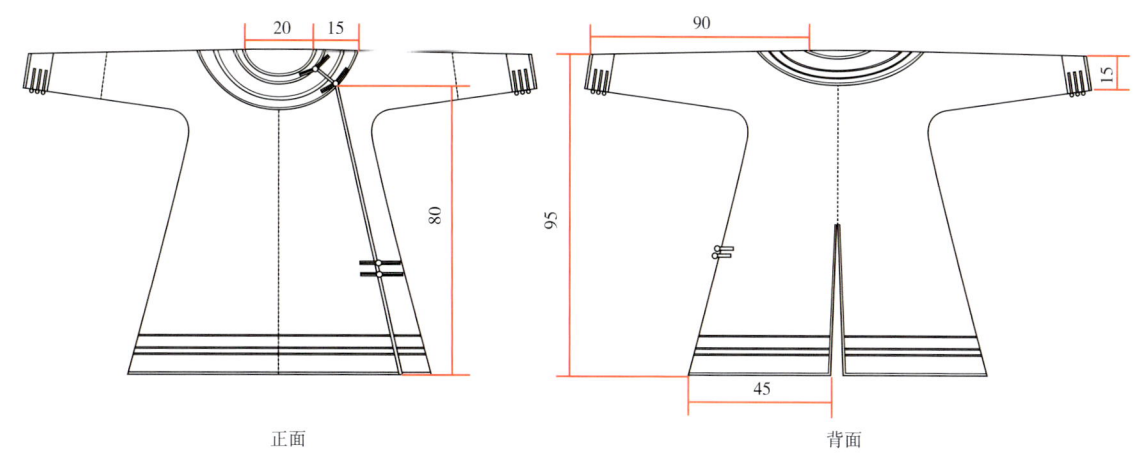

图三　达斡尔族女子过膝袍尺寸图（单位：cm）

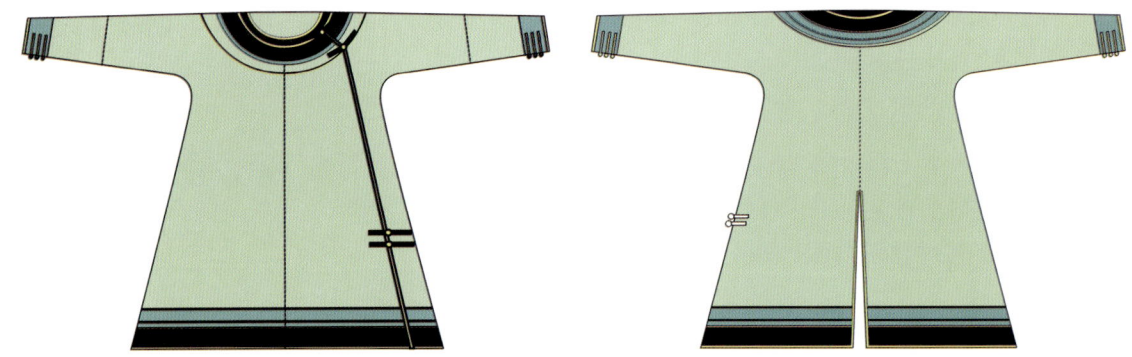

图四　达斡尔族女子过膝袍颜色分析图

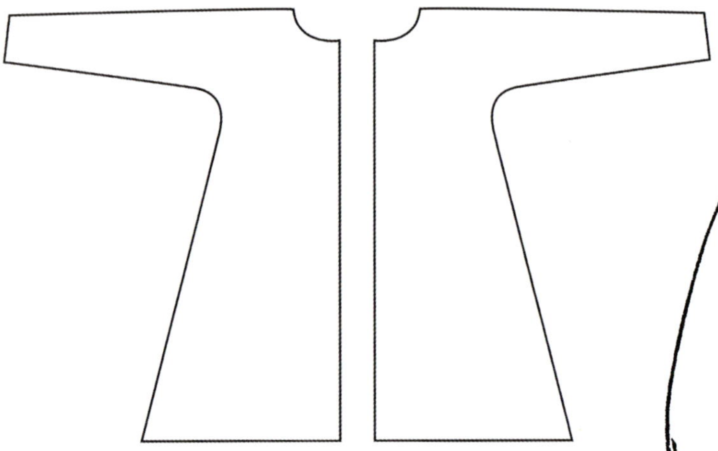

图五　达斡尔族女子过膝袍开片图

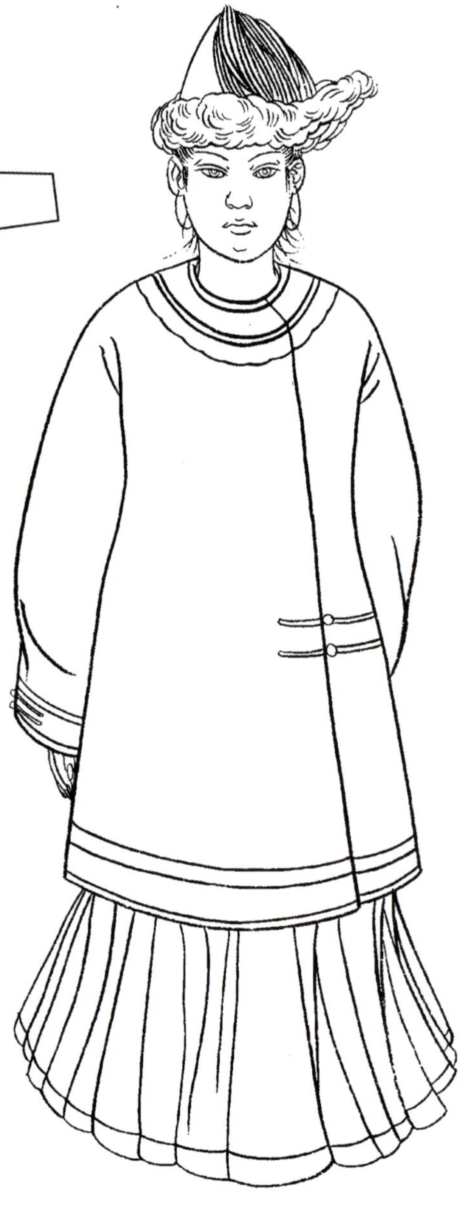

图六　达斡尔族女子过膝袍穿着示意图

达斡尔族男童套装衣衫

图一 达斡尔族男童套装衣衫主图

社会水平不断发展与进步的今天，达斡尔族儿童服饰也随之发生着较大的改变，儿童套装衣衫承载着本民族的特殊文化内涵，反映着人们不同时期生存生活方式，是物质和精神文化的交合，潜移默化地影响着现代设计，成为现代设计符号元素。

达斡尔族男童春夏季穿着的丝绸面料的套装衣衫，达斡尔语称为"汗达斯"，上衣以浅蓝色、金黄色为主，衣领为圆形短立领，右斜衣襟交叉搭于右侧衣襟上，布衫前后左右四面开衩，并于袖口、领口以及右斜衣襟开口处绣有精美的金边布条，并用彩线缝合装饰，以增加开口牢固性及美观；腰间系黑色宽腰带，腰带以彩色边彩线缝合，中间处为桃红色心形内置图案修饰；扣子系于领口、前襟与领口交合处，前襟与右侧衣身相交处，用深蓝色编结形盘扣装饰；下身配深棕色绸缎裤，裤子膝盖处镶有三叶形浅蓝布，并用彩线缝合，裤脚处镶有锯齿状浅蓝布条，以增强美观与实用性；头上戴黑色礼帽，并绣有蓝色金边与衣服相呼应。此款衣服给人清爽的感觉。

达斡尔族男童套装衣衫是达斡尔族民众创造出的自然界中最具特色、最古朴的服饰，充分展现了原生态观念在民族服饰中的应用与表现，是达斡尔服饰的经典。它体现出的古朴、稚拙的原生态情致，为现代服饰设计主题思想提供了基准与思路,是达斡尔族儿童服饰中运用合理的选材、结合时代特征、领悟传统造物思想的精髓,而设计出的适合人类与环境共同发展的儿童服饰。

图片来源

图一　孟凡奇　摄影

图二至图六　李婕　制图

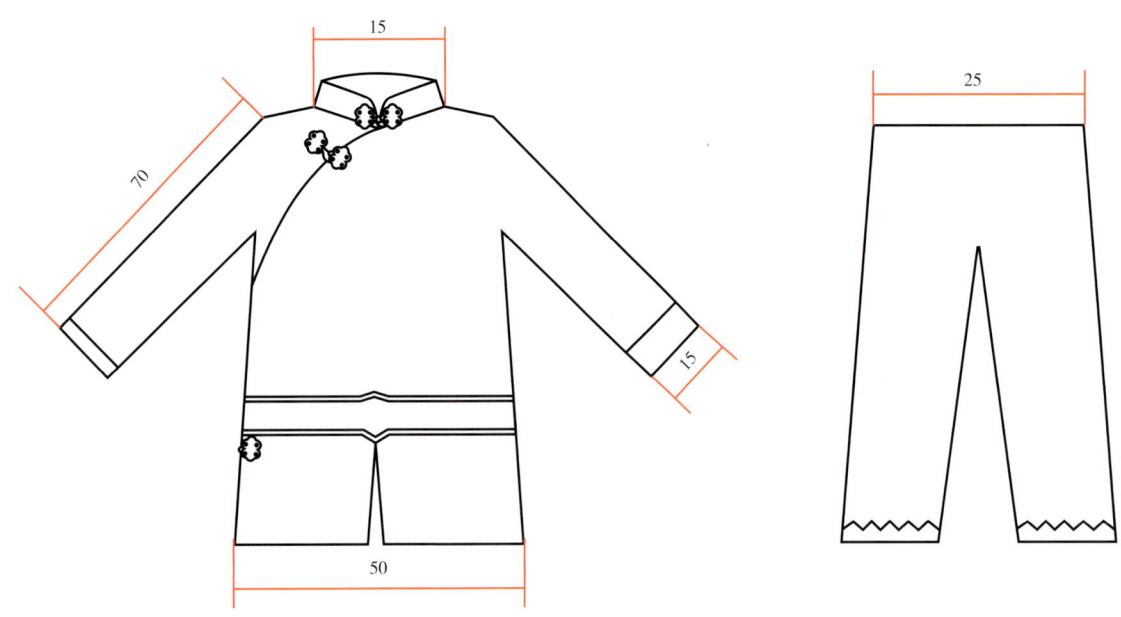

图二　达斡尔族男童套装衣衫尺寸图(单位:cm)

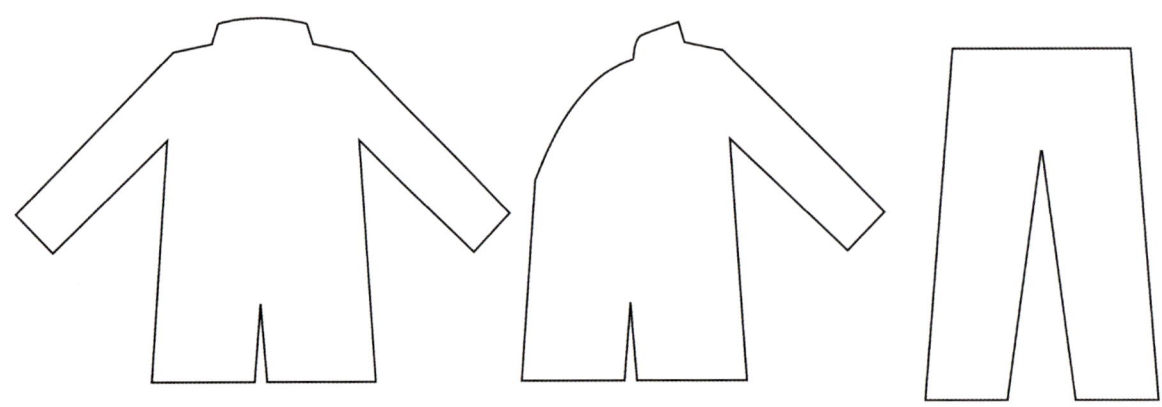

图三　达斡尔族男童套装衣衫开片图

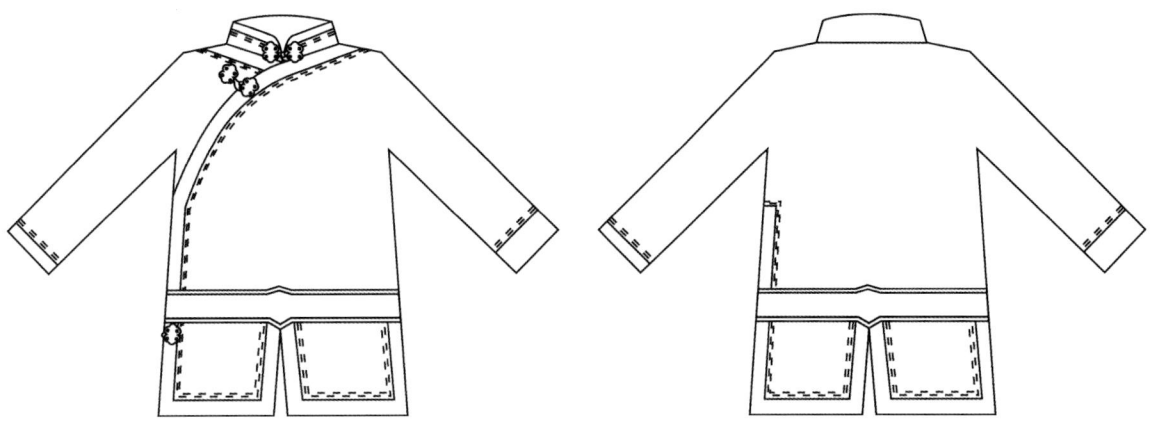

图四 达斡尔族男童套装衣衫上衣示意图

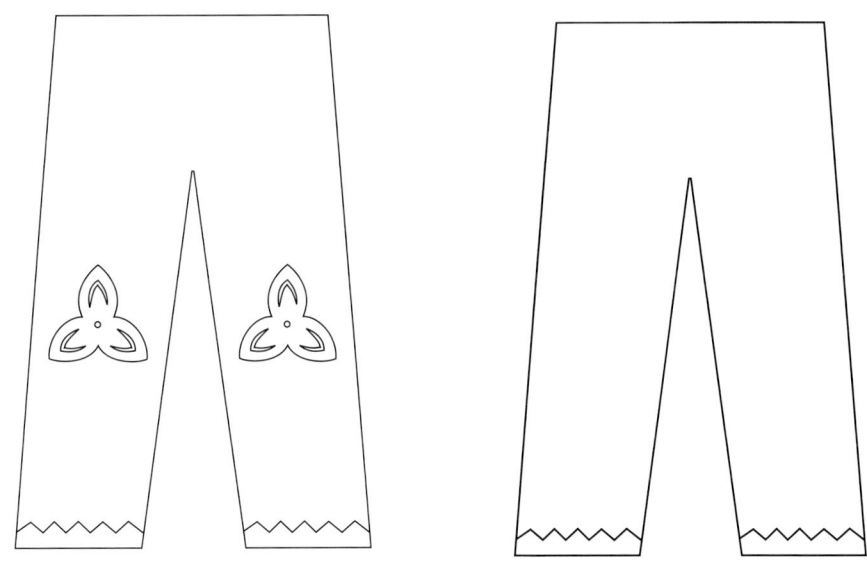

图五 达斡尔族男童套装衣衫下衣示意图

图六　达斡尔族男童套装衣衫颜色分析图

达斡尔族男子冬袍

图一　达斡尔族男子冬袍主图

长期以来狩猎服装成为达斡尔族独特的风景线，随着达斡尔人生活条件的改善，思想观念以及需求的变化发展，潜移默化地影响着本民族传统服饰的改变。服饰作为一种文化现象，具有民族性、时代性、流行性和交流性的时代特色，这种时代特色对达斡尔族服饰文化与现代服饰文化的融合产生了深远影响。

达斡尔族男子冬袍选用动物皮制作而成，一般选用刚长成的羊羔皮为主，这种皮毛具有浓密厚实、舒适柔软、上身轻便的特点，适合冬季外出活动所穿。冬袍服饰颜色主要以红色为主，黄色为辅。制作冬袍一般将羊皮光面朝外，毛面向内，衣领为圆形短立领，两侧衣襟交叉后形成不规则的交领；左衽开襟，左衽大襟外沿处有密缝的线条，增加襟口或边沿牢固度；长袍正襟处用黑色皮条缝贴云纹图案纹样，增加服饰美观度；衣袖为紧袖，袖口处羊毛外翻；衣襟上身自上而下逐渐加宽，下摆过膝，具有保暖防寒作用；股部向下为前后左右四面开衩，开衩长约25厘米，开叉处缝有密缝线边，便于出行；在开叉处用黄色皮拼接，制成如同M形纹样，以保证开衩口的牢固性；扣子系于前襟与领口交合处、前襟与左侧衣身重叠处、左袖腋下处以及腰身左股部开衩处，用编结形盘扣。冬袍配有扁宽形皮革腰带，腰带为卡扣式，腰带上装饰有4个短长方形棕色皮革，皮革内绘制花卉纹样，腰带两边外沿处有密缝线条，长袍外面紧扎腰带有防止冷风钻入和护腰的作用。此款冬袍样式美观，颜色鲜亮，多为男子冬季参加节日庆典所穿。

男子冬袍作为达斡尔族的传统服装款式，没有刻意约束身材，以随意的角度出发，结合实用与审美特性，装饰手法上多种多样，制作出属于达斡尔族独特的民族服饰。冬袍服饰造型彰显出达斡尔人的心灵手巧，并为现代服装设计中的松散放松、舒适无华的主流感觉提供了思想理念。

图片来源

图一　孟凡奇　摄影

图二至图六　李婕　制图

图七　刘祥　制图

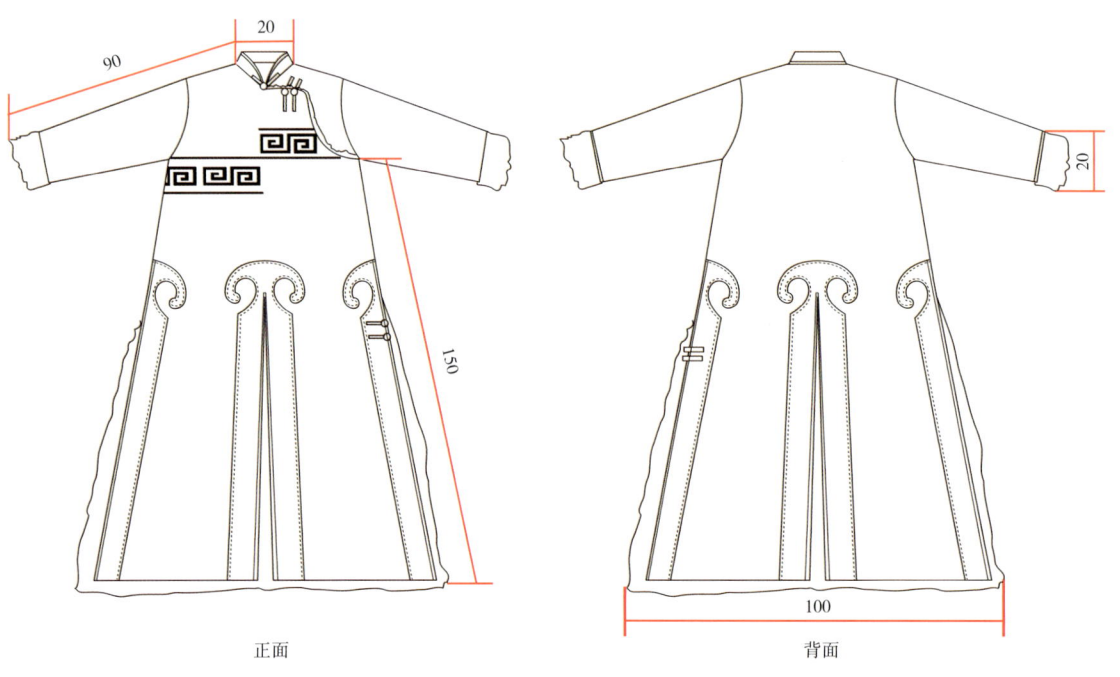

图二　达斡尔族男子冬袍尺寸图（单位：cm）

图三 达斡尔族男子冬袍颜色分析图

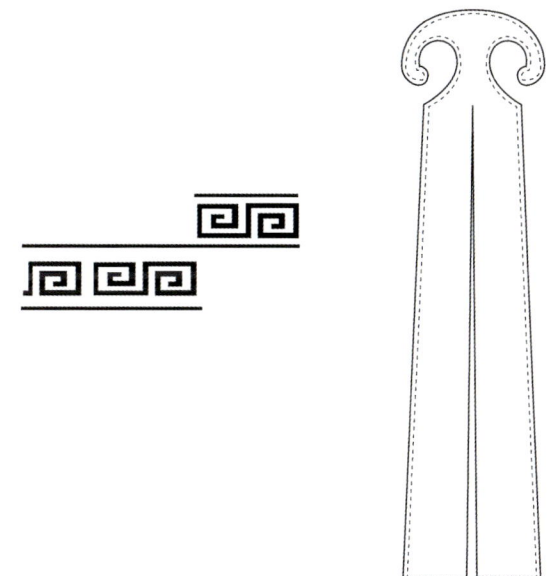

图四 达斡尔族男子冬袍局部纹样示意图

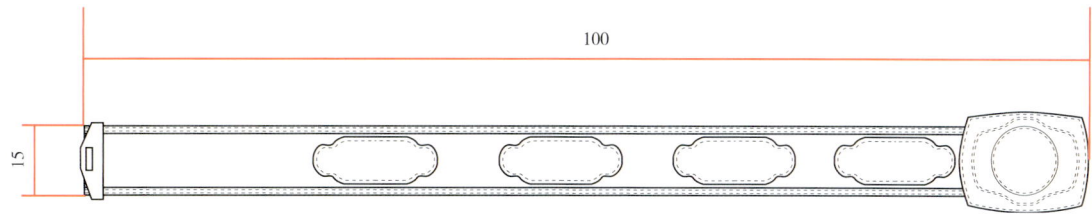

图五 达斡尔族男子冬袍腰带尺寸图（单位：cm）

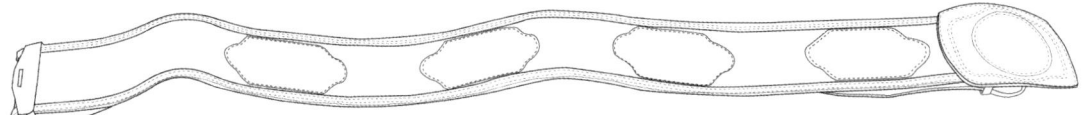

图六　达斡尔族男子冬袍腰带示意图

图七　达斡尔族男子冬袍穿着示意图

达斡尔族女童服装

图一 达斡尔族女童服装主图

达斡尔族与周围其他民族在长期的交流中，服装款式也随着经济生活和社会关系的变革以直接或间接的方式折射到服饰上面，形成绚丽多彩的达斡尔族民族服饰大观。达斡尔族女童服装在制作技术、用料、款式上都趋于现代化，其中刺绣逐渐成为达斡尔族儿童服饰上必不可少的装饰，使得达斡尔族服饰文化更加丰富，独具民族个性特征，是民族文化的一个重要载体。

女童服装，达斡尔语称为"奥尔图·钦奇"，是达斡尔族女童夏季所穿，一般选用织锦缎面料，此面料柔软舒适，清爽吸汗。服饰一般选用明艳、鲜亮的颜色，以红色为主，配以绿色相辅助。袍子用单层锦缎制成，整体颜色为红色，基本样式为旗袍式，不束腰带，圆形短立领，袖身至袖口处略微变大，袍身长至膝盖以下。袍子为右衽开襟，于左襟下摆5厘米处开衩，于领口、袖口和襟摆边沿上贴金色小边，并绣各种颜色的小花镶边，扣子系于前襟与领口交合处、前襟与右侧衣身相交处，用红色编结形扣子。下身配绿色裤子，常背绿色斜挎小包，与红色袍子相呼应。

女童服饰是达斡尔族服饰文化中直观的物质文化与符号象征，丰富了达斡尔族的服饰文化，是达斡尔族物质和精神文化的综合反映。女童服饰经过传承和变异发展而来，蕴藏着达斡尔人的审美情趣、审美理想与审美追求，同时也展现了达斡尔人较强的文化接纳和整合能力，在不断的动态发展中保持了本民族独具的特色，是理解民族文化的重要途径，具有重要的实用价值和欣赏价值。

图片来源

图一　孟凡奇　摄影

图二至图五　李婕　制图

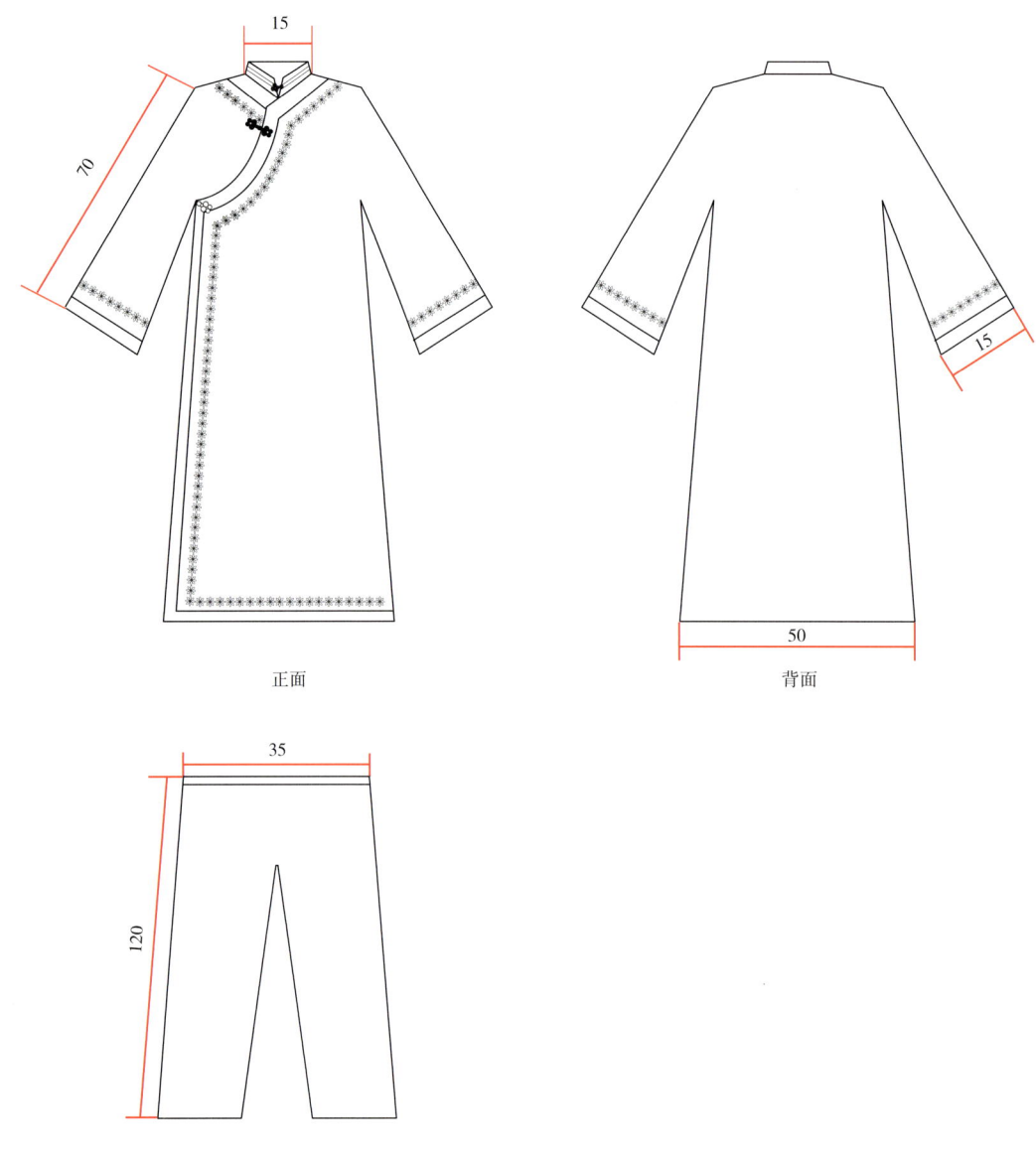

图二　达斡尔族女童服装尺寸图（单位：cm）

图三 达斡尔族女童服装颜色分析图

图四 达斡尔族女童服装开片图

第二章 达斡尔族传统服饰

图五　达斡尔族女童背包情境图

达斡尔族女子单长袍

图一 达斡尔族女子单长袍主图

达斡尔族传统服饰在社会环境、经济条件等因素的影响下，发生了一系列变化，经济条件优越的家庭多选择细布、丝绸或彩线刺绣点缀的绸缎衣服，这种面料的衣服美观性强，同时也彰显身份。达斡尔族传统服饰在不同的时节对服饰选择呈现多样性特征，以夏季单长袍为例，体现了其所承载的文化内涵及不同时期达斡尔族社会发展的审美追求。

达斡尔族年轻女子夏季穿的单长袍，达斡尔语称为"都日勒奇"，长袍颜色以鸭蛋青浅色为主，质地为锦缎。长袍的基本式样近似满族旗袍，袍身长至脚面，领口为圆形短立领，右衽，在左襟下摆约20厘米处开长衩，领口下处及左襟侧方开口处拼接深蓝色花布，边口处用浅色碎花布缝合，以增强美观及牢固性。袍袖由上至下逐渐增大，形状约为喇叭形，在肘关节处向下拼接浅粉色碎花小布，并绣对称图案、缝贴彩边，以增强袖口处的美感。用衣服主要面料制作盘扣，盘扣为细长圆头形状，看起来简单精巧。此款衣服以落至脚面、清爽素雅为主要特色，彰显了达斡尔族传统服饰风格。

达斡尔族夏季单长袍服饰顺应时代发展，应用于人们的日常生活中，服饰内所蕴含的造型特点与装饰风格，成为达斡尔族服饰文化的精华。服饰中蕴含着适物的造物理念，对现代服装设计提供了理念和思维。服饰的发展演变体现了其所承载的文化内涵变化及达斡尔族社会发展不同时期的审美追求，不断影响、改变着现代服饰设计理念与造型观。

图片来源

图一　孟凡奇　摄影
图二至图五　李婕　制图

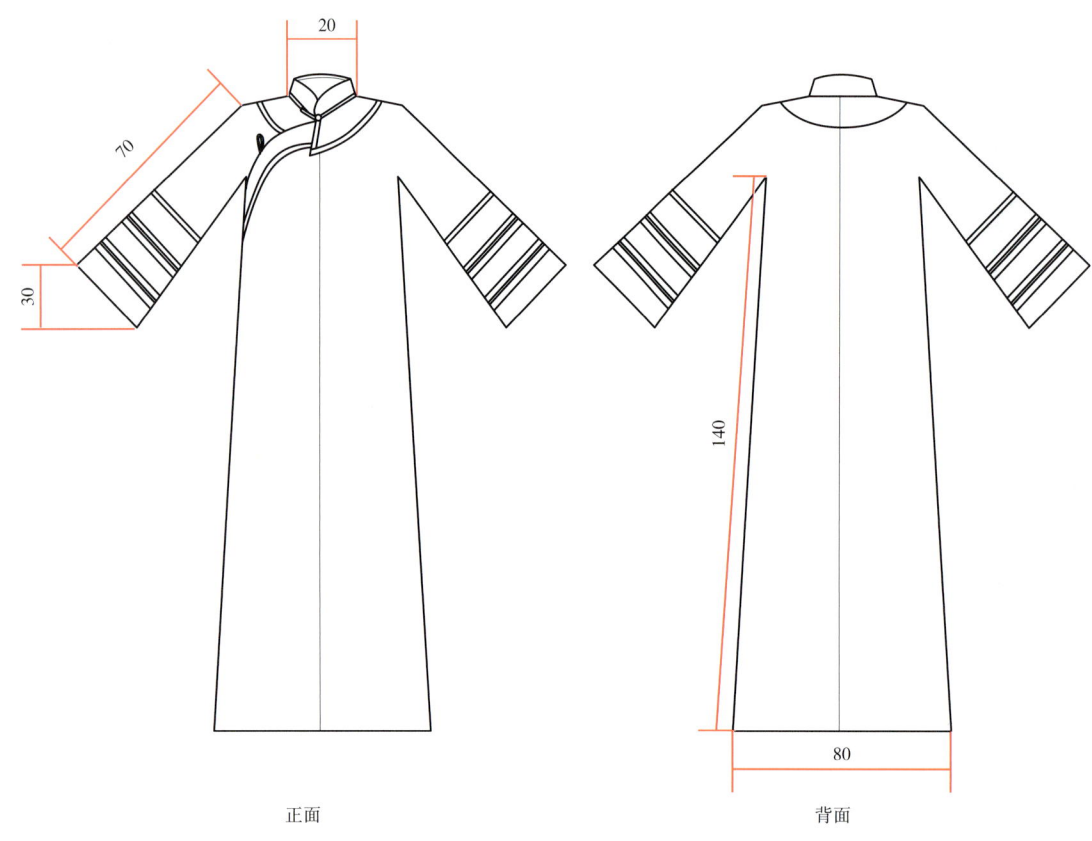

正面　　　　　　背面

图二　达斡尔族女子单长袍尺寸图（单位：cm）

图三 达斡尔族女子单长袍颜色分析图

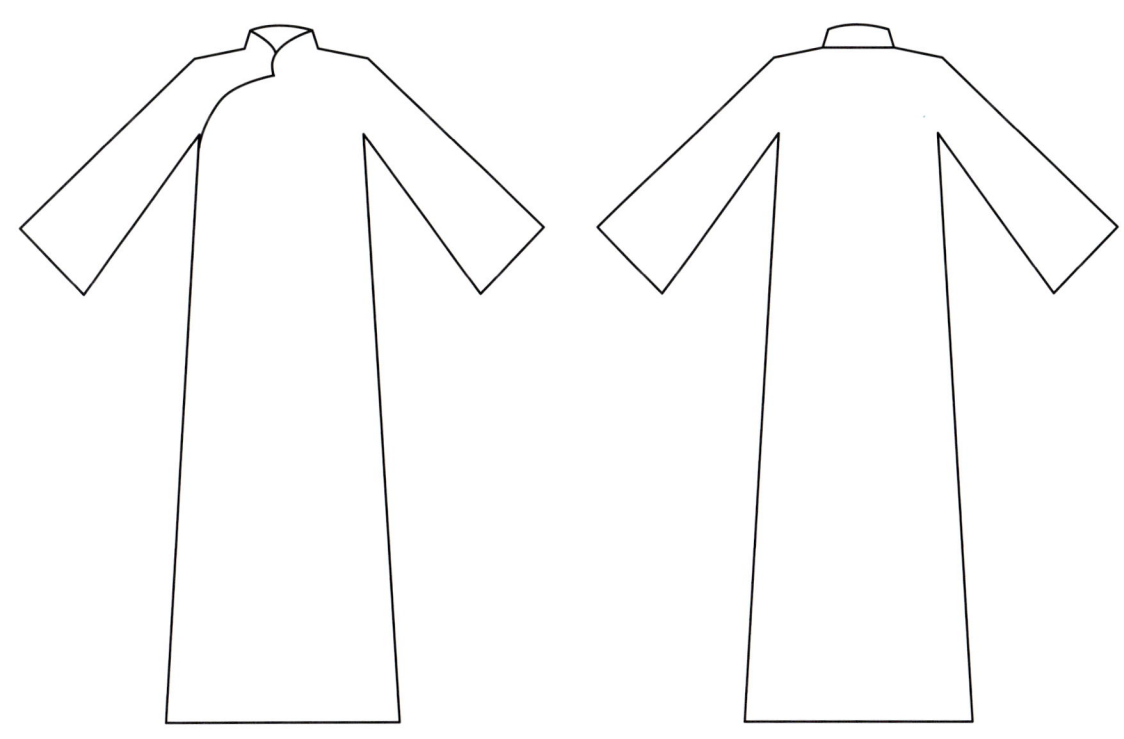

图四 达斡尔族女子单长袍开片图

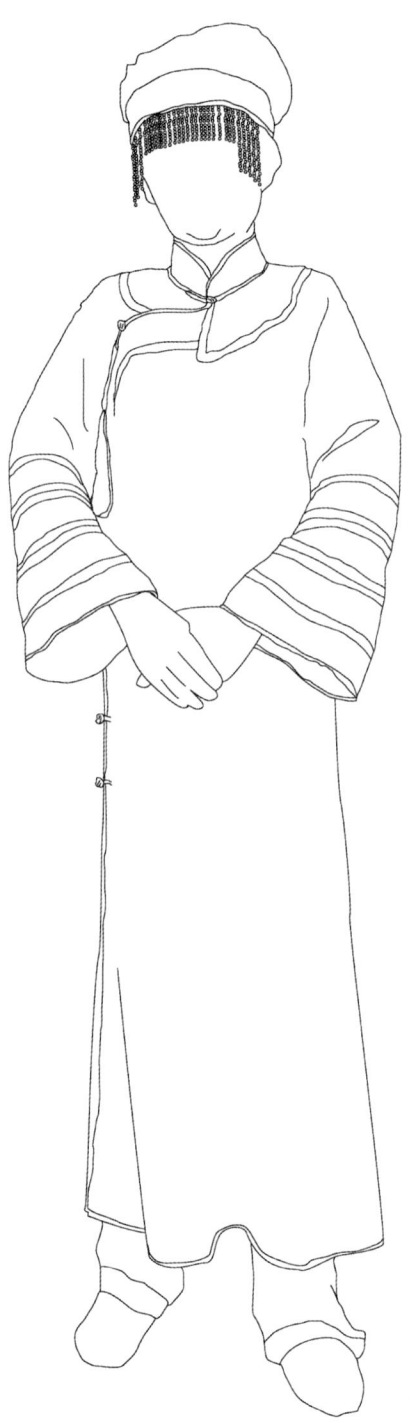

图五 达斡尔族女子单长袍穿着示意图

达斡尔族毛皮手套

图一 达斡尔族毛皮手套主图

黑龙江流域的高寒气候条件和原始的生产生活方式,使达斡尔族在生产实践中制作了以动物皮毛为主的具有防寒能力的诸多保暖用品,以此来抵御东北地区恶劣的气候条件。动物毛皮具有极强的保暖作用,是对抗严寒的最佳选择,达斡尔人就地取材创造了多种以兽皮为材料的原生态服饰,毛皮手套就是其中一款典型的用途广泛的代表性物品。达斡尔族传统毛皮手套,达斡尔语称为"博力",按样式主要分为三大类:其一,带腰并在掌与腰的缝合处留有豁口的手套,达斡尔语称为"额莫替·博力",这种手套适合劳作;其二,五指手套,达斡尔语称为"霍若·博力",是妇女在参加各种礼仪活动时戴的手套;其三,是儿童手套,拇指单独分开的与现代手套造型类似的手套。

额莫替·博力是一种适合劳作的手套,由掌部和腰部组成,拇指单独与其他四指分开，属于一分四合式手套。它是利用一块狍皮运用抽褶方法缝制的，上口可以套在衣袖上。制作时，用一条狍皮条把两双手套连在一起，平时将皮条搭挂在脖子上，既可避免丢失，又方便穿戴。其通长约40厘米左右，手套背部腰与掌在手腕的缝合处有明显的腰线，既是一种装饰，也属于做收腰处理，以增加手套的保暖性。其最具特色的是，在掌部与腰部的缝合处手心面上，开有掌宽（10厘米左右）的横向豁口，这个豁口方便在劳作的过程中伸出手掌或手指来操作，如猎人可以伸出手指扣动扳机，可以握工具和绳套等。手掌部分是兽皮毛朝内皮朝外，豁口处露出毛茬的部分用皮条包裹镶边。手套的腰部是用狍腿皮毛朝外拼接而成的筒形，长约20厘米。一般在材料选择上，择取毛短而硬的、金黄色的，这使手套的装饰效果非常好。掌部的选材更加精细，由于掌部直接与皮肤接触，一般选择冬季带绒毛的狍皮料来缝制，保暖而舒适。掌部的缝制工艺非常特别，先选取两块椭圆形狍皮料块，大小为1∶4，小的做掌心。缝制时，大皮块向内折与小皮块缝合在一起，因为皮块大小不一致，但又要缝合在一起，这样需要大皮块沿着小皮块的边缘做缝折处理。再取一块扇形皮块，缝成圆柱形接合在掌心上方成为拇指。手套的手掌部分看上去与拳击手套相类似。手套掌部的装饰纹样非常漂亮，装饰在拇指的正面及背部腰口处，一般饰以黑皮剪花或补花绣，纹样是达斡尔族特有的鹿头、鹿眼，也类似云纹与卷曲纹。有些黑皮剪花上补绣有红色的饰线，使整体纹样显得灵动炫丽。

霍若·博力是达斡尔族妇女在礼仪场合所戴的一种手套，材料选择夏天的短毛狍皮，毛朝内皮朝外，分五指缝制，由于五指较细，皮毛缝制过程非常精细且难度较大。腕部用毛朝外的狐狸皮或猞猁皮来缝制，既实用又具有良好的装饰效果。手套背部中心补绣圆形的适合纹样或方形的云卷纹饰，五指的指端处有指甲形的适合纹样，所有手部关节处也分别绣有几何纹样或各种不同的装饰纹样，有的装饰图案会有黑色或红色的装饰衬底来增加图案的色彩。霍若·博力属于五分式皮手套，造型纤细美观，装饰严谨典雅，适合达斡尔族妇女在冬季参加各种户外

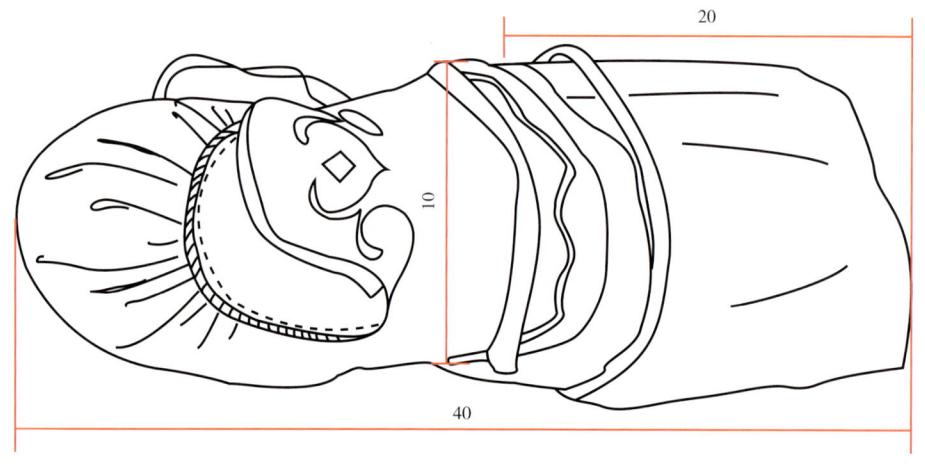

图二　达斡尔族毛皮手套尺寸图（单位：cm）

活动及相关礼仪时穿戴。

儿童用的手套同现代手套样式相同，拇指单独分开，亦属于一分四合式手套。在材料的选择上，选取狍皮的绒毛处制作，既保暖又舒适。手套上无装饰纹样，毛朝内皮朝外，两只手套用皮条连接，不用时两只手套在孩子背部折叠交叉，方便孩子玩耍。

达斡尔族的毛皮手套既体现了外在的材料美，也有内含的功能美，更为重要的是在使用方面体现了舒适性与方便性的适用美。尽管其装饰与审美因素体现得若隐若现，但"以用为美"的表达，始终是达斡尔族毛皮手套既古朴又原始的造物情愫。通过对达斡尔族毛皮手套的研究，可以启发当代设计师明确：造物设计创意的生命力完全来自生产与生活实践的具体需求和实际条件。正如《考工记》云："知者创物，巧者述之守之。"任何造物设计都存在既往形式的前身和起源形态的造型，任何造物种类形成后的历史发展都是对前代众多生产者在生产实践中共同智慧的总结、改良与借鉴。达斡尔族的毛皮手套在生产生活过程中不断地探索、把握其形态和装饰风格，在使用过程中不断地变通形态、改良造型，最终达到样式的适用性。一面沿袭既有的工艺、造型、纹饰，又不断运用新的材料、技术、工艺创造出新的造型和风格，这是人类一切造物活动传承的基本规律，达斡尔族的毛皮手套也不例外。

图片来源

图一、图七、图八　孟凡奇　摄影
图二、图四、图五　李婕　制图
图三、图六、图九　李晓璇　制图
图十、图十一　武坤　摄影

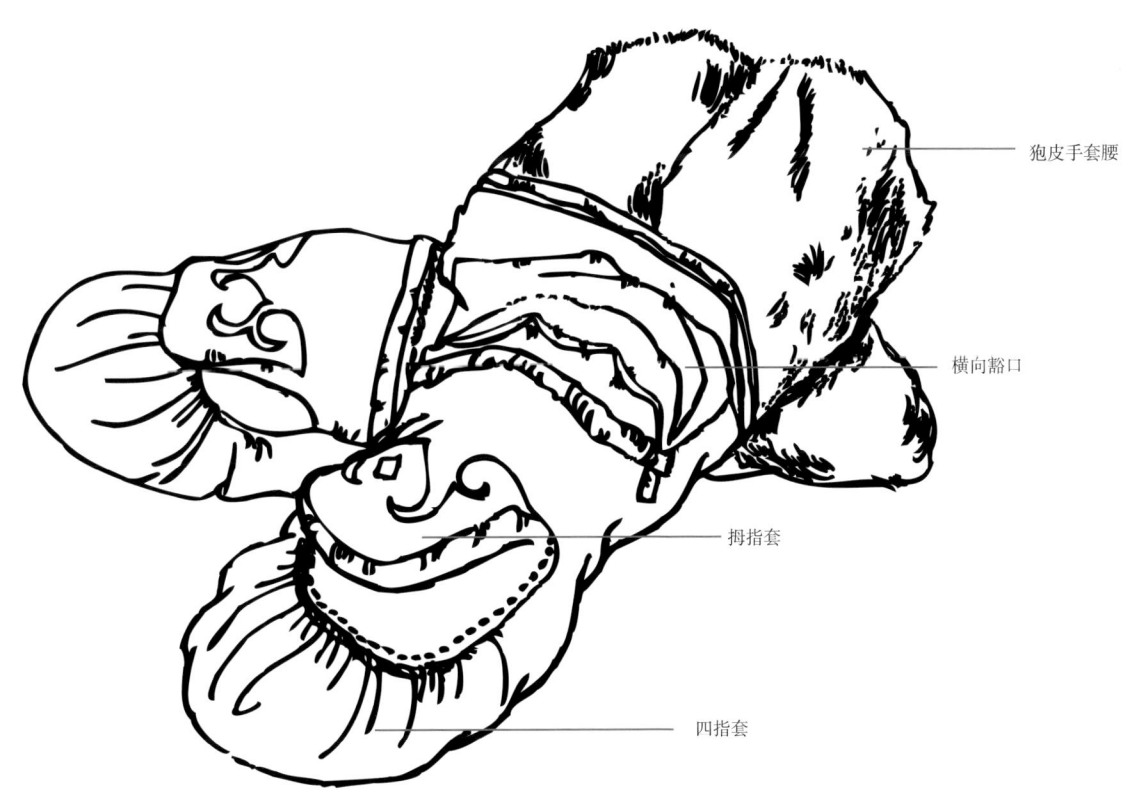

图三　达斡尔族毛皮手套结构名称图

图四 达斡尔族毛皮手套颜色分析图

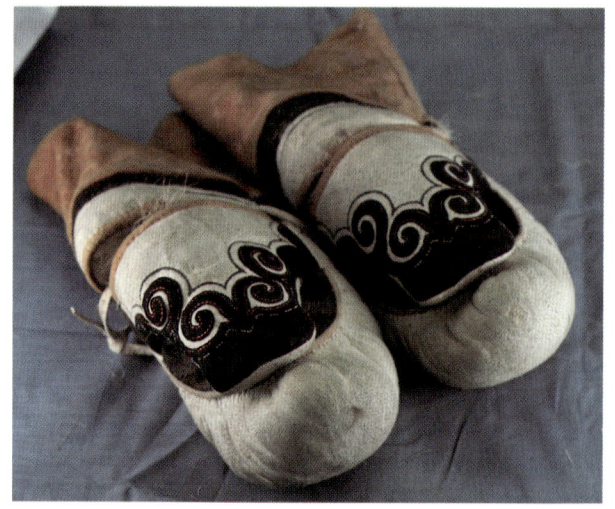

图七 达斡尔族毛皮手套实物图

图五 达斡尔族毛皮手套局部纹样示意图

图八 达斡尔族五指手套实物图

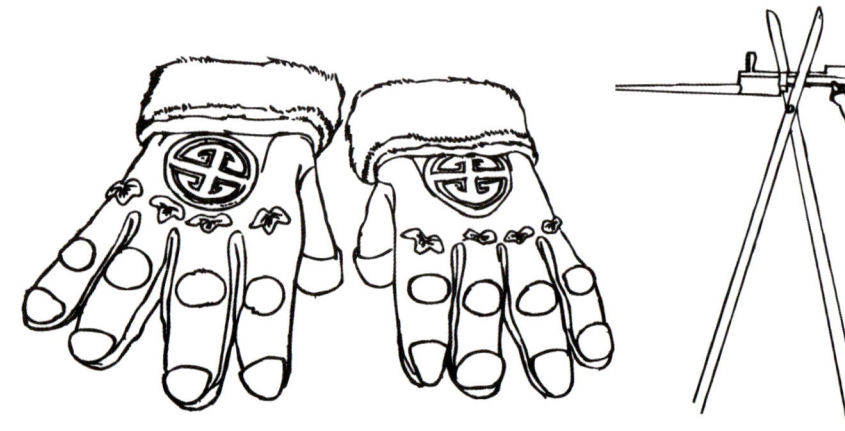

图六 达斡尔族毛皮手套示意图

图九 达斡尔族毛皮手套使用情境图

图十　达斡尔族毛皮手套使用效果图1　　　　　图十一　达斡尔族毛皮手套使用效果图2

达斡尔族绣花鞋

图一　达斡尔族绣花鞋主图

达斡尔族妇女穿的绣花鞋是其民族服饰的重要组成部分，绣花鞋造型别致，装饰精巧，是由妇女亲手缝制的，耗时费工，制作工序包括纳鞋底、鞋面制作和鞋面缝合三个方面。达斡尔族妇女平时穿平口布鞋，而在一些礼仪场合喜欢穿绣花鞋，穿上绣花鞋走路时会使人感到轻巧、优美。达斡尔族歌曲《绣花鞋》中唱道："千层底，绣花忙，给我的情人做鞋忙。"达斡尔族妇女在绣花鞋制作方面用足了心思和力气。

达斡尔族绣花鞋有平绒的和绸缎的，有布底和木底等多种样式，并在鞋帮上采用刺绣、贴绣的方法，绣上花草图案和云卷纹图案。绣花鞋长约22～26厘米，高约为8～10厘米，鞋底厚度不一，布制鞋底的厚度大概为2厘米，木制鞋底的厚度大概为5厘米。绣花鞋的颜色、形状、鞋面的周边装饰等因妇女的年龄不同而稍有差异：小姑娘的绣花鞋颜色最为艳丽，并在鞋尖上用绸缎料子折叠绣出具有立体感的花卉，栩栩如生，周边装饰的花纹一般为花与径的缠绕连接纹饰；少妇的绣花鞋鞋面装饰也很艳丽，题材上多用植物纹样花草连枝缠绕，鞋面的周边装饰为深色亮花刺绣，富贵轻巧；中老年妇女的绣花鞋在颜色与款式上都稍有变化，她们喜欢穿深色的黑底平绒绣花鞋，上面用不同的线绣出暗色的花纹，花纹多以自然的蔓藤纹饰为主，偶尔点缀一些暗色小碎花，属于暗花绣，有些老年妇女的绣花鞋还在鞋尖上加有附饰，从左右两边各翘起2厘米左右的几何形装饰附件。达斡尔族妇女制作绣花鞋的审美能力来自对写实纹样的反复摹绘、传抄、承袭和逐步提炼。

达斡尔族的绣花鞋在其发展的过程中，不断接受来自其他民族的影响，因此也在样式、装饰纹样等方面不断地发展变化，最后形成了工艺独特、匠心独运的艺术品，是与达斡尔人息息相关的文化遗产。达斡尔族的绣花鞋历史悠久、鞋形别致、色彩鲜艳、针功细腻、古朴秀丽，蕴含着丰富的文化内涵，值得现代设计学及民俗学等深入学习研究。

图片来源
图一、图七、图八　孟凡奇　摄影
图二、图四　李婕　制图
图三、图五、图六　李晓璇　制图

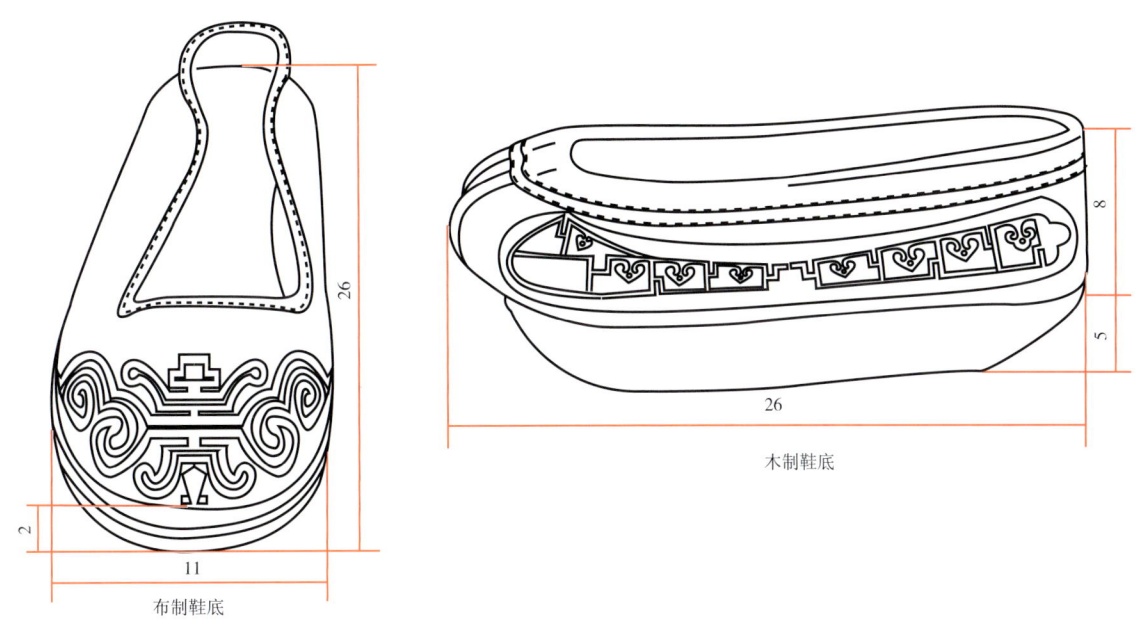

图二　达斡尔族绣花鞋尺寸图（单位：cm）

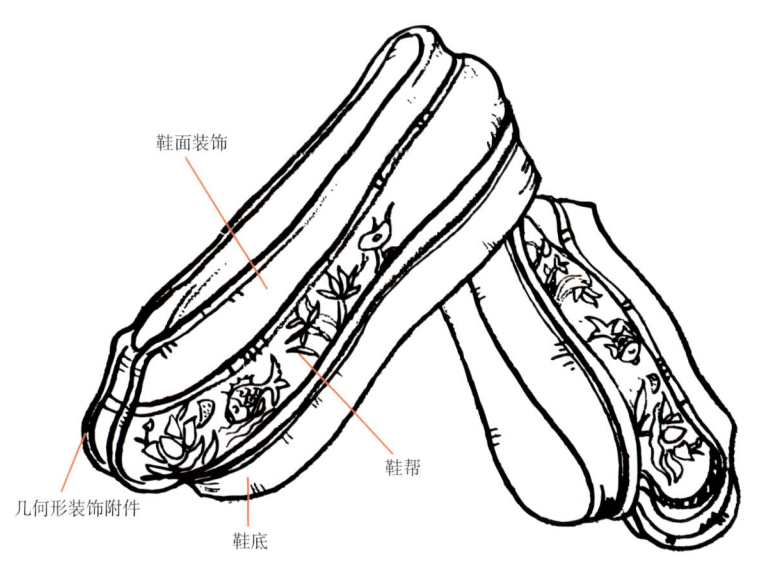

图三　达斡尔族绣花鞋结构名称图

图四 达斡尔族绣花鞋局部纹样示意图

图五 达斡尔族绣花鞋刺绣纹样色彩分析图

图六　达斡尔族绣花鞋示意图

图七　达斡尔族绣花鞋实物图1

图八　达斡尔族绣花鞋实物图2

达斡尔族妇女裹头巾

图一 达斡尔族妇女裹头巾主图

妇女裹头巾是达斡尔族女子春秋农耕时佩戴的头饰，这种裹头巾的年代大致出现在清末民国初期，在这个时代，达斡尔族大量接受了外来民族的文化，特别是受满族文化影响，达斡尔族开始接受其他民族的装饰风格，妇女的裹头巾就是这一时期的代表。妇女裹头巾在达斡尔族妇女中广泛应用，是达斡尔族妇女在农耕时的重要头饰。

达斡尔族的妇女裹头巾以布缝制，用布三至五层，其上绣有图案，接口处有布制纽扣。平展开裹头巾，通长70厘米，宽为60厘米，形状类似三角围巾，但其中的两个对称的系角被同时减掉一个弧形的豁口，此豁口处即是裹头巾在裹住头部以后，露出面部的部分。两个系角分别剪出四个接口处，下角的两个接口处以布扣扣合，系在额头部位，头顶部分的发髻可以露出来；上角的两个接口处以布扣扣合，系在下颌部位。剪切掉的豁口是头部露出的部位，其他部位都被裹头巾裹住，防止风尘、麦皮等杂物进入，具有一定的劳动保护作用。不仅如此，裹头巾也是达斡尔族妇女的头部装饰品，是达斡尔族妇女在农闲时的刺绣作品，在样式及装饰方面给与了足够的重视。在三至五层布之中，一般有黑色的装饰边，这种装饰边是在制作过程中缝嵌在最上面的布料上，显得整个裹头巾严整而厚重。在黑色装饰边的内侧，一般围绕着装饰边绣有环形的装饰带，使裹头巾显得端庄优雅。在额头的系带处及下颌的系带处一般饰有云纹或卷曲纹，两个卷曲纹相扣合后对称于布制系扣两侧，增加了裹头巾的装饰效果。

达斡尔族妇女留发辫，或挽髻，农耕时以黑布饰头，不仅起到防风、防尘的作用，还具有一定的装饰作用。从设计学角度分析，达斡尔族妇女的裹头巾是达斡尔人在生产劳作和日常生活的实际需要中发明、创意出来的实用物品，是为了达斡尔人本身的生活品质改善与生产效率的提高而制作。

图片来源
图一　孟凡奇　摄影
图二至图四　李婕　制图
图五　刘祥　摄影

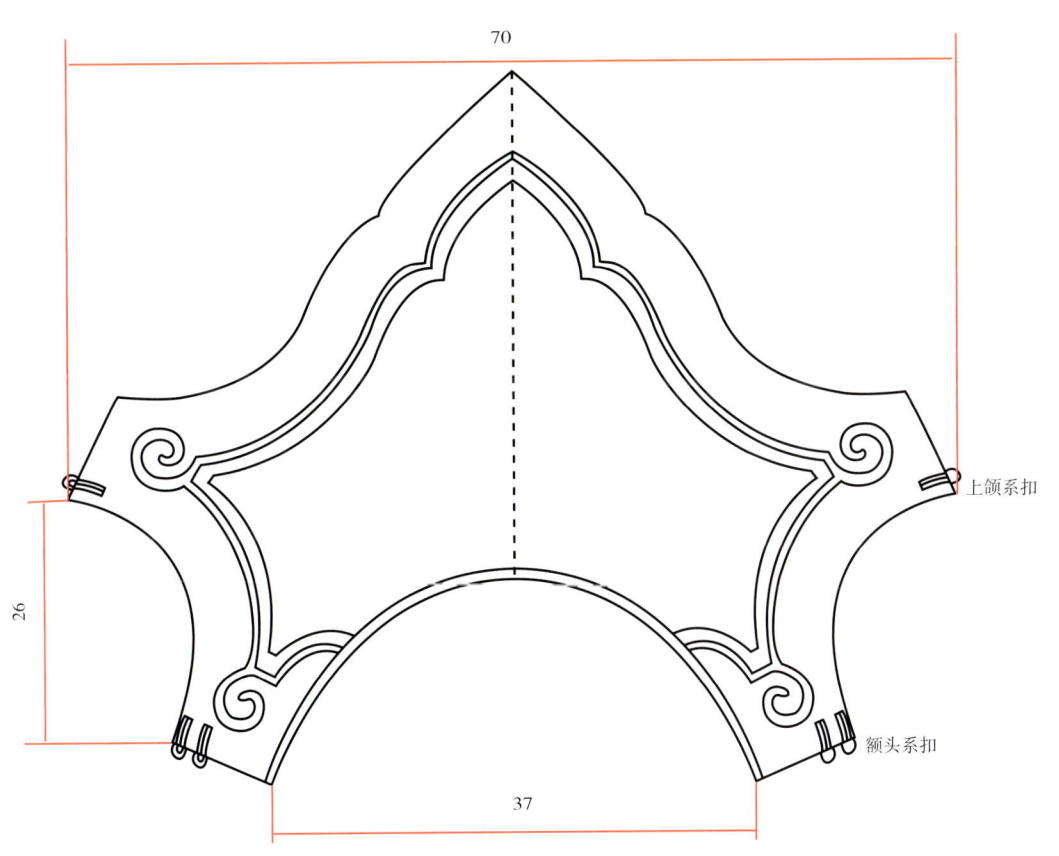

图二　达斡尔族妇女裹头巾尺寸图（单位：cm）

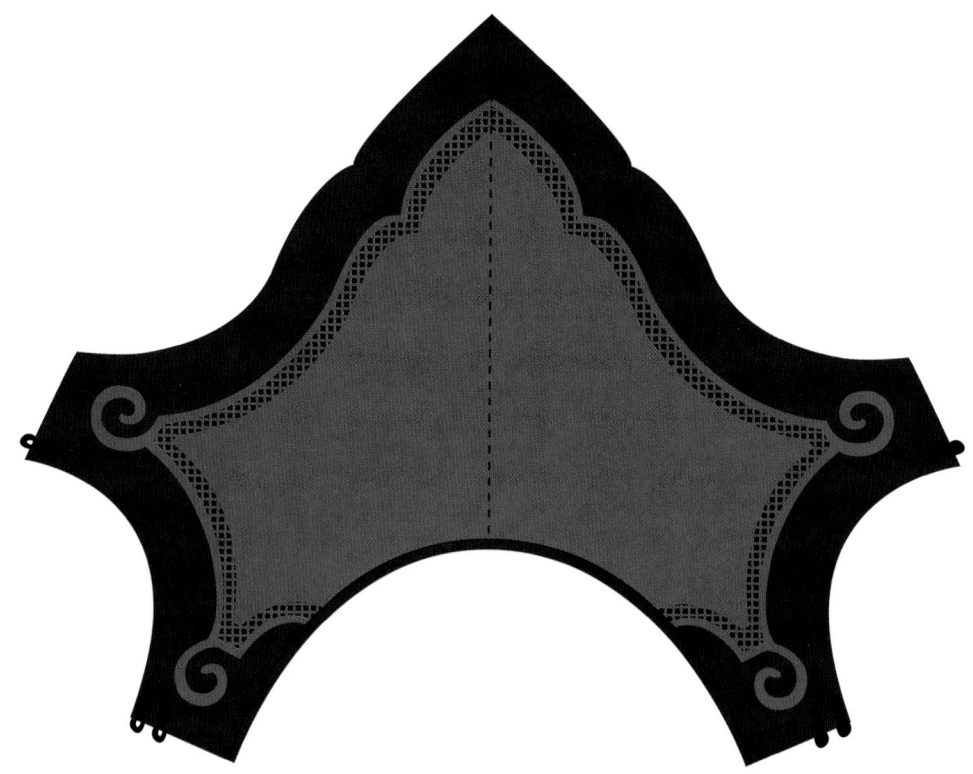

图三　达斡尔族妇女裹头巾颜色分析图

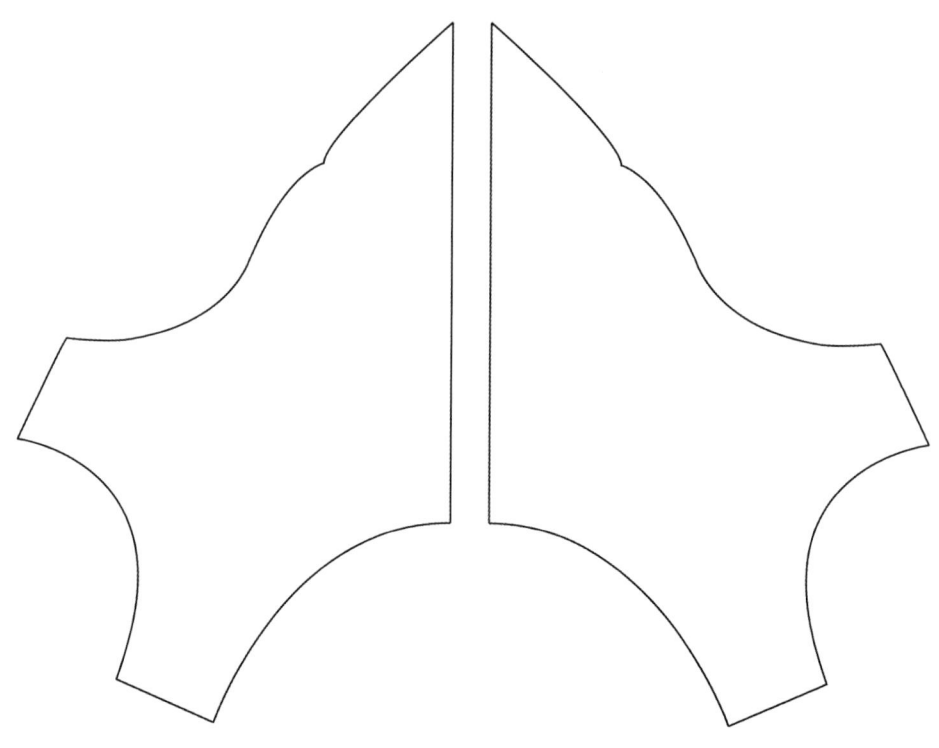

图四　达斡尔族妇女裹头巾开片图

图五　达斡尔族妇女裹头巾使用情境图

达斡尔族礼帽

达斡尔族的礼帽是通过满族人由内地传入的,并不是达斡尔族的传统配件,达斡尔族的百姓佩戴得很少,但在达斡尔贵族中却是应用普遍的,并根据本民族特色,更改了帽体及帽饰。达斡尔族的达官贵人在礼尚往来、出行拜访时多戴礼帽。

达斡尔族的礼帽以狐狸、猞猁、水獭、狼、狗等动物皮毛制作,直径大约22厘米,高大约20厘米。帽子分为三个部分,帽顶的装饰、帽身及后部的两条飘带。帽顶的装饰部分常以红色的绸缎或大绒为底,上面绣有图案,一般以几何形卷曲纹的四方连续纹样为主,在纹样的中心嵌有圆形宝石,增加了装饰效果。帽身部分一般是皮毛外翻的装饰面,皮毛的颜色大部分为棕黄色,与帽顶的红色搭配起来使礼节的意味更加浓重。在帽子的后部,有两条绸缎制作的、长约60厘米的飘带,上窄下宽,绸缎上绣有吉祥八宝图案,增加了礼帽吉祥与富贵的寓意。这两条飘带在戴帽子的时候会自然地搭在背部,是达官贵族礼尚往来的标志性饰物。

虽然达斡尔族的礼帽是外族引进的,但在制作与佩戴的过程中,根据本民族的实际条件与环境进行了相应的改变,其款式设计、面料采选、缀饰风格,都富有本民族特色,是达斡尔族造物特色与民族文化内涵的具体体现。

图片来源
图一　孟凡奇　摄影
图二至图五　李婕　制图
图六　刘祥　制图

图一　达斡尔族礼帽主图

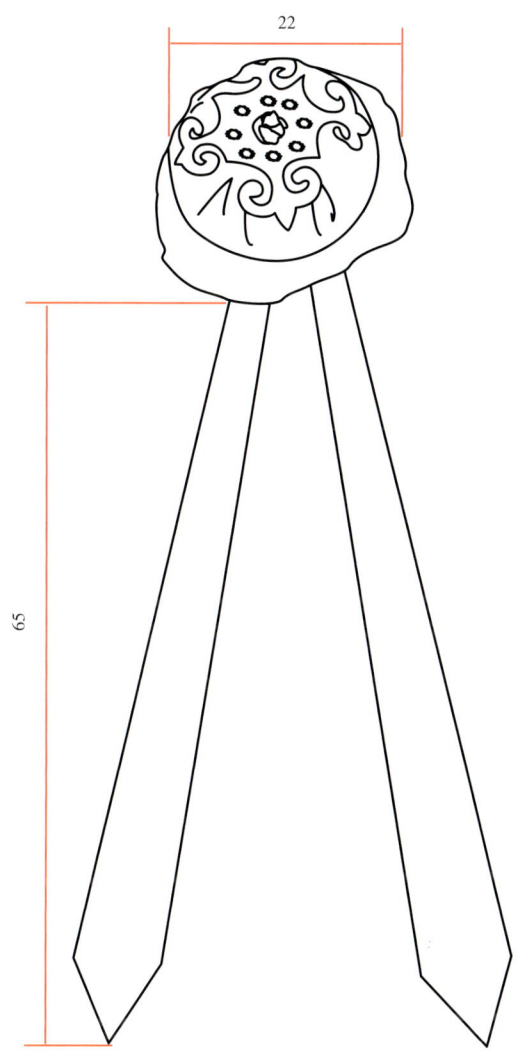

图二 达斡尔族礼帽尺寸图（单位：cm）

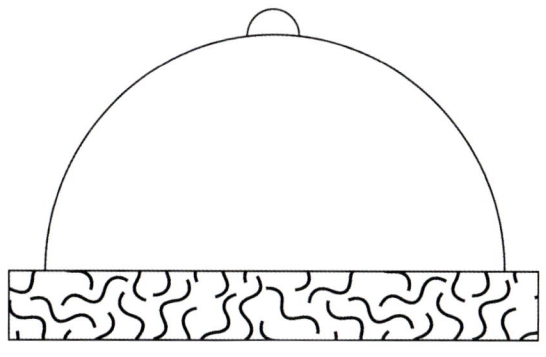

图三 达斡尔族礼帽侧视图

图四 达斡尔族礼帽颜色分析图

第二章 达斡尔族传统服饰

图五 达斡尔族礼帽局部纹样示意图

图六 达斡尔族礼帽佩戴情境图

达斡尔族毡帽

图一 达斡尔族毡帽主图

达斡尔族毡帽是达斡尔族男子在出行或打猎时所戴的帽子,是在民国时期从外族引进的一种帽式。毡帽属于一种护耳棉帽,是近现代达斡尔族男子的冬季常规用帽,在中国东北各少数民族地区都十分流行。达斡尔族的毡帽主要由毛皮与棉布制成,且在造型、功能与穿戴方式上略有变化,使之更加适应达斡尔人冬季户外活动的具体需求。

达斡尔族的毡帽以皮毛与棉布为原料进行缝制,内衬为皮毛,外面用黑白两种颜色的棉布料搭配、装饰。整个帽子呈圆锥形,高大约为30厘米,底边直径大约为25厘米。帽子顶尖处有盘扣结,不仅具有装饰作用,同时也便于穿戴时抓用。帽体分为帽顶、帽身与帽檐三部分。帽顶部分以黑布帽尖下衬白布搭配而成,在黑布的底边处缝有红色的装饰线，红色、黑色、白色交相呼应，以不同的色彩面积对比显示了其装饰的古朴之美，帽顶正中间的白布上镶嵌着带有红宝石的金属配饰。帽身处则用了以黑布为背景的装饰带，中间同样缝有红色的饰线，在黑布的衬托下，红色装饰线显得色彩饱满，增加了帽子整体的灵动性。最下边是帽檐部分，左右两个半圆形，具有保护耳朵免受严寒袭击的功能，半圆的圆周处以白色为底饰有黑色的饰线，这种黑色饰线与帽顶部的红色饰线形成既有对比又相互协调的效果。前面的小半圆应该是具有防止额头受寒的功能，同样在白色布的上面装饰有黑色的装饰线。

达斡尔族的毡帽无论是外族引进型，还是本族自创型，其普及与流行原因都与本民族的自然气候相适应。达斡尔族毡帽展示了达斡尔族妇女在手工缝制方面的精湛技艺，一针一线都透露着这个民族淳朴、向上及对美好生活的向往。

图片来源
图一　孟凡奇　摄影
图二、图四、图五　李婕　制图
图三、图六　刘祥　制图

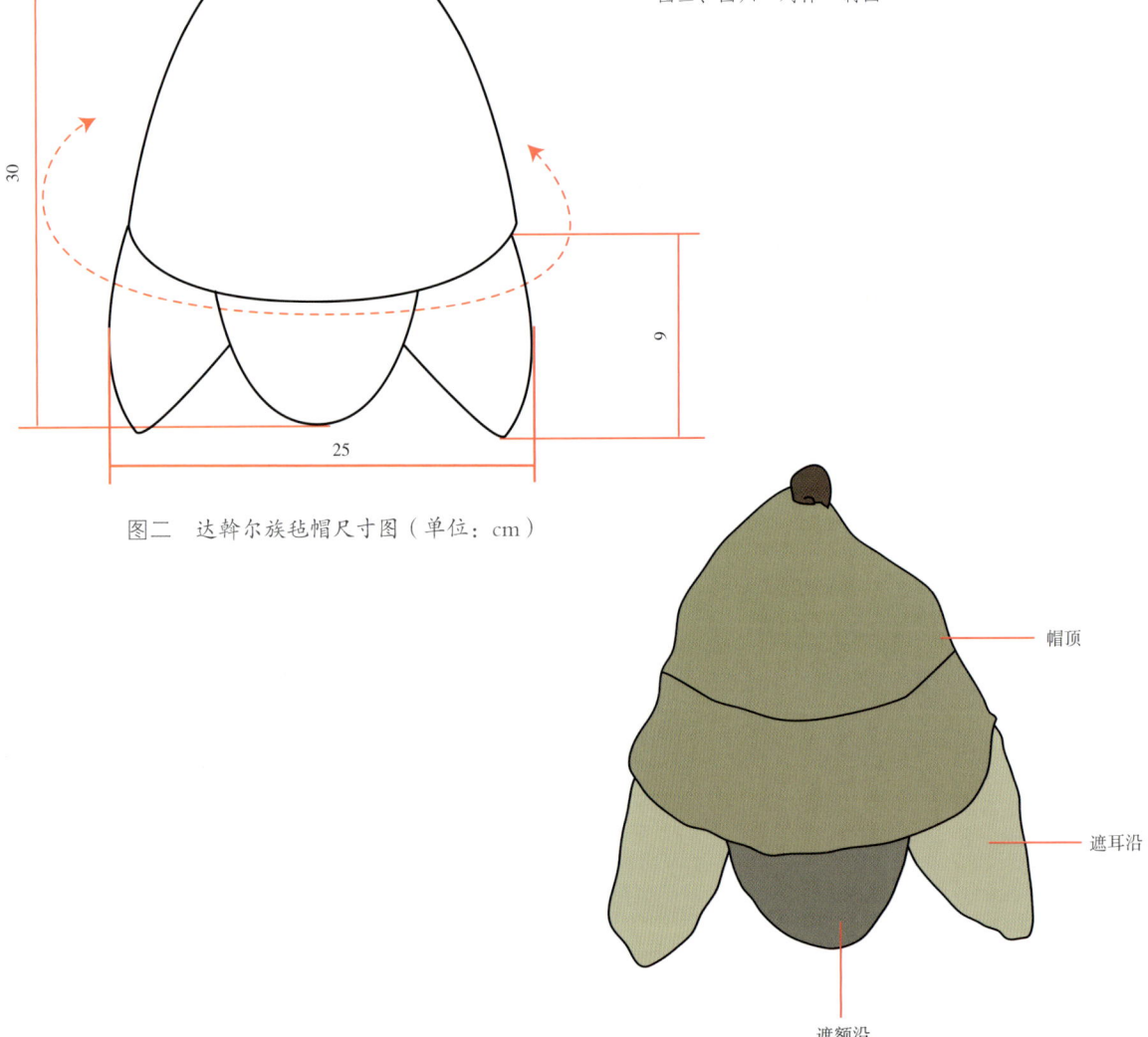

图二　达斡尔族毡帽尺寸图（单位：cm）

图三　达斡尔族毡帽结构名称图

图四 达斡尔族毡帽金属配饰纹样示意图

图五 达斡尔族毡帽效果图

图六 达斡尔族毡帽穿戴情境图

达斡尔族妇女银镯

图一　达斡尔族妇女银镯主图

银制工艺品长久以来是达斡尔族妇女与儿童最喜爱的饰物。达斡尔地区储银比较丰富，根据当地的审美习惯，将银制作成各种首饰及佩饰，用以满足人们的审美需要。传统银饰品种多样，以妇女佩戴的银镯最为考究，银镯以其形制上的独特别致、工艺上的精巧以及绚丽精美的花纹装饰，体现着银首饰的主体价值和审美价值。达斡尔族银制品的出现与发展，是物质文化与精神文化的交融，影响着现代手工艺设计与发展。

银具有质地柔软、色泽光亮、易于加工以及耐腐蚀的特性，因此制作手镯常选用银作材料。银手镯的基本形态为不规则圆形，其制作方法为：先将银原料根据腕部粗细、用料多少，制作出尺寸大小不一的银镯，然后将制好的银镯采用锤打、锉、镂刻相结合的方法，在其上绘制花草纹样的延伸变形图案，并在花草纹样两边刻上达斡尔族文字。银镯上所刻的图案布局匀称，线条流畅，线条的粗细可根据图案造型的需要而作相应调整。刻制完成后将银镯表面打磨光滑即可。制作成的银镯整体上构图别致、工艺精致华丽，给人以庄重华贵和富有的美感。

银镯造物活动以其独特做工与材质，散发出当地浓厚的乡土气息，蕴含着达斡尔族民众的心理素质与精神追求，反映了他们独特的审美观念与审美情趣，也是历代达斡尔族劳动人民、匠师的智慧结晶与艺术创造力。银镯饰品同时也蕴含了当地传统的民俗文化内涵，是实用性、艺术性和功能性三者的统一，对现代工艺造物活动产生了深远影响。

图片来源
图一　孟凡奇　摄影
图二至图四　李婕　制图

图二 达斡尔族妇女银镯尺寸图（单位：cm）

图三 达斡尔族妇女银镯局部纹样示意图

图四 达斡尔族妇女银镯效果图

达斡尔族发簪

图一　达斡尔族发簪主图1

达斡尔族地区受满族物质文化的影响与熏陶，当地民众开始转变思想观念接受新的装饰风格，同时这种装饰风格也融入了达斡尔族民众对外在形式美的追求中。在达斡尔人的思想观念里，金、银是财富的象征，民众将其制造成形式各异的发簪纹饰，佩戴于妇女和儿童发式上，既有美观效用，又有驱鬼辟邪、祛病保平安的功能。

发簪为达斡尔族传统制作工艺品，用于达斡尔族妇女的发式上。使用材料一般以色泽光亮的金、银、铜为主，这些材料质地柔软，易于加工，通常采用模铸、模锤、锥刺、嵌焊、范铸、镂刻等相结合的加工方法。在制作过程中，按照传统纹饰造型和花纹样式制作，纹饰多以自然界中的动物、植物为主，制作出的发簪形式多样别致，工艺精巧，绚丽精美，如镶宝石的花形簪、花簇形簪、八结海螺花形纹饰银簪、如意叶云纹簪、团形银簪、双蝉纹簪、白珍珠镀金纹簪、十字对称形"梅花"团花银簪等。由于年龄的差异，达斡尔族妇女所佩戴发簪的花纹图案及佩带的部位各不相同。未婚少女，将头发在脖颈后编制腰间发辫，发辫低端插以瓶花镀金发簪；已婚妇女在婚后则将发髻盘于头顶，插以团花银簪，给人以庄重、华贵的美感；旧时达斡尔族妇女也会梳"两把头"发式，将宽约七八厘米、长约30厘米的扁方大横簪贯于发髻之中。

达斡尔族发簪形制复杂多变，造型精美华丽，具有特定寓意及很高的审美价值和主体价值。发簪工艺造物活动是其物质与精神文化成果的内涵，在形制纹饰、雕刻技艺上独具匠心，以其细微的观察力和艺术创造力构成了本民族独特的纹饰符号，满足了达斡尔民众的审美需要，同时也彰显了达斡尔族地区的民俗文化，对现代工艺造型设计与制作提供了纹样与理念。

图片来源

图一至图五　孟凡奇　摄影

图二　达斡尔族发簪主图2

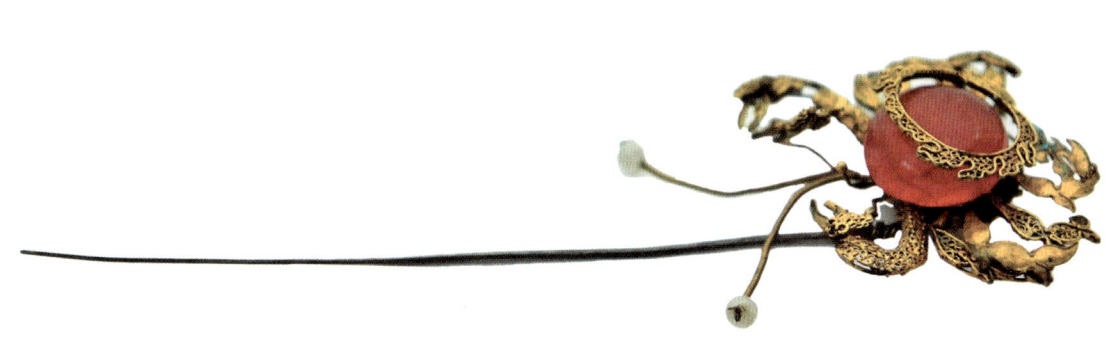

图三　达斡尔族发簪主图3

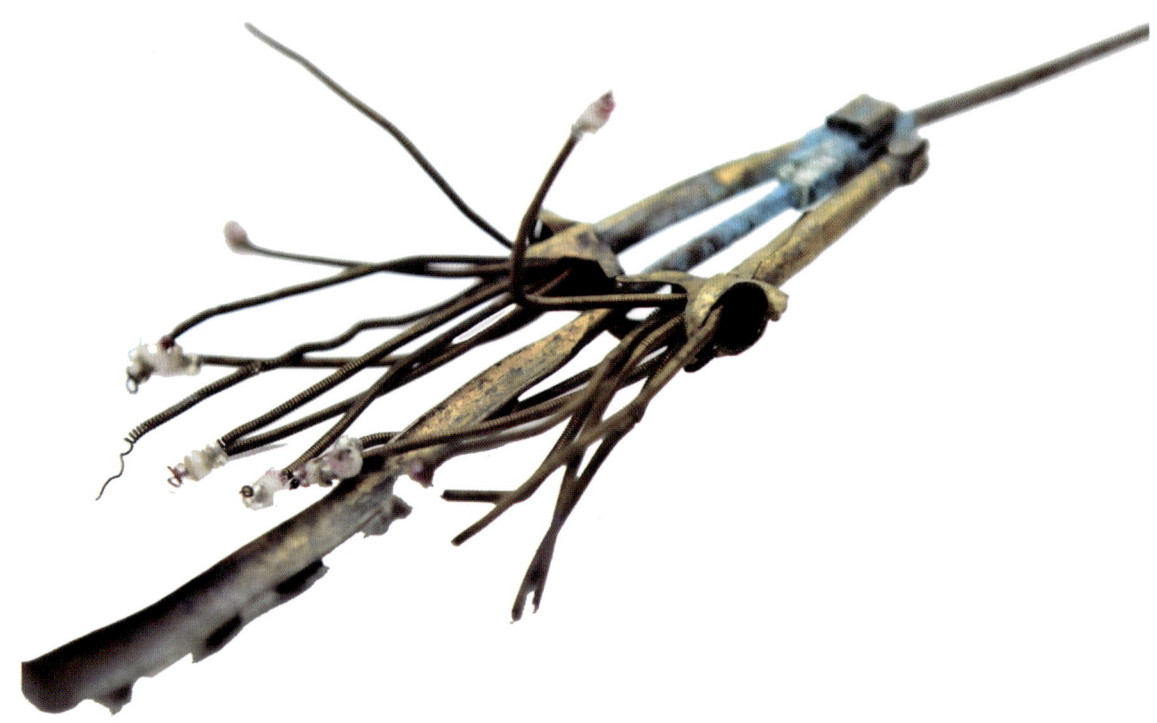

图四　达斡尔族发簪主图4

图五　达斡尔族发簪主图5

达斡尔族头饰带

图一 达斡尔族头饰带主图

达斡尔族妇女在礼仪场合经常佩戴头饰带，头饰带是达斡尔族传统服饰的附属配饰，佩戴在发额前眉毛之上，与发髻上的簪子、插花等搭配，无论妇女的发饰怎样编盘，头饰带都起到了较好的修饰作用。

头饰带一般是用粗布经过"打褙布"后制作，经过"打褙布"后的布料硬实，适合在其上做各种刺绣及钉上各种金属装饰。头饰带呈半弧形，中间部位一般带有多个并列的短珍珠穗或丝穗。头饰带的半弧形带条首尾相连接后，大概是人的头顶径大小，长度一般在40厘米左右，宽度在5厘米左右，因人而异。有些头饰带在两端有结扣，方便佩戴，有的是直接缝合好的圆圈形，适合专人佩戴。头饰带的装饰一般以刺绣纹为底，上面配有金属或珠宝等小装饰物。大部分头饰带的右侧都会有一个明显的立体单独纹样的花纹样装饰，有用黑色或其他颜色布条编制的单独纹样的花朵纹饰，也有金属的立体单独纹样的花朵纹饰。刺绣图案多以植物纹样居多，也有一些是几何纹样，针法大部分是以平绣为主。有些老年人的头饰带上没有任何刺绣装饰，厚实的黑色袼布上只单独衬托一只金属小花，头饰带的中间部位没有装饰穗，简洁优雅，突出了佩戴者的端庄稳重。年轻的少妇佩戴的头饰带上均以各色绸缎折叠的花朵来装饰，色泽鲜艳，额头部位有珠穗。而年轻姑娘的头饰带更加别致，色彩艳丽，造型灵动活泼，两侧有云卷纹，耳部带有丝穗，非常适合与女孩子的发饰搭配。

达斡尔族的妇女头饰带集刺绣、编结、金属雕刻等艺术为一体，呈现了多种多样的装饰形态，在各种礼仪场合佩戴头饰带，使妇女显得端庄典雅，深受达斡尔族妇女的喜爱。这些审美因素是达斡尔族妇女在生产劳动之余的精神寄托，正如付黎明先生在其美学著述中所讲："自从有了人类造物的历史，美的创造与实践也就逐渐成为一种精神活动与社会行为……在人类文明进程中，人类始终没有停止对美的向往与追求。"达斡尔族妇女也不例外，造物活动中的审美精神体现在小小的头饰带中，带给现代设计的启示是：创意之美产生于生活与生产实践，与人的精神生活息息相关，背弃生活的艺术永远是虚无的。

图片来源

图一、图六至图八　孟凡奇　摄影
图二　李婕　制图
图三至图五　李晓璇　制图

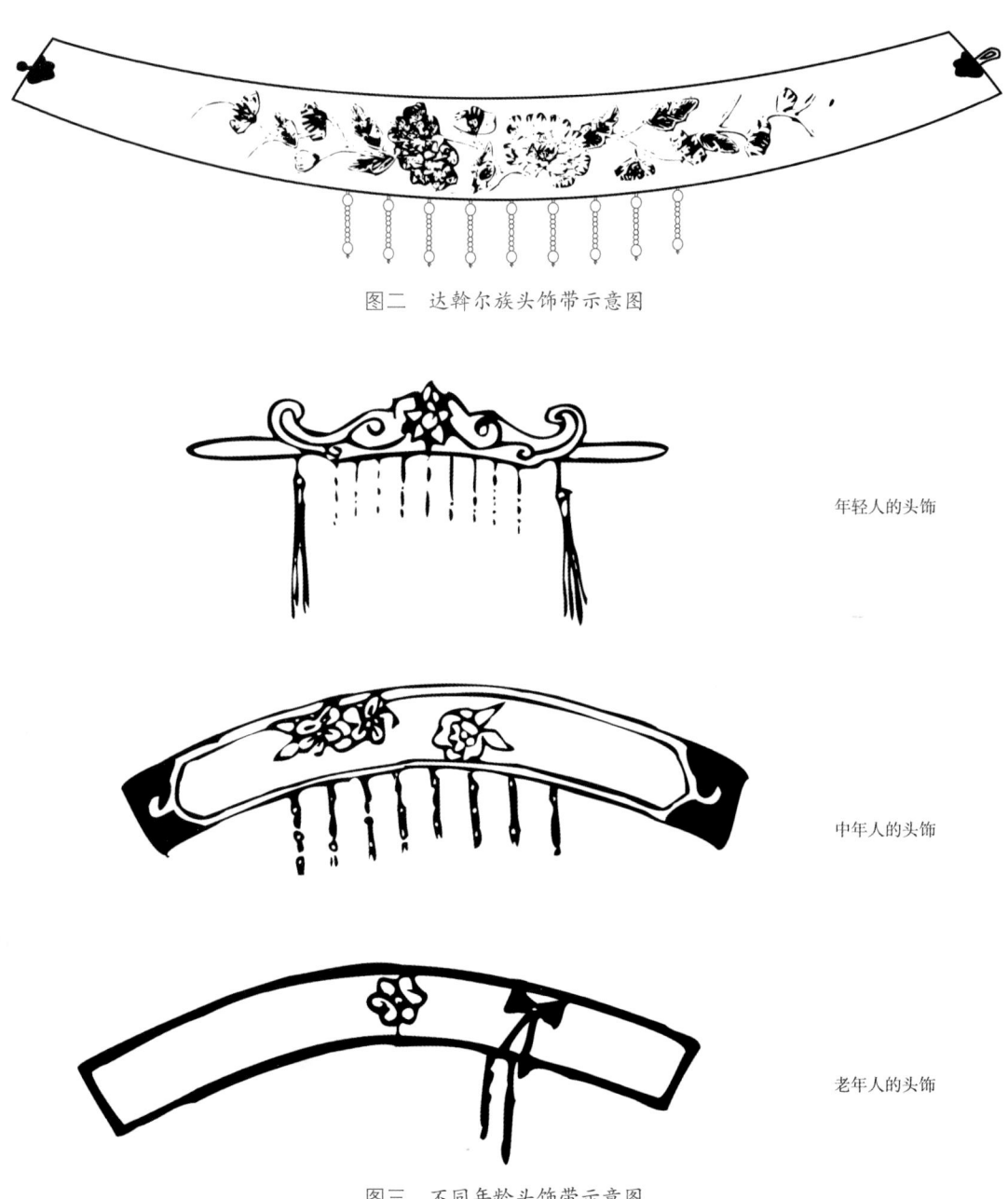

图二　达斡尔族头饰带示意图

年轻人的头饰

中年人的头饰

老年人的头饰

图三　不同年龄头饰带示意图

图六 达斡尔族头饰带实物图1

图四 达斡尔族头饰带老年人佩戴示意图

图七 达斡尔族头饰带实物图2

图五 达斡尔族头饰带年轻人佩戴示意图

图八 达斡尔族头饰带实物图3

第二章 达斡尔族传统服饰

第三章 达斡尔族传统餐饮

达斡尔族柳蒿芽

图一 达斡尔族柳蒿芽主图

柳蒿芽，达斡尔语称为"库木勒"，是达斡尔人从小酷爱食用的传统野菜，世居嫩江两岸的达斡尔人，早在几百年前就同柳蒿芽结下了特殊的缘分。柳蒿芽是一年生草本植物，外形类似艾蒿，外表十分光滑、翠绿。刚采摘下来的柳蒿芽一般是要趁着新鲜食用，达斡尔人有晾干菜的习惯，柳蒿芽也经常晒干保存，以备冬天食用。柳蒿芽味道苦香清爽，是具有清热解毒作用的药膳菜肴。

达斡尔人常说："没有江河的地方，达斡尔不安家；没有流水的地方，不长柳蒿芽。"达斡尔人放牧、种田、打猎，吃惯了生长在河边、江沿的柳蒿芽。每年四月下旬"小满"期间，是大地开犁播种、江河帆船载货的熙攘繁忙季节，柳蒿芽出土一至二寸，是其嫩茎幼芽最适宜食用的好时候。达斡尔族妇女头裹毛巾，手拎柳编筐，在江河之滨、溪水之旁采集柳蒿芽，劳动之余，她们翩翩起舞，放声歌唱，这样久而久之，一年一度的采集柳蒿芽活动便成了达斡尔人的一种传统习俗。

柳蒿芽的制作方法主要有：

排骨炖柳蒿芽：达斡尔族妇女在采集完新鲜的柳蒿芽后，将其清洗干净放在锅里用开水焯，焯好捞出放在凉水中泡，边泡边捞，用手挤水，然后剁碎，以不见茎为好，最后团成团以备用。把新鲜的猪排骨洗净后放入凉水锅里煮，待排骨熟到七分，放入食盐适量，再将洗净的新鲜柳蒿芽放入锅中用慢火炖20分钟左右。最后，再放入一些蒜片、少许肉精，就可出锅食用，其味道格外鲜美。

柳蒿芽炖鱼：达斡尔族历史上就是善于从事渔业生产的民族，鱼是达斡尔人餐桌上的主要菜肴，以柳蒿芽炖鱼更是难得的美味，既有柳蒿芽的清香，又有鱼的鲜美。这道菜的做法是，先将鱼煎或红烧，加水慢火炖20分钟，再将用水焯好的柳蒿芽（或干柳蒿芽）放入其中，炖10分钟左右起锅食用。尊老爱幼、亲善邻里是达斡尔人的传统美德，达斡尔人在捕鱼归来后，经常做这道美食，请来亲朋、邻里、好友共同品尝，这一习俗作为彼此间的一种交往形式，客观上起到了维系邻里和亲友间的友好关系和加深感情的作用。

芸豆肉末柳蒿芽：芸豆是达斡尔族从事农耕的农作物，猪肉是达斡尔族从事家畜饲养的肉制品，都是达斡尔族随手可得的常用食材，将这两种食材与柳蒿芽放在一起，便成了一道美味佳肴。这道菜的做法是，先将柳蒿芽用开水焯一下，晾干水分，接着将油烧开后先下锅炒肉末，加少量葱、姜末，炒出香味后下入柳蒿芽继续翻炒，然后加盐、花椒再翻炒，最后加水，并将泡好的芸豆放入其中慢炖，20分钟后起锅食用。这道菜美味可口。

柳蒿芽馅饺子：达斡尔人喜欢吃饺子，也经常用柳蒿芽来包馅做饺子。柳蒿芽馅的饺子清香中略带苦味，其做法是先将柳蒿芽摘洗干净，锅中水烧开，焯烫柳蒿芽，捞出过凉水并挤干水分后，将柳蒿芽切碎放入肉馅中顺时针搅匀，饺子馅就做好了。达斡尔族以柳蒿芽为馅包出的饺子，薄皮大馅，油而不腻，清淡鲜美。

柳蒿芽是达斡尔族的象征，柳蒿芽食用习俗的形成，是由其生活环境决定的，他们居住的地方遍地生长柳蒿芽，为达斡尔人世世代代的采集活动提供了取之不尽的场地。柳蒿芽微苦浓香的特殊味道，加上达斡尔人对它别具一格的制作方法，使达斡尔人的柳蒿芽食用习俗流传至今。对于一个智慧的、勇敢的民族来说，丰富多样的野生动植物资源，无疑成为其生存发展的有利条件，这些丰足的自然资源成为达斡尔人赖以生存与发展的生态环境。人类的造物活动总是在一定的文化经济背景中进行的，造物的形式也不可能脱离其生态文化的内容而独立存在，因而可以说，有什么样的文化生态环境，就会有与之吻合的造物形式，达斡尔族也不例外。从其古老原始的柳蒿芽食用习俗中可以窥视一斑，这些造物正是坚强的达斡尔人在特定的生态环境中，不断谋取资源创生造物的行为，这无疑是值得现代设计师借鉴的——要从生态文化环境方面来考虑设计活动的方方面面。

图片来源

图一　苏都尔·伟伟　摄影
图二至图四　李晓璇　制图
图五至图七　孟凡奇　摄影

图二　达斡尔族柳蒿芽食材示意图

图三　达斡尔族柳蒿芽采集情境图

图四　焯柳蒿芽现场操作图

图五 排骨炖柳蒿芽实物图

图六 芸豆肉末柳蒿芽实物图

图七 柳蒿芽馅饺子实物图

达斡尔族铸铁茶水壶

图一　达斡尔族铸铁茶水壶主图

　　铸铁茶水壶是达斡尔族在日常生活与迎宾待客时的生活用具。达斡尔族是喜好喝茶的民族,以茶待客是达斡尔族的传统,在茶壶的制作方面也很讲究,制作非常精细,造型简洁大气,使用方便。

　　达斡尔族茶水壶高大约有30厘米,其中壶体高度为16厘米,壶体最大直径为13厘米,最小直径为8厘米,壶嘴长大约10厘米。相传,达斡尔族民间使用铁茶水壶有很多优点,首先铸铁茶水壶能改善水质,提升茶水口感。另外,铁壶能提升沸点,泡茶时,水以刚煮沸起泡为佳,这样的水泡茶,茶汤香味皆佳,如沸腾多次,使水变"老",茶叶的鲜爽味便大为逊色;沸腾不够的水也不适宜泡茶，过低的温度不利于茶中成分的浸出。铁壶导热更为均匀，加热的时候水的底部和四周都在受热，所以温度能够全面提升并达到真正的沸腾。因此，达斡尔族选择这种铁壶泡茶是很有道理的。茶道美学中的"器美"就是指茶壶要让人赏心悦目，达斡尔族的这款茶壶形制简单大气，虽不及贵族茶壶的华美，但却增添了其质朴的特色。

达斡尔族的铸铁茶水壶是达斡尔人的日常传统用具之一，它在功能设置与工艺、形态等设计创意上，既反映了达斡尔人对美好生活的向往，也反映了达斡尔族造物文明在设计创意与器物制作环节的特点——质朴实用。

图片来源
图一　孟凡奇　摄影
图二至图四　李婕　制图
图五　刘祥　制图

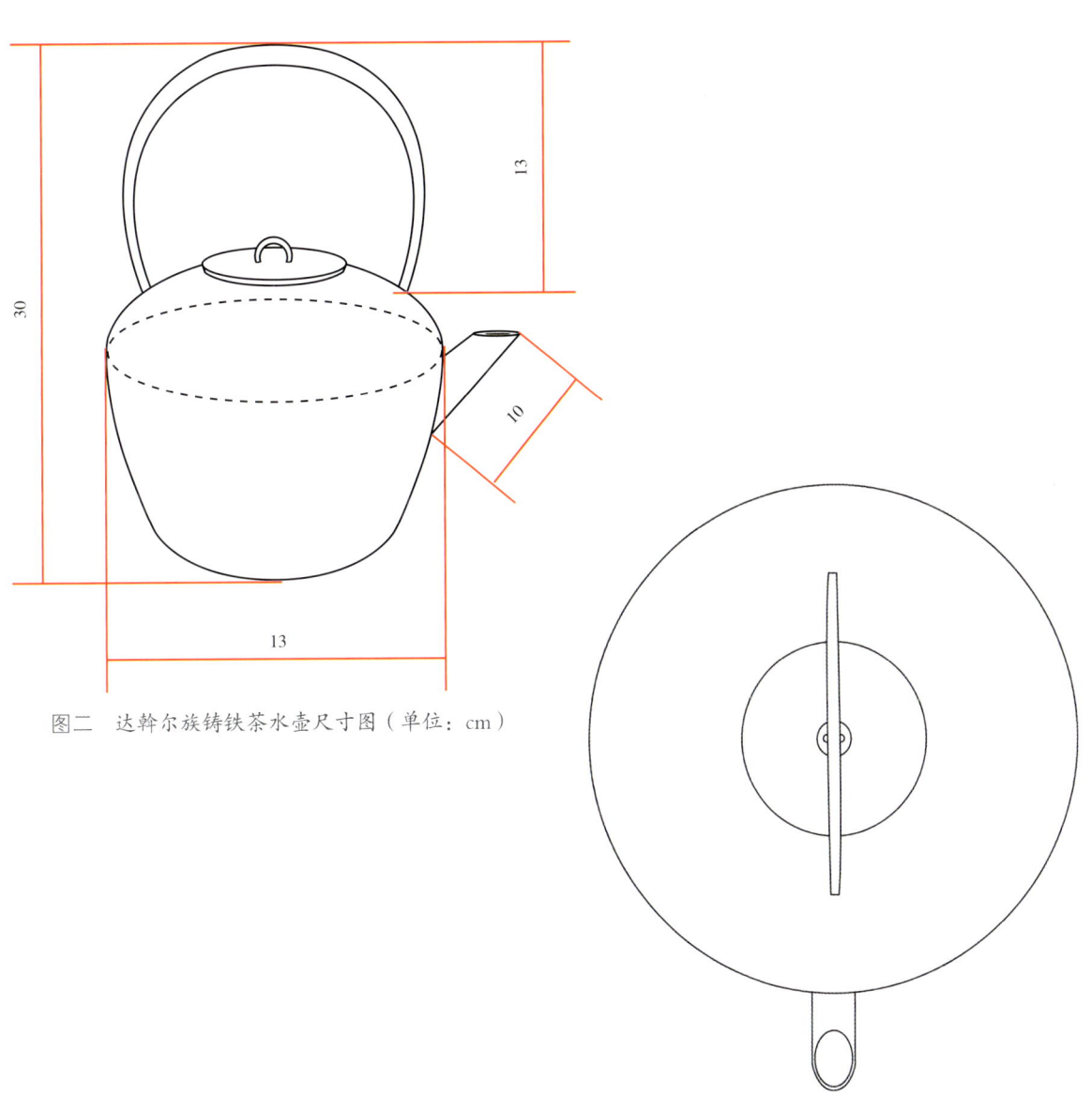

图二　达斡尔族铸铁茶水壶尺寸图（单位：cm）

图三　达斡尔族铸铁茶水壶顶视图

图四　达斡尔族铸铁茶水壶透视图

图五　达斡尔族铸铁茶水壶使用情境图

达斡尔族烤炉大饼

图一　达斡尔族烤炉主图

达斡尔族受自然环境制约，本地农业一般以凉性荞麦、燕麦等作物为主，这些农作物基本成为达斡尔族主要的食品原料，长期以此为食，促使达斡尔族民众积累了许多独具民族特色的食品制作方法，其中以烤炉大饼最受瞩目。烤炉大饼为达斡尔族传统饮食之一，其味道浓香，颇具本民族地域特色。烤炉大饼反映着达斡尔民众的生活状态，以及其对传统美食技艺的不断创新，并寄托着独特的审美情感。这种共通的文化心理内涵都在烤炉大饼的饮食文化中显露无遗。

烤炉大饼，制作程序相对复杂，时间不易掌握。所需主要材料为荞麦面粉，辅助调料为油、食盐、鸡蛋、牛奶、苏打粉、葱和芝麻。具体制作过程为：先将鸡蛋打碎，牛奶加至温热，和少许食盐以及发面引子一起加入面粉中揉匀，待面发起后，加入适量苏打粉反复揉匀成团状，而后将面团擀成若干个长约 25 厘米、宽约 15 厘米、厚约 4 厘米的圆形大饼。将烤盘内部底面抹油，将擀好的饼平放于烤盘中，在饼表面抹上少许油、鸡蛋让饼表面色泽鲜亮不至烤干，饼面撒上芝麻、葱花点缀入味，而后用筷子均匀地在饼表面扎若干个小孔以使其易于受热。在揉面的同时，炉内填入稻草加热，将炉膛壁烧至发白后将火熄灭，待炉中浓烟排出后，将烤盘平稳放入炉内烘烤，大约15分钟后即可取出，然后将大饼晾至微凉后切成条状食用。制作完成的烤炉大饼皮厚味香，松软可口，易于存放，是出行及狩猎时必备的食品之一。

烤炉大饼这种古老技艺文化深扎于达斡尔民族文化的土壤中，传达着达斡尔民族旺盛的生命力及美好的心路历程。烤炉大饼中融汇了达斡尔族传统的饮食文化理念与独特的技艺手法，为现代食品设计制作及创新提供了技术与理念思维。

图片来源
图一、图三　苏都尔·伟伟　摄影
图二　孟凡奇　摄影

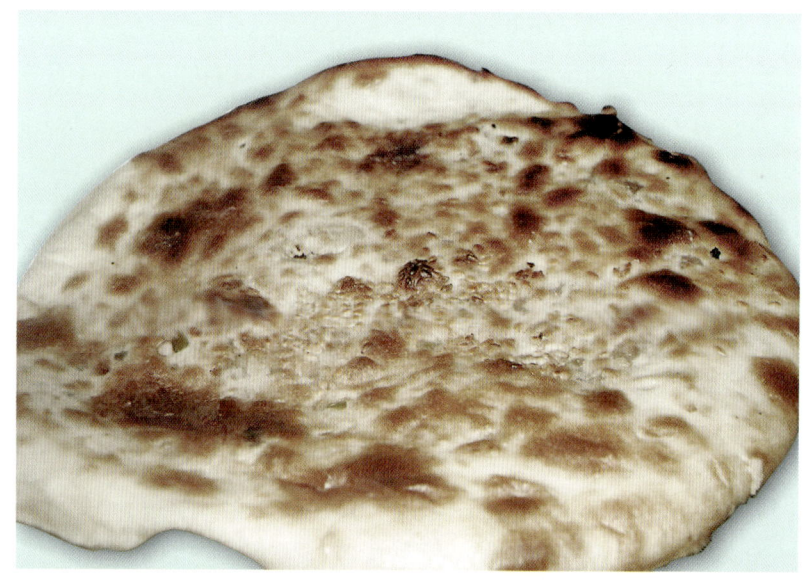

图二　达斡尔族烤炉大饼实物图

图三　达斡尔族烤炉大饼制作实景图

达斡尔族牛奶煮荞面片

图一 达斡尔族牛奶煮荞面片主图

达斡尔人以种植荞麦和饲养奶牛作为主要的食品来源,食用荞麦和牛奶同时成为达斡尔族地区民众普及的主要食品之一。伴随着达斡尔人的日常生活饮食文化不断发展,人们不断地将其食用方法进行创新与改进,形成了种类繁多、品味多样、营养丰富的民族特色食品。其中以牛奶煮荞面片最负盛名,是达斡尔族地区特色饮食文化符号,蕴含着本民族民众的性格特征,具有举足轻重的地位,并在达斡尔族饮食文化历史中留下了不可磨灭的印记。

牛奶煮荞面片,达斡尔语称为"托古列",是达斡尔人最常吃的副食。所需材料仅为荞麦和牛奶,其制作方法简单、省时,具有丰富的营养价值。其制作方法为:先将荞麦磨制成面粉,制成面团,而后用手指揪或用刀切成菱形的薄面片(刀削面),用水煮熟后,捞到碗里,浇上新鲜牛奶,拌上少许白糖和奶油一起食用;或为方便快捷,直接以牛奶代水煮成奶子面片。面片也可以拿白面来做,吃起来味道香甜可口,独具民族地方特色风味。

牛奶煮荞面片，这种传统饮食以原汁原味、搭配得当为主要特色，成为达斡尔族世代享用的美食文化，其中以奶代水风俗的形成与传承发展，反映了达斡尔族社会生产力、民众生活条件的不断提高与改善。牛奶煮面片这种搭配方法的创新，既具有保健的效用，又体现出特有的民俗民风，为现代食品设计提供了思路与理念。

图片来源

图一至图五　孟凡奇　摄影

图二　达斡尔族荞面片实物图

图三　达斡尔族牛奶煮荞面片煮制图

图四 达斡尔族牛奶煮荞面片实物图1

图五 达斡尔族牛奶煮荞面片实物图2

达斡尔族手抓肉

图一　达斡尔族手抓肉主图

达斡尔族一直以农耕、狩猎为主要生活来源,从而形成这一地区人民善食野生兽禽肉的饮食习惯,其中最具本民族特色的饮食为手抓肉,达斡尔语称为"米阿厄"。达斡尔人在冬闲时节,喜食带骨的手抓肉,是其过节、宴客的必食之品。手抓肉所展现出的民族特色饮食文化,保留了原始烹饪兽禽肉的饮食习俗,承载了达斡尔人热情真诚、憨厚质朴与好客的精神气质与礼俗文化,是饮食文化的重要内容形式。

手抓肉,顾名思义就是吃时不需用筷子,左手拿肉,右手持刀割肉。其刀法有割、挖、刮、剔等数种。早期取材多用狍子、黄羊等野兽肉,其味鲜美,现则多以羊肉、牛肉为主。烹制手法非常讲究,所需材料为带骨的牛、羊肉,辅料为盐、皮芽子（葱头）。先将整牛或整羊按骨节卸开,肉厚处用刀拉成条状,放入锅中大火煮开,将水面漂浮的沫子撇出后加入食盐（也可不加）,用文火炖熟捞出,而后将皮芽子切段，加入食盐，用煮制时的肉汤调汁。羊肉以琵琶骨和长肋骨的肉为主；牛肉则以脊椎骨肉、前胛骨肉、肋骨肉为主。食用时，先请客人动刀割下几片肉品尝，以示敬意，而后再由主人将肉割成小块，由老人均匀分配，没有老人则由男主人分肉，最后用调好的汁浇入拌匀，即可食用，独具地方风味。

手抓肉饮食习俗，反映出达斡尔族是一个以注重礼仪、热情好客为美德的少数民族，在饮食文化中融入了达斡尔人的审美情感，同时这种饮食习俗也具有一定的社会性。达斡尔族正是以这种自然环境为前提，努力创造适合人们生存与发展的行为与活动，用以谋取最大限度的资源创生，为传承达斡尔族地区特色文化的繁荣与发展提供空间。

图片来源
图一、图二　苏都尔·伟伟　摄影

图二　达斡尔族手抓肉煮制实景图

达斡尔族油炸果子

图一 达斡尔族油炸果子主图

达斡尔族地区的饮食随着生活的不断积累，形成了主要以荞麦、稷子面为主的具有农牧文化特色的饮食习俗。带有达斡尔族糕点特色的食品——油炸果子即为其中一种，达斡尔语称为"希日格勒"。

油炸果子早期用于达斡尔族祭祀活动，现如今则是婚宴必备的礼食和节日食品，是达斡尔族地区定亲送彩礼时必备糕点之一。西吉莫面粉为制作油炸果子的主要原料，辅料为鸡蛋、油、糖等，其制作过程简便，具体制作方法为：先将牛奶、鸡蛋、豆油、糖放入西吉莫面粉内和面，再放入适量的矾、碱，等面发起揉好后，搓成手指粗细的短面条，卷成"8"字形，类似于麻花形状，放入热油锅内炸熟，至表皮变成金黄色时取出，待凉后即可食用。油炸后的希日格勒香甜酥脆，味道醇厚而鲜香。

油炸果子的制作过程，反映了冰缘民族的社会经济与人文生活状态，使达斡尔族的风俗习惯有着浓重的地方和民族特色。油炸果子作为达斡尔族传统礼俗节日的必备品,流传至今,也揭示了达斡尔民族民俗文化在岁月的不断衍进中存在着的怀旧与返璞心理,对了解达斡尔族以前的生活方式和熟悉民族历史等具有重要意义。

图片来源
图一至图四、图六　孟凡奇　摄影
图五　苏都尔·伟伟　摄影

图二　达斡尔族油炸果子制作图1

图三　达斡尔族油炸果子制作图2

图四　达斡尔族油炸果子制作图3

图五　达斡尔族油炸果子实物图1

图六　达斡尔族油炸果子实物图2

达斡尔族奶皮

图一 达斡尔族奶皮主图

达斡尔族饮食习俗具有品味多样、搭配得当的传统特色。在达斡尔族地区牛奶是主要副食产品之一,其制作方法独具一格。在当地,用牛奶一种原料可以进行多样加工,制成营养价值丰富的副食品,奶皮子就是其中之一。

达斡尔人将牛奶制成的熟奶皮子称为"乌如莫",是达斡尔族奶制品中的精华,一般多用于进贡、祭祀、送礼与款待贵宾。其所需原料在当地简单易取,多为新鲜牛奶或羊奶,以注重原味、鲜美可口、营养价值丰富为特色。奶皮形状为半圆形,颜色呈白色或微黄,直径约为25厘米,厚度约为1厘米。一般奶皮子是在秋冬两季乳脂含量高时才制作,具体制作方法为:把新鲜的羊奶或牛奶用两层细纱布过滤,除去杂质,倒入锅内小火熬煮,待开锅后用饭勺反复进行翻扬、搅打起泡,等锅中形成较多奶沫后,改文火慢煨进行保温、消泡,等蛋白膜形成,奶沫会逐渐凝成一层脂肪,即熄火待奶沫自然冷却,一般放置8个小时左右,表面便形成一层较厚的蜂窝状奶皮,用一根细木条慢慢挑起来,搁置于盖帘上,在阴凉处晾干,即形成奶皮子。晾干后的奶皮子易于储存、食用。

制作奶皮为达斡尔族地方传统特色手工艺,这种饮食方法维持着达斡尔人的生存与发展,是达斡尔族饮食文明的文化标志,体现着本民族特色传统文化与民俗习惯。这种传统饮食习俗,与本民族的历史以及经济发展息息相关,同时也与社会文化密不可分,是达斡尔人勤劳、智慧的创造物之一,不可替代。

图片来源
图一 孟凡奇 摄影
图二、图三 苏都尔·伟伟 摄影
图四、图五 刘祥 制图

图二　熬制中的与完成的奶皮对比

图三　完成的奶皮子，晾于阴凉处，以免受热软化

图四　达斡尔族奶皮制作情境图1

图五　达斡尔族奶皮制作情境图2

第四章 达斡尔族传统生活用具

达斡尔族大轱辘车

图一 达斡尔族大轱辘车主图

达斡尔族的大轱辘车与北方游牧民族的车有着密切的联系，历史上达斡尔族的木轮车是契丹高轮车的继承和发展，蒙古族称此车为"达斡尔车"，也称为"大轱辘车"。由于多样的生存环境而从事多种生产活动，大轱辘车是达斡尔人生活中不可或缺的部分，草原、山地、沼泽这样的生存环境，决定了达斡尔族的交通工具必须轻便、易行，能爬山、涉水。高轮的大轱辘车便是这样条件下的产物，既能节省时间，又能保持体力。大轱辘车车轮大，重量轻而灵活，既可以载人也可以载物，还可以涉水渡江河，历经众多游牧民族的兴衰嬗变却承继不绝。

大轱辘车是以木制为主，其存在、传承的物质条件便是源源不断的木材。达斡尔族生活在木源丰富、森林茂盛地区，为制作木轮车提供了充分的物质基础。大轱辘车的制作工艺，看起来很简单，但是做起来技术要求很高，而且要细致。木工所使用的工具有锯、手斧、手锤、刨子、凿子，用牛角制成的划线盒等。整个一台车的制作工序中没有一条墨斗线，没有一根铁钉，没有统一的尺寸，不用工作台。大轱辘车主要由车毂、辐条、车辋、车轴和车辕五个部分组成。车辕长度为4米左右，宽为8~10厘米；用木制烘烤材料做成。车毂长度为60厘米，直径30厘米；木制油漆工艺，上面附有辐条穿插的孔洞。车辋长度3米左右，宽10厘米，高为60厘米；辐条17、18、20根不等，长度60～70厘米，宽8～10厘米。车毂与轴的孔洞木料互相摩擦，虽然只有十几厘米的木材，但经久耐用，这是因为达斡尔人懂得木料既能吸水也能吸油的缘故。车毂为木制油漆工艺，因为植物油渗透性能好，可使木质变硬，转动光滑，耐摩擦，加强了牵引速度。马拉车可渡过一米多深的水，如果把车轮拆卸了平绑在车厢前后，把车胎木卸下，可当桨过江河，这是达斡尔人几百年前科学不发达时代的水陆两用车。

达斡尔人结合自然条件，发明了窄车大轮的大轱辘车，是达斡尔族文化的标记，也是达斡尔族历史的文化象征。大轱辘车的出现使达斡尔人冲破以往以狩猎、牧业为主的经济模式，逐步开始经营商贸，向农业模式转变，与汉商交流，饮食、服饰、居住等习惯逐步发生变异，促进了达斡尔族与其他兄

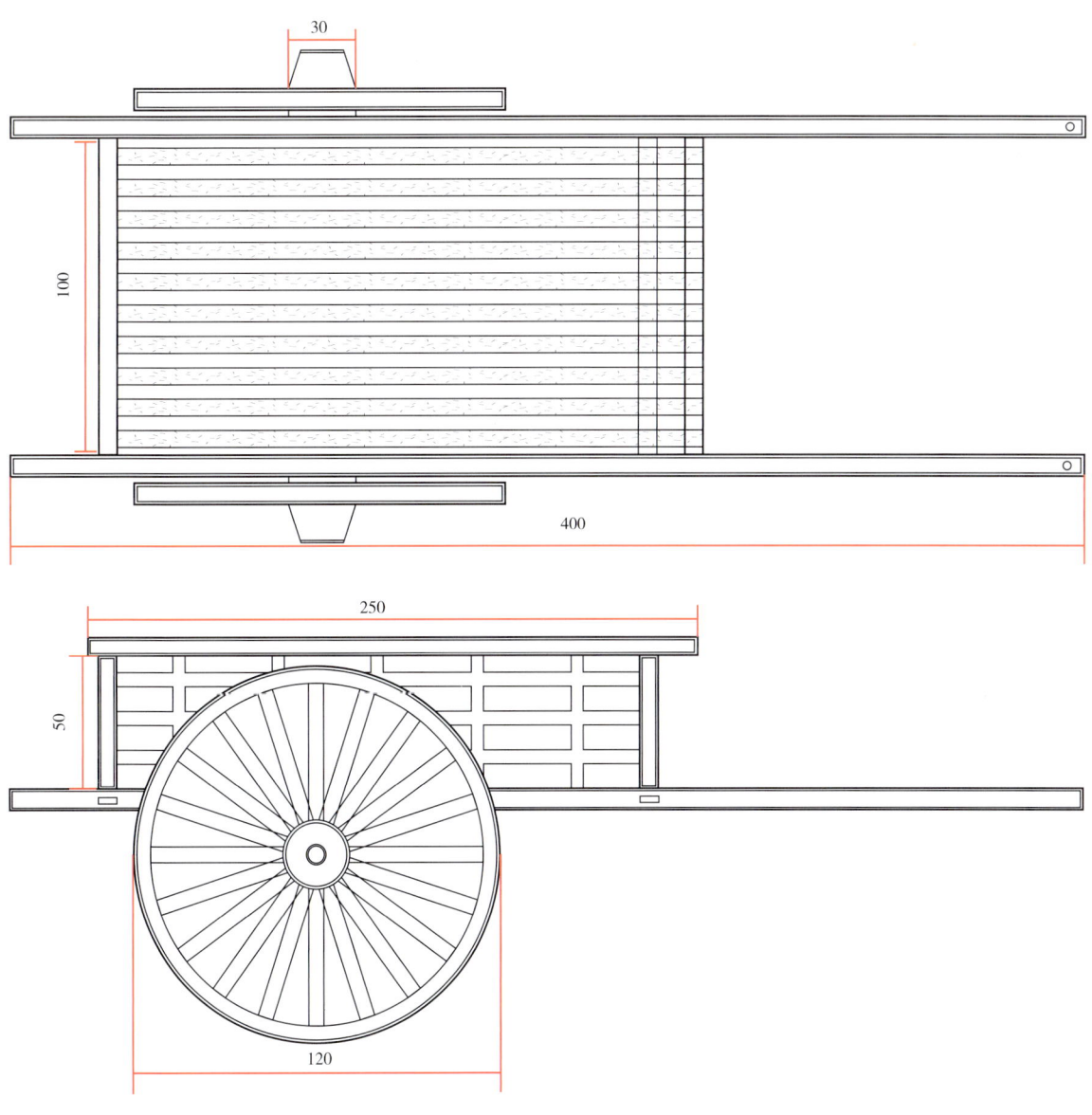

图二　达斡尔族大轱辘车尺寸图1（单位：cm）

弟民族的文化交流与经济交流。大轱辘车在历史上对生态环境的保护也有积极的影响，因其轻便减少了对草原的破坏，又因其是木制的，减少了对环境的污染。大轱辘车是人与自然和谐相处的体现，它不仅是达斡尔族千年来持续存在的根本原因，也为中国文明增添了新的篇章。承载着家人与物品的大轱辘车与绿色的草原、蓝天、白云构成一幅优美的画卷，这样有生气的草原是游牧民族不断地与恶劣的草原环境生生不息、拼搏进取而创造的。

大轱辘车和其他达斡尔族习俗一样，在传承的过程中并不是彼此孤立地、单一地发展和演变，它同时也集喜庆仪礼、祭祀习俗等之大成。达斡尔族大轱辘车在传承的过程中不仅包括其工艺传承、木工传承，也包含了婚丧礼仪如喜车、灵车的一系列习俗，还包含了祭祀习俗，是耐人寻味的民间文化，囊括了达斡尔人社会生活的方方面面。达斡尔族的大轱辘车完全采用榫卯结构，根据不同的部位设计相应榫卯，显得自然而不失规整，大度而不乏精巧。它极少有装饰，浑厚凝练，体现了中国传统造物文化追求简练淳朴、典雅清新的审美标准，这与现代功能主义和简约主义思想不谋而合。

图片来源
图一、图六　孟凡奇　摄影
图二至图五　李婕　制图
图七、图八　李晓璇　制图
图九、图十　白音　摄影

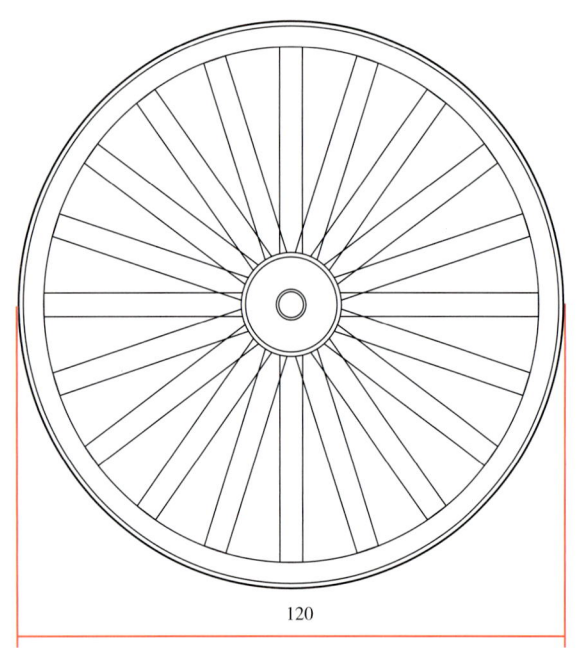
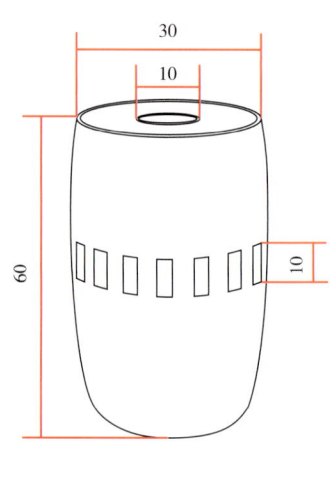

图三　达斡尔族大轱辘车尺寸图2（单位：cm）

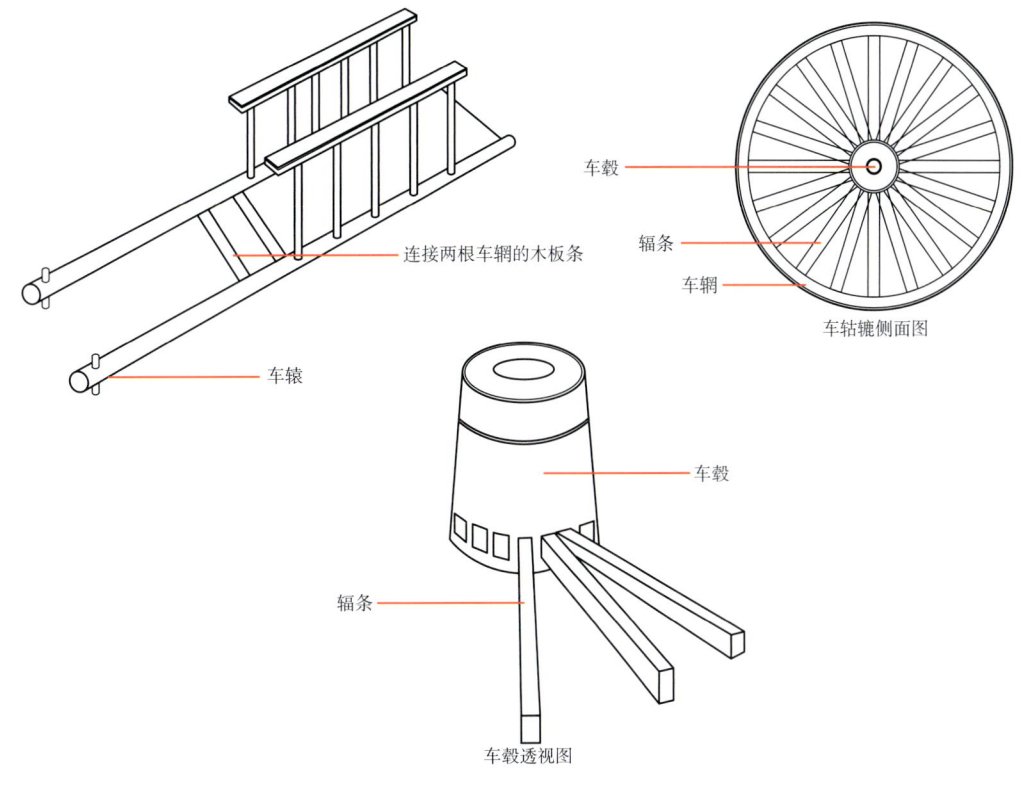

图四 达斡尔族大轱辘车结构名称图

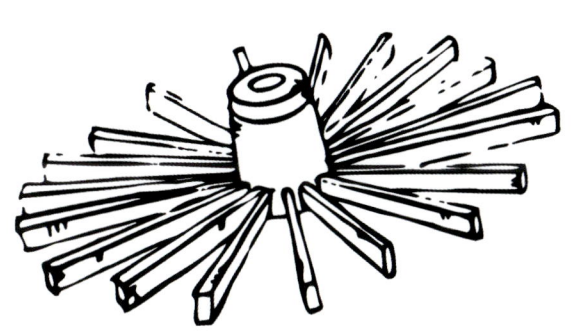

图五 达斡尔族大轱辘车车毂局部示意图

图七 达斡尔族大轱辘车透视图

图六 达斡尔族大轱辘车车毂局部实物图

图八 达斡尔族大轱辘车使用情境图

图九　达斡尔族大轱辘车制作实景图

图十　内蒙古莫力达瓦大轱辘车队

达斡尔族滑雪板

图一　达斡尔族滑雪板主图

滑雪板，达斡尔语称为"肯古楞"，是达斡尔人早期的交通工具，用松木、桦木板制作，滑雪时双手撑杆，在山野中代步或追踪野兽。当达斡尔族在近代迁居嫩江流域以后，由于气候条件的变化，滑雪板这种交通工具已经逐渐失传。

滑雪板是由雪板及双手撑杆组成，雪板长约1.4米，宽15厘米，前端翘起，在底面贴带毛的野公猪脊皮，鬃毛向后，暗黄色或黄黑相间色，也有底面贴夏季的狍子脊皮的，同样鬃毛向后，以减少摩擦，提高滑雪速度。雪板的正面是以松木或桦皮为原料的平板，是双脚踩踏的部位，具有一定的摩擦力，在平板上面中间部位分别有两个系带，是固定鞋子用的。双手撑杆由木杆制成，大约1.2米长，木杆顶端系有绳带，在滑雪的过程中起到防止手部脱滑的作用，双手撑杆在山野滑雪中起到支撑作用。在滑雪的过程中，猎人手持撑杆，两脚与滑雪板固定，运用一定的技巧，掌握滑雪要领，在山林中穿梭获取猎物。

滑雪板是早期达斡尔人在山野中打猎、追踪野兽、获取猎物的重要交通工具，这种交通工具非常适合北方的少数民族，冬季长期厚雪的自然环境使得这种交通工具被达斡尔人应用得得心应手。

图片来源
图一　孟凡奇　摄影
图二至图四　李婕　制图
图五　刘祥　制图

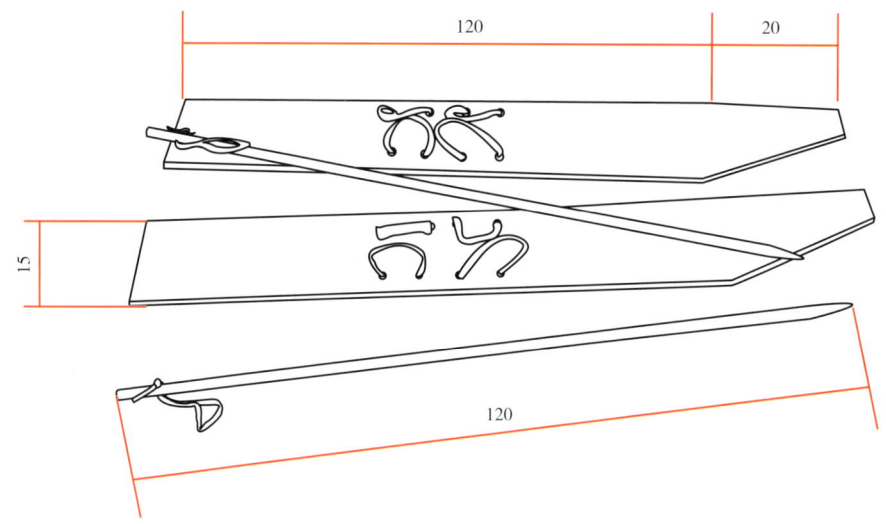

图二　达斡尔族滑雪板尺寸图（单位：cm）

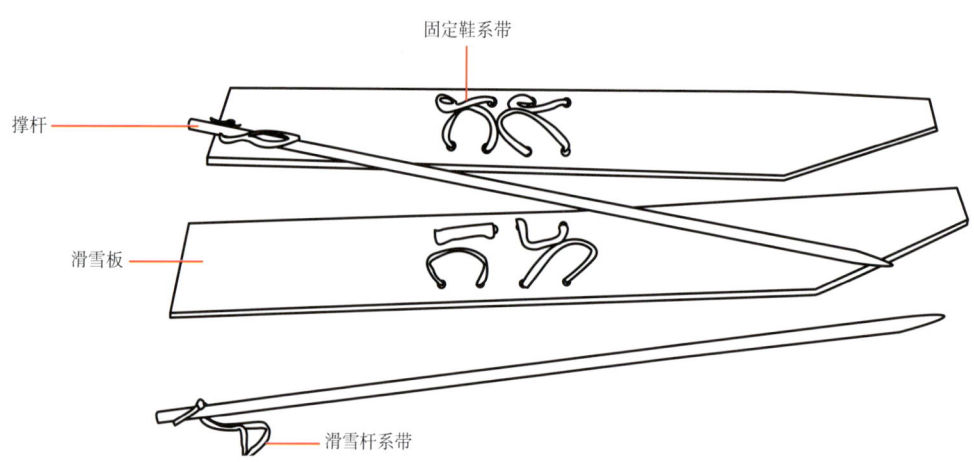

图三　达斡尔族滑雪板结构名称图

图四　达斡尔族滑雪板效果图

图五　达斡尔族滑雪板使用情境图

达斡尔族马鞍

图一　达斡尔族马鞍主图

作为农耕与狩猎生产方式并存的民族，马和牛等大型牲畜是达斡尔人常用的代步工具，因而产生了很多鞍配用具。马鞍及马镫是全套马具中继马嚼和缰绳之后最重要的配物。在没有鞍配的时代，达斡尔人需要骑跨于裸马的背上，在马匹飞驰时容易摔落。马鞍及马镫的出现，使骑马捕猎更加安全。

此案例中的马鞍做工极为讲究，通体

为木质打磨，上面缀有青铜饰件，马鞍前后均有包边，虽使用年久，但品相尚佳，依此可想象其华美的原貌。达斡尔族马鞍大小不一，形状略有不同，长约70厘米，宽约50厘米，高约40厘米。马鞍上佩戴的一副铸铁马镫也尽显工艺之精美，其上有很多精美的纹样，工艺复杂，制作精细。达斡尔族马鞍的出现是借鉴了外来的民族文化，首先是高桥马鞍的出现，马鞍两端从平坦转为高翘，防止骑手的身体前后滑动，提供了纵向的稳定性。随后是马镫的使用，它通过固定双脚增强了骑手的横向稳定性，马镫和马鞍一起将人和马结合为一个整体，使骑兵利用马匹的速度进行正面冲击成为可能。马鞍和马镫是人与马完全结合在一起的关键。

达斡尔族男子骑马狩猎，马鞍及马镫是骑马的必备用具，具有广泛而普遍的实用价值。达斡尔族的马鞍及马镫在实用性、美观性和经济性方面，都极具优点，是达斡尔族造物文明的典型事物，是达斡尔族传统造物设计的经典设计范例之一。

图片来源

图一、图六　孟凡奇　摄影
图二至图四　李婕　制图
图五　刘祥　制图

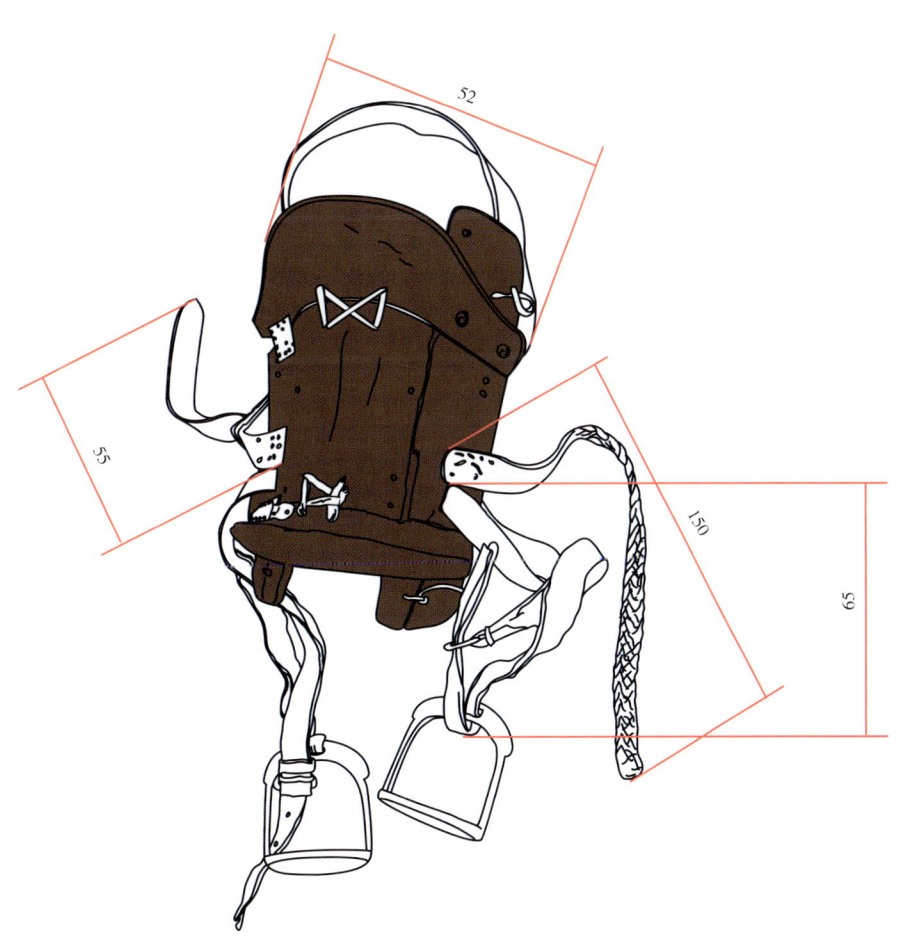

图二　达斡尔族马鞍尺寸图（单位：cm）

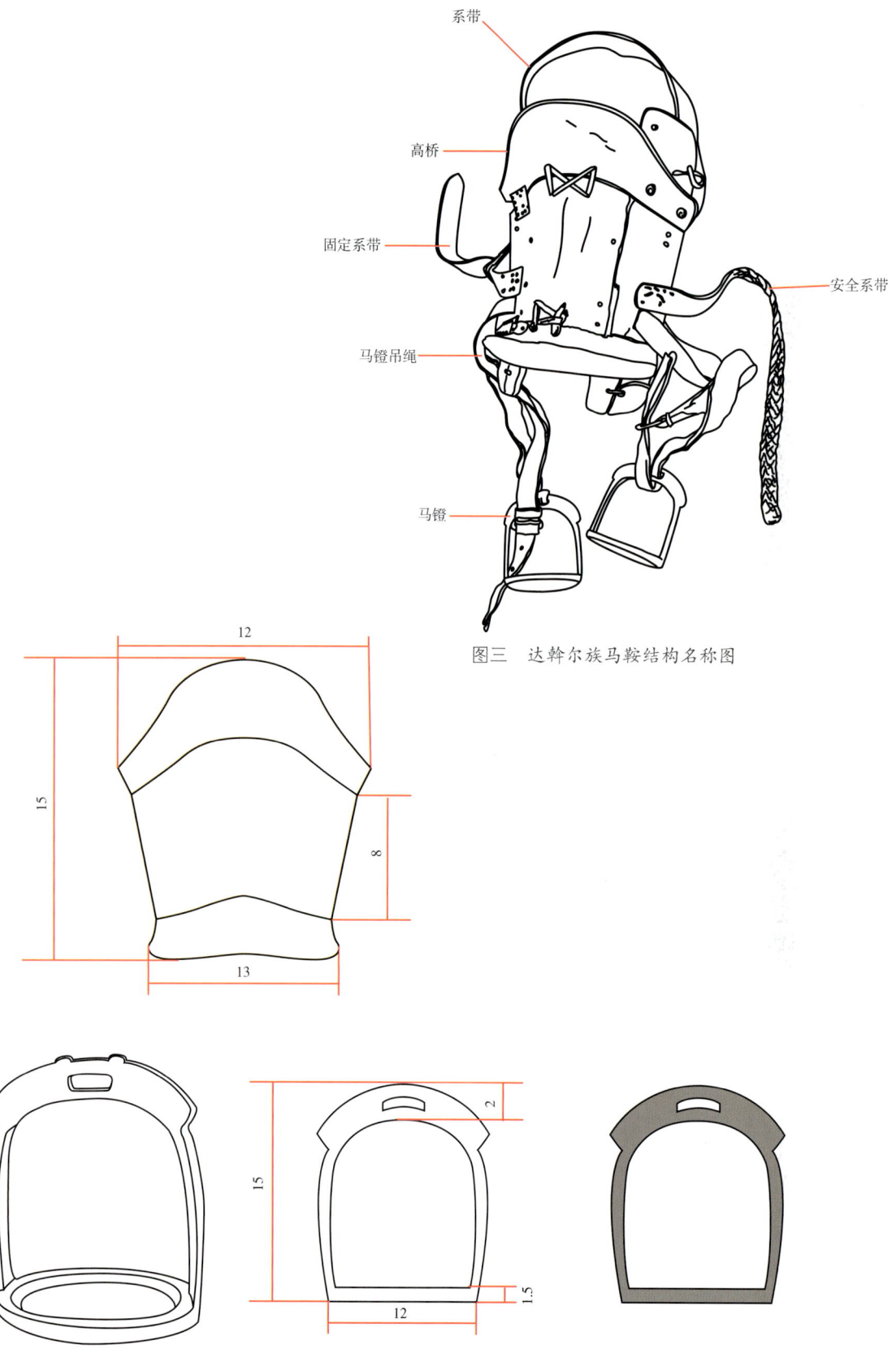

图三 达斡尔族马鞍结构名称图

图四 达斡尔族马鞍局部分析图（单位：cm）

图五　达斡尔族马鞍使用情境图

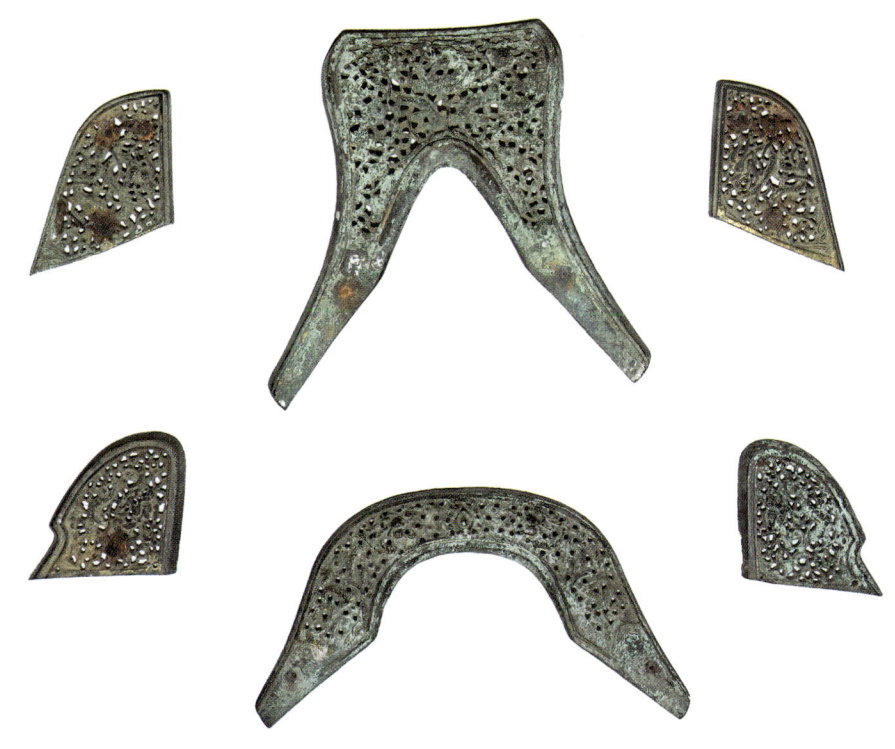

图六　达斡尔族马鞍上的青铜饰件实物图

第四章　达斡尔族传统生活用具

达斡尔族烟袋

图一　达斡尔族烟袋主图

达斡尔语把烟袋称为"代热",由烟袋锅、烟袋杆、烟袋嘴三部分组成,是独具风格的雕刻手工艺品。达斡尔人制作烟袋是从清朝开始发展起来的。达斡尔族无论男女都有吸烟的习惯,男人多用短杆烟袋,中老年妇女用长杆的烟袋,新婚妇女用的烟袋多是细杆、细烟嘴的,很秀气。使用烟袋吸烟方便,烟油存在烟袋杆里,随时可以清除。达斡尔族至今仍保持着使用烟袋吸烟的习俗。

烟袋嘴是用从嫩江岸畔拾来的玛瑙或玉石等材料制成,上面雕刻有图案、花卉、禽兽等,烟袋嘴的长度大概有5厘米左右。烟袋杆的长度不一,短的有10厘米左右,长的有60多厘米,早年是用木制的,后来发展为竹制,也有用荆条和胡枝子制作的,中间烫出细的通气孔。烟袋嘴和烟袋杆大部分是从外地购置,但烟袋锅却始终保持了自己制作的传统和特色。制作烟袋锅的民间艺人在达斡尔乡村远近闻名。烟袋锅多是用不易燃的杏树根为料,用锥子穿眼剜空制成,上亮油后呈现棕黄色花纹。烟袋锅里镶嵌一层银,在锅口镶有铁边,使其结实美观,烟袋锅的柄上还镶嵌用兽骨做的花点圈箍。圈箍用鹿、狍子的兽骨或牛角来制作,把兽骨挫成圆形后,再钻制成骨环,形成圈箍,在上面刻上圆点、水纹、旋涡纹等简单图案,给人以原始性的美感。圈箍经过骨刻工艺后,套在烟袋锅的柄上,耐久不裂。达斡尔族以镶嵌花点和圈箍的多少，把烟袋锅分为两种：一种是"键提·艾革"，即花纹多的烟袋锅，多是妇女使用的；另一种是"固乐·艾革"，即花纹少的烟袋锅，是中老年男子使用的。达斡尔人的烟袋还有一种，是用一块木料制成的，很像烟斗，称为"郭阔·代热"。这种烟袋用不易燃的杏树根为原料，烟袋锅、烟袋杆、烟袋嘴都在一块木料上制作，上面刷上亮油，并用铁片为圈箍作为装饰。

达斡尔族烟袋的制作包括了木刻、骨刻、铁皮造型等手工工艺，是达斡尔族手工工艺集大成者。达斡尔族的烟袋造型别致美观，制作精细，风雅耐用，无论在功能、材

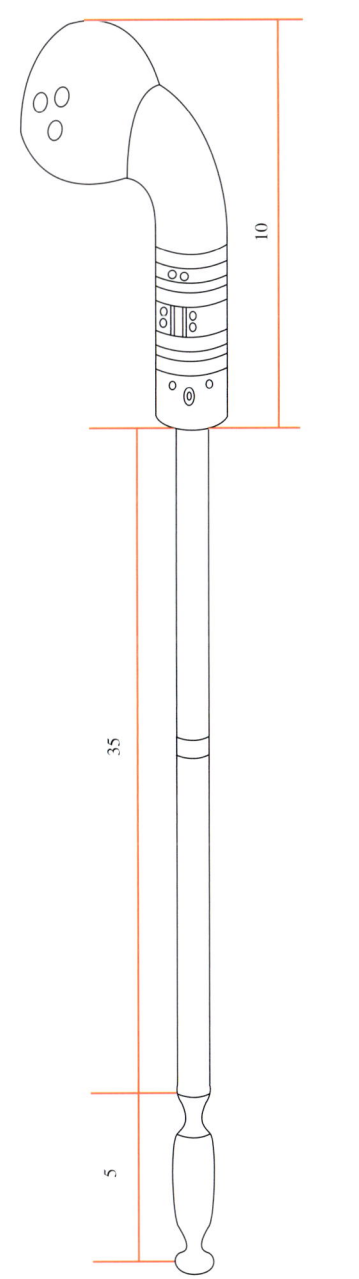

图二　达斡尔族烟袋尺寸图（单位：cm）

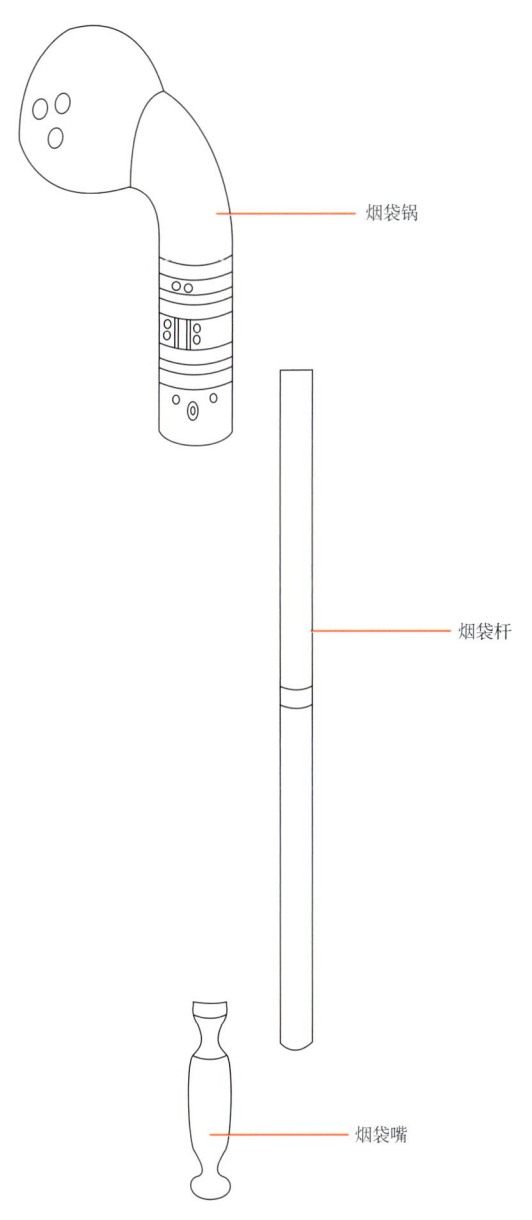

图三　达斡尔族烟袋结构名称图

163

料、工艺与纹饰造型方面都为现代设计提供了活态样本。达斡尔族的烟袋是达斡尔人在特定生活环境与历史进程中创造性劳动成果的有效记录形式，其制作与使用过程也凝结了达斡尔人对美好生活的向往。

图片来源
图一、图五、图七　孟凡奇　摄影
图二至图四、图六　李婕　制图
图八　苏都尔·伟伟　摄影

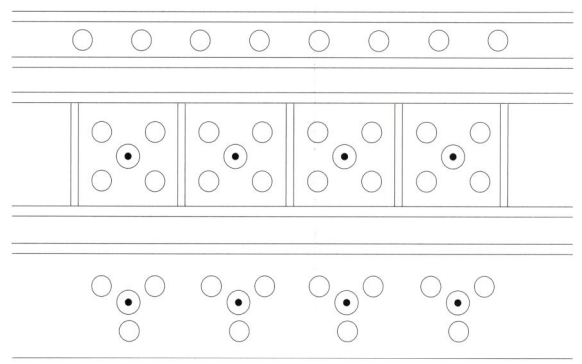

图四　达斡尔族烟袋锅局部图案示意图

图五　达斡尔族烟嘴局部实物图

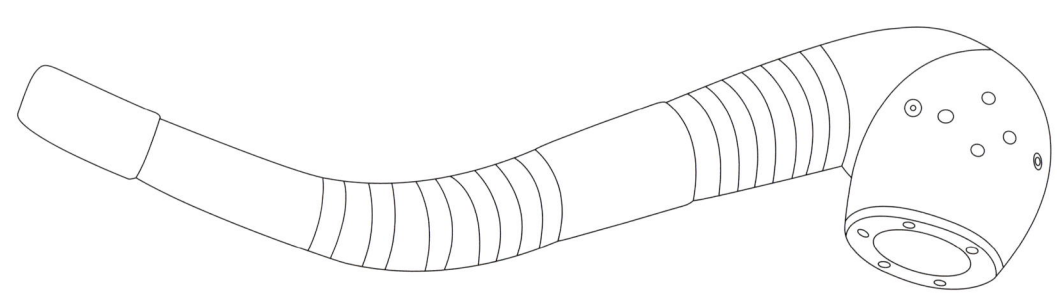

图六　达斡尔族烟袋示意图

图七 达斡尔族烟袋实物图

图八 达斡尔族烟袋现场制作实景图

达斡尔族烟荷包

图一　达斡尔族烟荷包主图

达斡尔语称烟荷包为"哈勒德"，是达斡尔人的服装配饰。男士烟荷包挂在腰带外侧，女士烟荷包则与手绢一同佩挂在右侧衣襟上。达斡尔族较早就有种植烟草的习俗，烟荷包主要用于装烟丝。烟荷包具观赏性、实用性、装饰性于一体，常与烟杆一起被主人携带于身，多为母为子做、妻为夫做，以在分离时表达相思之情，也是达斡尔族少女赠予意中人的定情信物。

烟荷包是由鹿皮或狍腿皮、狍爪皮制作的，因为形状的不同，因此尺寸也稍有差异，一般长约15~20厘米，宽约10~15厘米。皮做烟荷包制作工艺稍显复杂，在熟制狍皮的过程中，先将皮子上的垢物刮净，将皮质处理柔软，再按个人爱好缝制成各种不同的形状。皮做烟荷包以毛为装饰，毛朝外，不绣花。清末以后，开始用绸缎或布来缝制烟荷包，绸制和布制的烟荷包制作起来相对容易，但在装饰方面更具有特色，大部分绸制和布制的烟荷包上面都会有别具匠心的刺绣装饰，有葫芦形、方形、圆形、宝瓶形、倒扇面形等；荷包口处穿一根皮条，不用时，只要勒紧皮条，荷包口就自然拢紧，有些方形的烟荷包由于能折叠，所以不用抽口也不会撒烟。

达斡尔族烟荷包分为男用和女用两种类型。男用烟荷包，造型简朴，装饰粗犷，多为葫芦形，分上下两个部分：上半部分是荷包口，多用黑布，呈半圆形突起，绣有暗花纹，一般是对称向内的云卷纹装饰，在粗犷中显出雅致，上口处镶缝皮套扣，同火镰拴在一起；下面是布制或皮制的袋囊，布制的袋囊一般做刺绣装饰，皮做的袋囊讲究用窄皮毛拼出有变化的纹理，以毛朝外为装饰。达斡尔族男子的"三不离身"，就是腰带、火镰和烟荷包。参加各种典礼、聚会时，男子必须系腰带，而且腰带上要佩挂烟荷包和火镰，否则会被人们耻笑不懂礼节。

达斡尔族妇女用的烟荷包，其外形偏小，一般10厘米宽、15厘米长。造型样式较丰富，色彩依据年龄不同而各有差异，一般年龄较大者所用的荷包颜色及刺绣颜色较深，年龄小的使用者其烟荷包颜色及刺绣的颜色相对较浅。荷包上口有紧口、抽线口、平口，荷包底部或两侧耳部会钉上30厘米左右长的装饰性皮穗或线穗，在刺绣装饰的映衬下使烟荷包显得更加别致典雅、明快秀美。达斡尔族女子注重梳妆打扮，尊敬老人，除着装艳丽外，在右侧衣襟上佩挂绣花烟荷包和手帕，不但用于装饰还便于给长辈敬烟之用。

值得一提的是，达斡尔族烟荷包的刺绣非常精美，独具特色，刺绣艺术在达斡尔族传播较快，在很短的时间内达到了一定的普及，主要原因是达斡尔社会由于农业生产的进步，社会比较稳定，生活有了较大的改善，美化生活成为一种可能。烟荷包是达斡尔族刺绣艺术的经典创作体现，荷包正反面刺绣花纹以飞禽走兽为主，也有风景及人物故事，还有些是山石树木、小桥流水、亭台楼阁、神话传说等。在造型方面均采取变形夸张的手法，在刺绣工艺上采用平绣、镇绣、缬绣、补花绣、堆绣、折叠绣等多种手法，增强了画面的视觉层次感。人物题材的刺绣场面简洁，人物造型以侧面表现为主，带有剪纸的艺术特色，色彩对比强烈，形象鲜明突出。随着时代的变迁，烟荷包的刺绣画面题材越来越丰富，颜色鲜艳，技法多样，在逐步发展的过程中形成了自己独特的艺术表现，非常具有民族特色，从而也发展了本民族的审美价值观。

目前，达斡尔族的烟荷包也很少用来装烟了，一些人喜欢用来装饰衣服，更多的达斡尔人则把它当作纪念品送给远方的客人，但达斡尔族烟荷包的造物思想却存留在源远流长的民俗造物文化中，它的经典来自它别样的装饰与独特的刺绣工艺，散发出的那种精致与典雅，表现出达斡尔人与众不同的审美情趣。"物以载道"，通过达斡尔族烟荷包的造物思想，可以折射出传统造物思想中最为经典的总结，也是中国传统造物文化中主要设计思想之一。在造物中寄托情怀，体现精神内涵，它不以再现形象为主要目的，而是重在文化意蕴的提炼和表达，使观者久久品味，这对现代设计学无疑具有重要的启示。

图片来源
图一、图十四至图十八　孟凡奇　摄影
图二、图八　李婕　制图
图三至图七、图九至图十一　李晓璇　制图
图十二、图十三　武坤　摄影

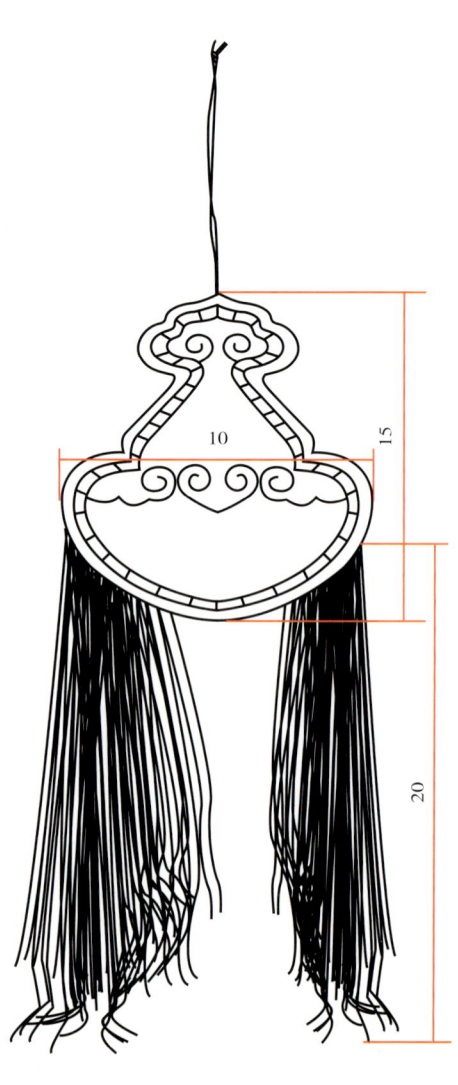

图二 达斡尔族烟荷包尺寸图（单位：cm）

图四 达斡尔族宝瓶形烟荷包示意图

图五 达斡尔族方形烟荷包示意图

图三 达斡尔族葫芦形烟荷包示意图

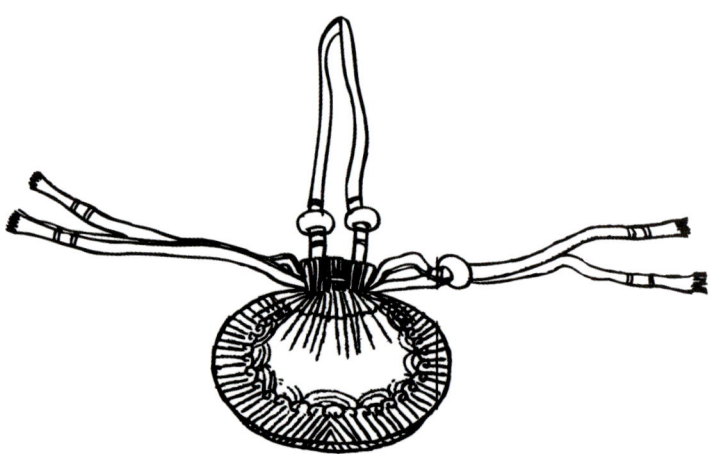

图六 达斡尔族圆形烟荷包示意图

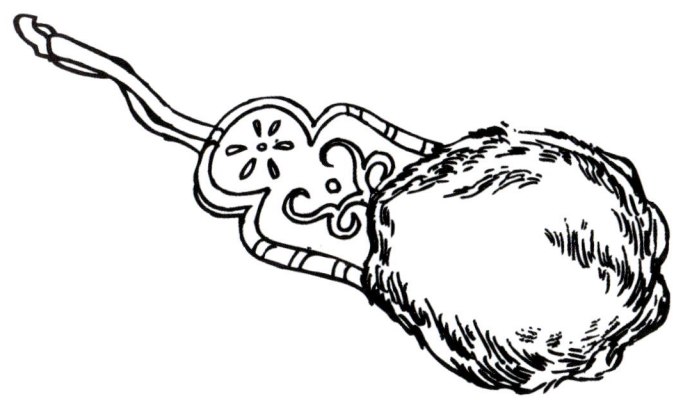

图七 达斡尔族男士毛皮烟荷包示意图

图十 达斡尔族烟荷包刺绣图案局部分析图2

图八 达斡尔族毛皮烟荷包局部纹样示意图

图九 达斡尔族烟荷包刺绣图案局部分析图1

图十一 达斡尔族烟荷包刺绣图案局部分析图3

第四章 达斡尔族传统生活用具

图十二　达斡尔族男士烟荷包佩戴效果图

图十三　达斡尔族女士烟荷包佩戴效果图

图十四　达斡尔族烟荷包实物图1

图十五　达斡尔族烟荷包实物图2

图十六　达斡尔族烟荷包实物图3

图十七　达斡尔族烟荷包实物图4

图十八　达斡尔族烟荷包实物图5

达斡尔族木制小炕桌

图一　达斡尔族木制小炕桌主图

达斡尔人生活在大兴安岭地区，有取之不尽的木材，在家具、农具、猎具中，木制品有大量的体现。家具中的木制小炕桌是其中一款广泛使用的经典案例。

达斡尔人使用的炕桌均为四腿小桌，现存的文物桌面无任何纹饰。本案例中的木制小炕桌长边为60厘米，宽39厘米，高31厘米，四条腿分别用横梁加固。这种炕桌是达斡尔族待客时用的小茶桌，客人到家里拜访，把它放在客人中间，几个人围着，将手中的茶碗、茶壶随时放在上面，边饮边聊，是东北地区邻里沟通很好的途径，小炕桌在这里起到了重要的作用。夏季的夜晚，达斡尔人喜欢把小炕桌搬到院子里，一家人围坐在一起消夏。达斡尔人的炕桌除了这种简单的茶桌外，还有带有抽屉的炕桌，大体形状与小茶桌类似，只是大小有些差异，有的在桌子下面设计了单层或双层的抽屉，用于收纳。这种柜式的炕桌从现存的文物中看是非常精巧的，依然能清晰地看出当年制作的精湛工艺。

达斡尔人的小炕桌在日常生活中具有广泛的作用，不仅实用而且造型美观，对现代家具设计有深刻的启示。小炕桌反映出达斡尔人在木制品设计与制作方面的许多特色，为我们今天研究达斡尔民族造物设计的基本特征，提供了丰富多彩的实物例证。

图片来源

图一　孟凡奇　摄影
图二　李婕　制图
图三　刘祥　制图

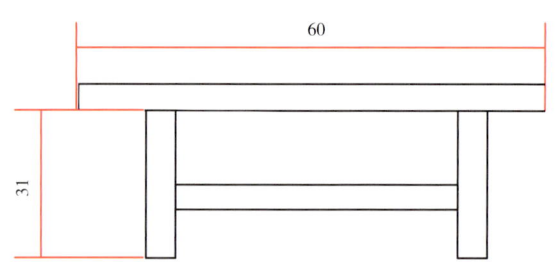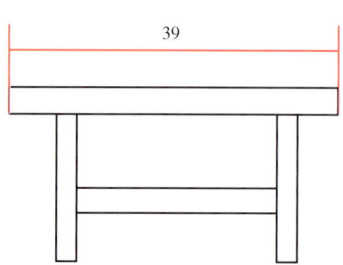

图二　达斡尔族木制小炕桌尺寸图（单位：cm）

图三　达斡尔族木制小炕桌使用情境图

达斡尔族女用梳妆匣

图一 达斡尔族女用梳妆匣主图

达斡尔族的女子热爱生活,特别是在礼仪场合,善于打扮与妆容。梳妆匣是达斡尔女子必备的梳妆工具,达斡尔族女子在上妆之前,把梳妆匣摆在面前,对镜化妆,因此梳妆匣在达斡尔族的木制家具中是非常实用的,普遍应用于各个家庭。

在现存的文物中可以看到,达斡尔族的妇女使用的梳妆匣被制作得精巧细致,非常美观。每种梳妆匣的大小不等,一般是呈长方形的箱体,长度为30～40厘米,宽度在25～30厘米,高度在10厘米左右。梳妆匣共同的特点是盒盖的开启方式都是木板抽拉式的,而且每个梳妆匣都分割成几个不同的存放物品的空间,每个空间都有一个能抽拉的盒顶盖,是由木板制成,一般嵌在木条边的下面,在木盒子的侧边有小凹槽可以使木板自由开合。这种盒盖的设计方式在使用时非常方便抽拉。在外装饰方面，有的很古朴，漆上单一红色的漆；有的则在梳妆匣的外部彩绘有各种吉祥图案，显示了物主人的华贵；有的不仅在梳妆匣的顶盖处有装饰，在梳妆匣的下边也有不同的吉祥图案，与顶盖的吉祥图案一般是一致的。

达斡尔族传统手工梳妆匣是典型的日用制品，反映出达斡尔人在木制品设计与制作方面的许多特色。从达斡尔族的木制梳妆匣工艺中，我们看到了其造物的原始状态。原始森林的居住环境，使达斡尔族形成了富有民族特色的木制品设计与制作的造物传统，为我们研究达斡尔族造物设计的基本特征提供了实物例证。

图片来源

图一　孟凡奇　摄影

图二至图四　李婕　制图

图五　刘祥　制图

图二　达斡尔族女用梳妆匣尺寸图（单位：cm）

图三　达斡尔族女用梳妆匣局部纹样示意图

图四　达斡尔族女用梳妆匣使用分析图

图五　达斡尔族女用梳妆匣使用情境图

第四章　达斡尔族传统生活用具

达斡尔族苏子油灯

图一 达斡尔族苏子油灯主图

苏子油灯是达斡尔族的传统照明灯,是用苏子油或麻籽油为燃料来照明,光线比较昏暗,光亮较小,但达斡尔族世世代代在夜晚沿用苏子油灯来照明,直到20世纪30年代仍在使用。近年来电灯的普及改变了达斡尔族使用苏子油灯的状况,苏子油灯便成了民俗博物馆中一件印载着时空历史的文物。

苏子油灯分为灯架与灯芯两部分,灯架是由松木或桦木制成,分为灯底座、灯柱与灯头三部分,高约30厘米。灯底座为正方形木板,边长为13厘米,高为1.6厘米。灯柱插在灯座中间,由一个正方形木条组成,高为30厘米,宽度为2厘米。灯头部分是由两个木片组成,固定在灯柱上,这两个木片呈垂直状态,一个木片与灯座平行,另一个木片与灯座垂直,大概是灯座的一半大小。与灯达斡尔族的苏子油灯是达斡尔人的日常传统用具之一，它在功能设置与选材、工艺、形态等设计创意上，既反映了达斡尔族的习俗变迁，也反映了达斡尔人造物文明在设计创意上质朴实用的特点。

座垂直的木片上，在灯柱的左右两侧各有一个小孔，灯芯就从这两个小孔穿入。灯芯是用棉线捻成的，长约40厘米，灯芯的一端要放在苏子油瓷碗里，随着灯芯的燃烧，瓷碗里的苏子油逐渐减少。灯芯在燃烧时发出的光用来照明，即使很昏暗，但达斡尔族世代沿用。

图片来源
图一　孟凡奇　摄影
图二至图四　李婕　制图

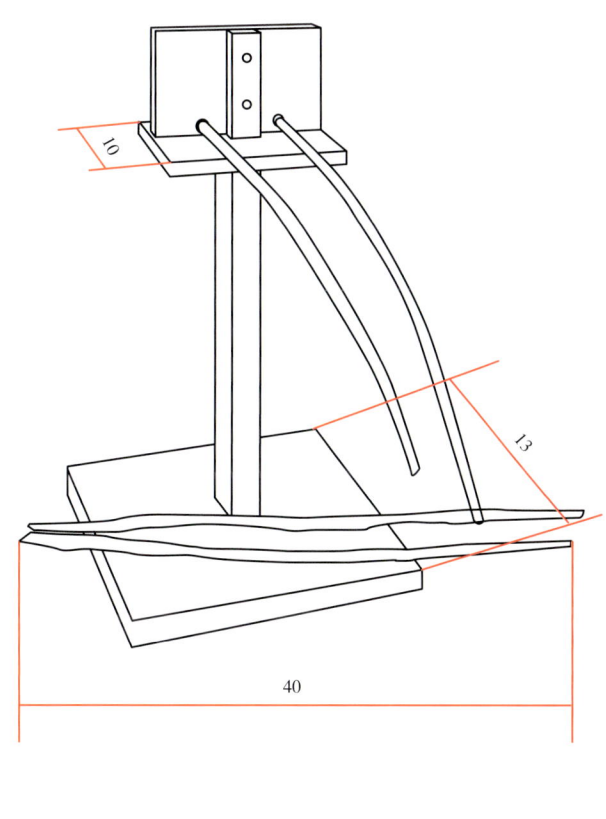
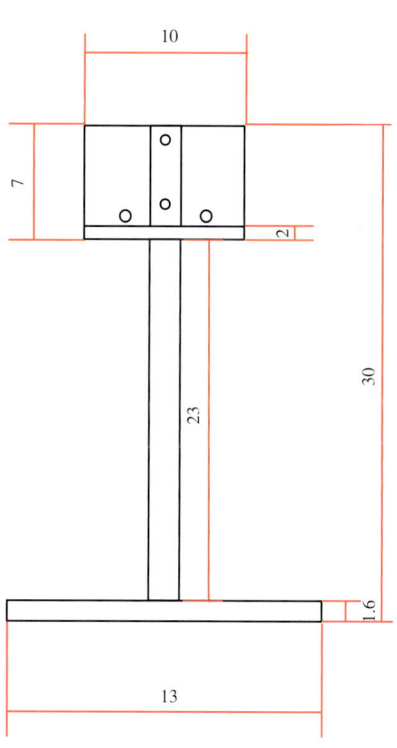

图二　达斡尔族苏子油灯尺寸图（单位：cm）

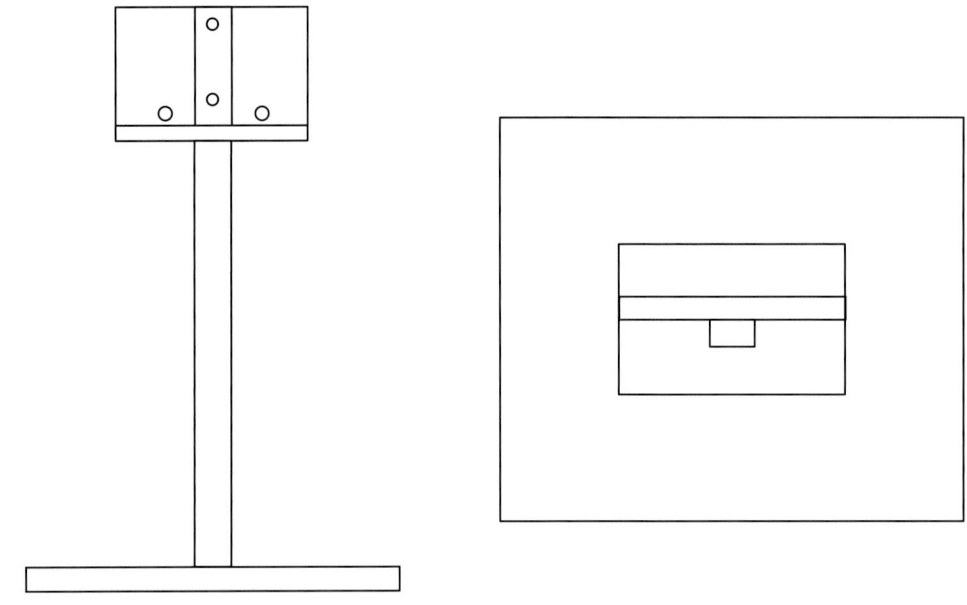

图三 达斡尔族苏子油灯侧视、俯视图

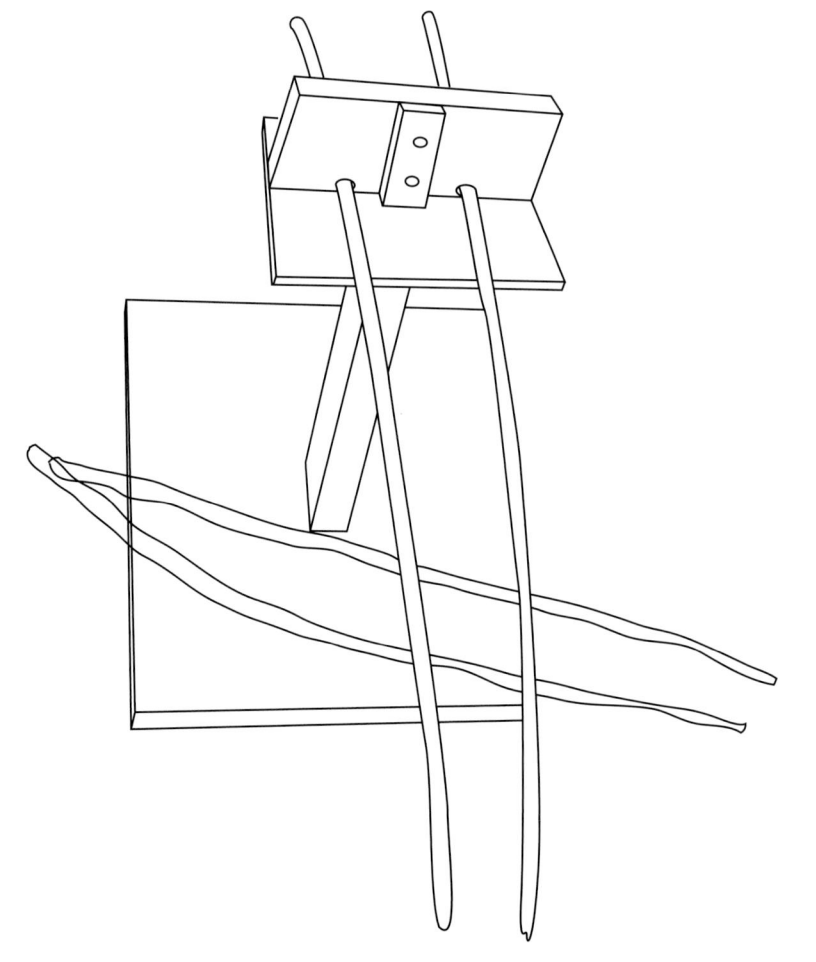

图四 达斡尔族苏子油灯示意图

达斡尔族折叠小凳

图一　达斡尔族折叠小凳主图

在明清时代，达斡尔人使用的家具有泥烧的瓦盆等，也有用兽筋缝合的桦树皮制品；民国以后，木制家具开始兴盛，品种多样，造型美观，独具特色。达斡尔族的折叠小凳是在一块木料上雕成的，做工精细，是达斡尔族木制家具的经典代表。

达斡尔族的这款折叠小凳子形态非常精巧，收用方便，制作工艺复杂，制造者不仅要具有一定的制作经验，还要知道相应的"力学原理"。折叠小凳大致是由四片木板组成，两片、两片对称穿插，不用任何钉子就可以使四块木板衔接得非常紧密结实，这其中不乏作者的创意。首先两块主要的大木板相互穿插，木板宽约13厘米、长约36厘米。其中一块木板的中间凿出三个长方形的孔洞（长15厘米、宽1.2厘米），另外一块木板则凿出相应的三个木条，两块木板互相穿插。另外两块小木板也用同样的穿插办法与这两块大木板的另外一端穿插，形成凳子腿的部分。在收起的时候，小凳子只是一个扁扁的木块，撑起后，便是小凳子的样子。

达斡尔族的折叠小凳子是一个相当精彩的木制造物经典创意，体现了达斡尔人的智慧，其利用力学的支撑原理，完成了不仅方便而且结实的造物设计理念。达斡尔族的折叠小凳子本身的创意智慧与技术积累，已为后世设计师们提供了丰富的实物例证，足资借鉴。

图片来源
图一　孟凡奇　摄影
图二至图四　李婕　制图

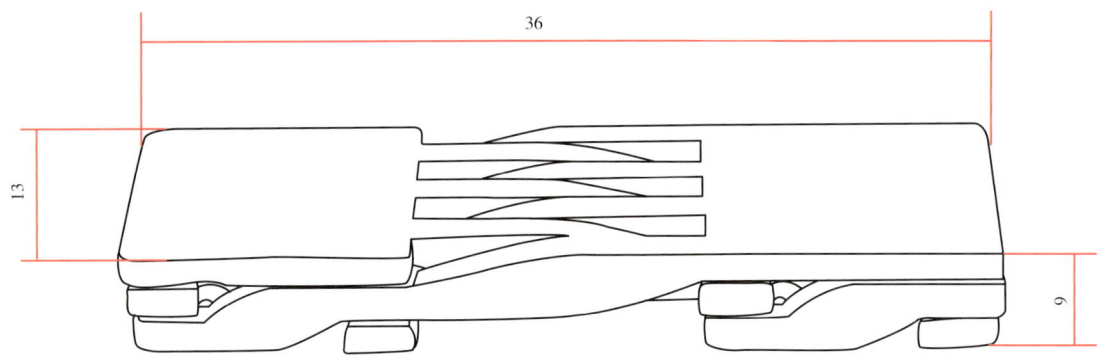

图二　达斡尔族折叠小凳尺寸图（单位：cm）

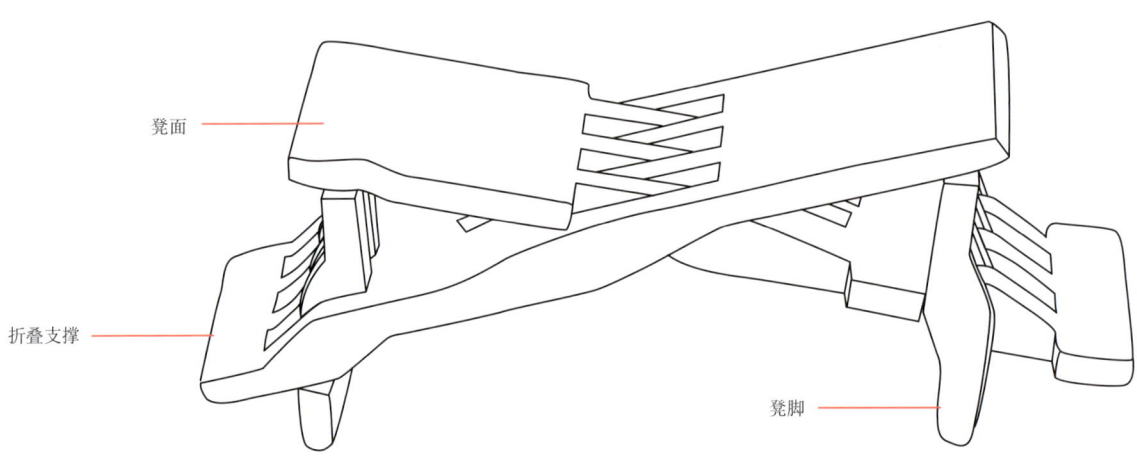

图三　达斡尔族折叠小凳结构名称图

图四　达斡尔族折叠小凳效果图

达斡尔族木质花卉衣箱

图一　达斡尔族木质花卉衣箱主图

达斡尔族生活用具，有着悠久的历史与传统文化，伴随着工艺技术的发展不断延伸，流传至今，是中国传统工艺的重要组成部分。达斡尔族民众对生活用具制造有着由衷的热爱，其制造出的生活用具，种类繁多，造型美观，独具地方特色。其中以木质花卉衣箱最为出众，它是达斡尔族传统的生活用具，源于实用艺术，然后将其材料、结构不断地进行装饰、美化，以达到实用与美观的和谐统一。

木质花卉衣箱，顾名思义，是由花卉图案和木质材料组成的衣箱。它以红松、桦木、榆木等木料为主要原料，将其削光打磨制成木板，拼接成长方形立体衣箱。衣箱分为前后、左右、上下六面，长度为60厘米，宽度为45厘米，高度为50厘米。衣箱开口为顶开式，在衣箱开口中间处装有圆形铜片，在其上安有向下方向的锁扣进行装饰，而后将制成的衣箱正面进行施绘。施绘方法分为彩绘和素绘两种，绘制图案纹样多为花草，彩绘出的花草颜色鲜艳丰富、轻巧明亮，最后将衣箱整体施一层桐油衣即成。木质花卉衣箱以其色彩丰富、华丽鲜艳而著名。

木质花卉衣箱绘制的图案多与本民族的生活及生产方式有关，传达出达斡尔人本质的物质生活状态，提高了民众的审美意识与审美情趣，美化了达斡尔人的物质生活，同时展示出达斡尔族独具特色的色彩纹样与造型风格，对研究传统工艺、设计发生学、民俗学等提供了思路与理念，值得现代工艺设计者效仿与学习。

图片来源

图一、图三　孟凡奇　摄影
图二、图四、图五　李婕　制图

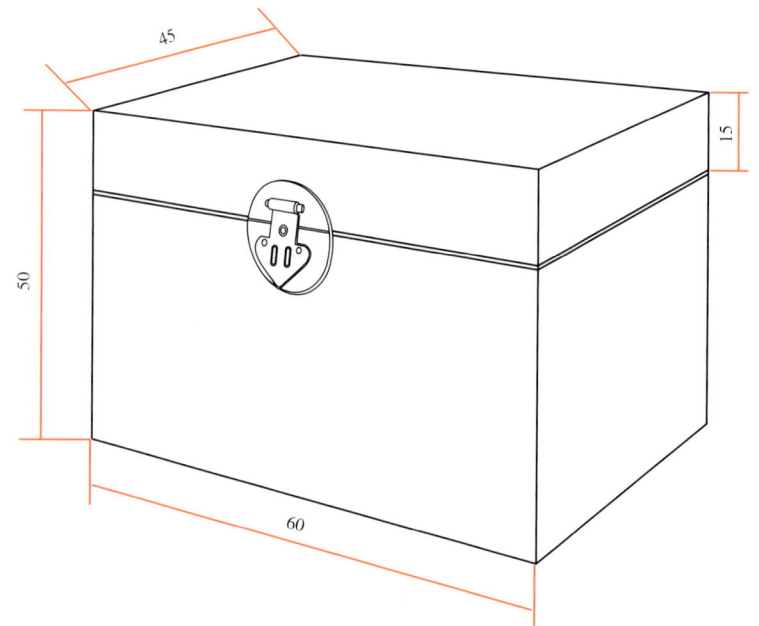

图二　达斡尔族木质花卉衣箱尺寸图（单位：cm）

图三　达斡尔族木质花卉衣箱锁扣实物图

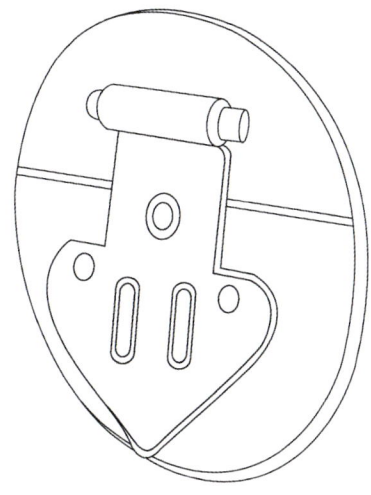

图四　达斡尔族木质花卉衣箱局部示意图

图五　达斡尔族木质花卉衣箱效果图

达斡尔族桦树皮箱

图一 达斡尔族桦树皮箱主图

达斡尔族地区由于自然环境、地域特征等条件的影响，形成了广阔的桦树皮地带，达斡尔族传统生活用具一般都是因地制宜、就地取材制成。桦树皮制品形式多样、造型各异，具有浓厚的民族特色，其中桦树皮箱是达斡尔族桦树皮文化的典型代表，是达斡尔族特有的物质文化，见证了达斡尔族独特的地域特性，也是达斡尔族重要的生活用具与精美的艺术品。

桦树皮箱，以其材料独特、造型精美而著称。它以纯天然桦树皮原材料为主，以收装衣物、饰品等为主要用途，具有良好的防水、抗腐蚀性能，并且便于携带，不易变形、开裂及破碎，具有轻便耐用的特点。

桦树皮箱一般选用四五月份剥掉的桦树皮为原材料，基本形态为长方形，高约54厘米，宽约70厘米，长约85厘米，开口为顶开式。制作方法为：将双层桦树皮剪成长方形围制器身，用马尾绳将器身以外的桦树皮朝器身内卷曲与桦皮箱缝合，缝合后在桦树皮箱上部镶一圈柳木板条，下部用砸压装饰手法压制波形骨骼线，让其产生富有美感、节奏感和韵律感的横式，以装饰皮箱外端；桦树皮箱盖亦用双层桦树皮围制，将四方连续纹样结合树皮的自然树节、树苔的自然纹理进行修饰，产生纵式的带状花边纹样，并将象征丰收、喜庆等几何图形雕刻在树皮盖中心椭圆形圆圈上，这样制成的树皮箱精巧美观又具实用价值。

凝结着达斡尔人情感的桦树皮箱，体现的不仅仅是它的实用价值，更体现出达斡尔人的审美观点与审美情趣。达斡尔人将返璞归真、回归自然的传统造物理念融汇于桦树皮箱工艺造型中，将古朴的装饰艺术与传统桦皮器具制作工艺相融合，有着较高的收藏与欣赏价值，并为现代民具造型与原材料选择提供了设计思想与理念。

图片来源
图一、图六　孟凡奇　摄影
图二至图五　李婕　制图

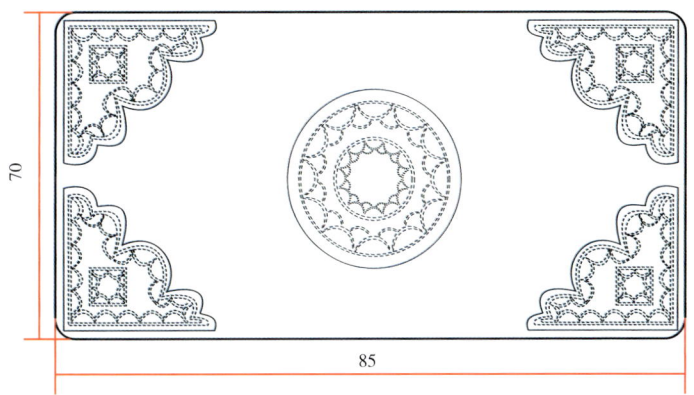

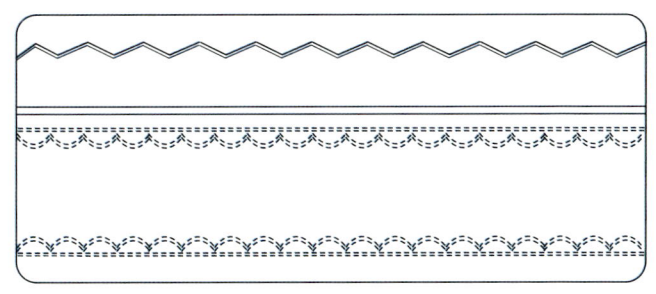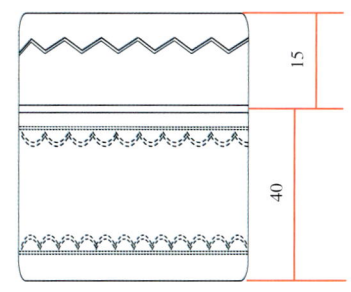

图二　达斡尔族桦树皮箱尺寸图（单位：cm）

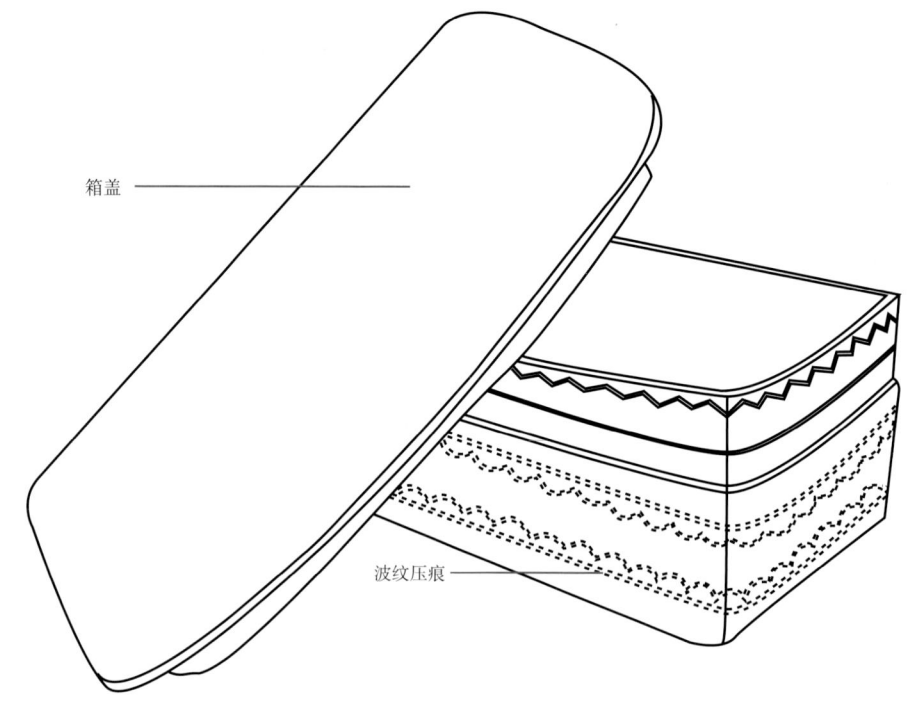

图三　达斡尔族桦树皮箱结构名称图

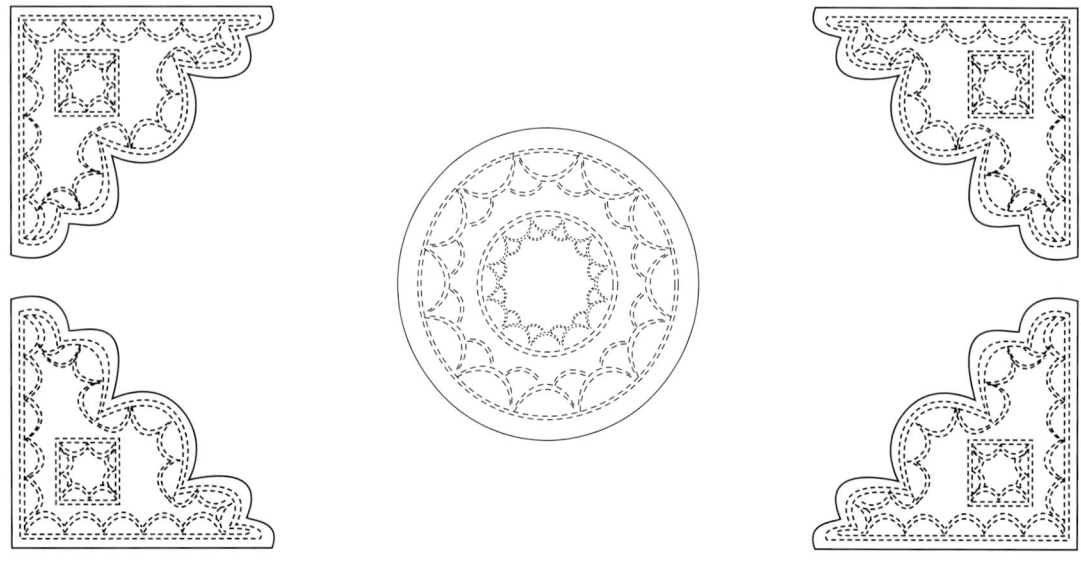

图四　达斡尔族桦树皮箱局部纹样示意图

图五 达斡尔族桦树皮箱效果图

图六 达斡尔族桦树皮箱实物图

第四章 达斡尔族传统生活用具

达斡尔族木雕衣箱

图一　达斡尔族木雕衣箱主图

达斡尔人制造生活用具，注重材料的巧妙利用、工艺造型的精美以及实用性与美观性的统一。木雕衣箱为达斡尔族的日常生活用具，衣箱上的雕刻题材大多来自于自然界中的花鸟、动物形象，民众将其造型纹样进行装饰、美化后雕刻于衣箱上，用以传达民众对于美的向往与追求。

木雕衣箱以其纹样独特、雕刻造型精美而著称。它以红松、桦木为材料，经打磨抛光后制成厚木板，组合、拼接成长方形衣箱，长约60厘米，高约50厘米，宽约45厘米。木雕衣箱开口为顶开式，开口处中间留有小长方形形状，小长方形上装有向箱体闭合的锁扣。衣箱正面以浅浮雕手法进行雕刻，构图选用对称式，以桃子、瓜果装于石榴托盘为纹样中心，两边各一组大小形状各异的牡丹插于荷花瓶中立于托盘上图纹，中间空余部分用方胜图案、方形柏子以及莲蓬造型进行衔接与填充，四周外沿用回纹纹样进行装饰，整个衣箱华丽且精美。

木雕衣箱造型凝结了达斡尔人的智慧，将各种图案、形状加以组织并变化延伸，融入特定的空间制成独具特色的适合纹样造型，并将自己内心世界及自然界中的形象借助其雕刻造型得以充分展现，反映了达斡尔人以实用美观为目的的思想和独特的审美情趣。木雕衣箱展现了达斡尔族装饰艺术具有造型美、装饰美、整体美的特色，反映了达斡尔人的物质与精神生活，对现代装饰艺术、雕刻艺术以及造型艺术产生了深远影响。

图片来源

图一　孟凡奇　摄影

图二至图五　李婕　制图

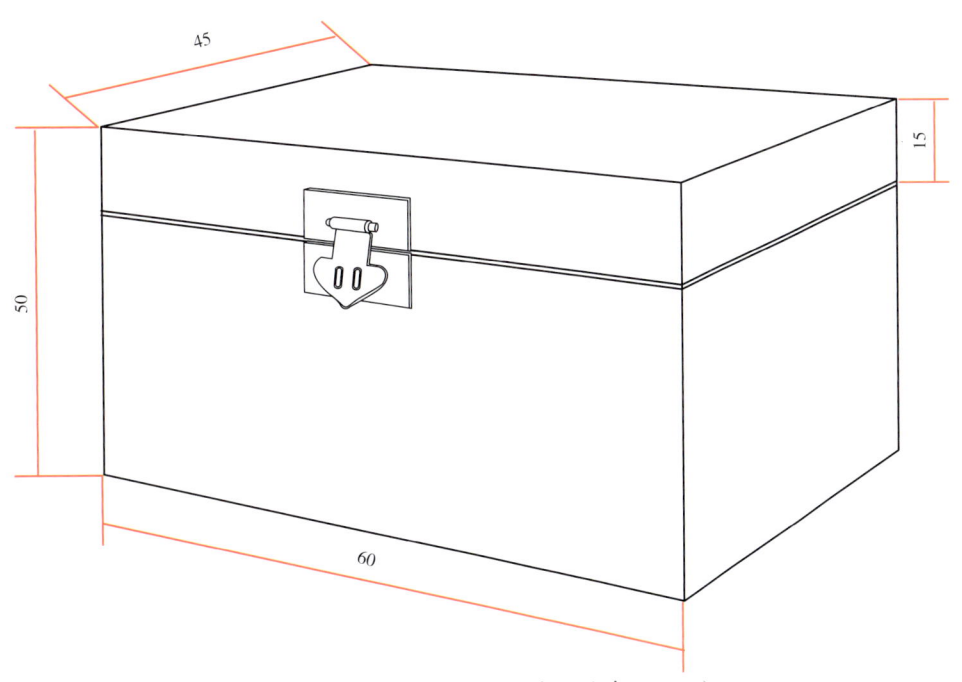

图二　达斡尔族木雕衣箱尺寸图（单位：cm）

图三　达斡尔族木雕衣箱局部纹样示意图

图四 达斡尔族木雕衣箱示意图

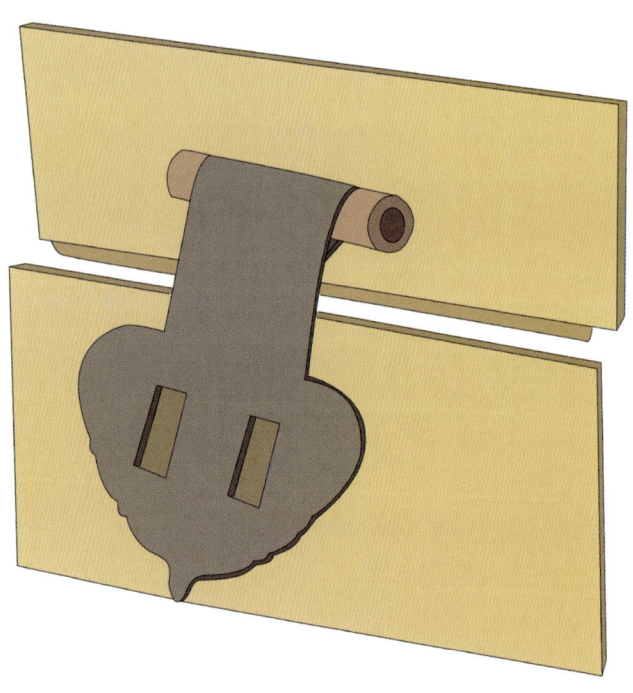

图五 达斡尔族木雕衣箱锁扣示意图

达斡尔族摇篮

图一　达斡尔族摇篮主图

"妞妞，米尼博鄂——博！博布依尼，博鄂——博！……"这是达斡尔族年轻的母亲轻轻哼唱的摇篮曲，悬吊在屋顶下似一叶扁舟的摇篮里躺着安然入睡的孩子……摇篮，达斡尔语称为"达日德"，是每个达斡尔人家必备的育儿用具，代代相传。孩子出生10多天后，就把孩子放在摇篮里。摇篮长约90厘米，宽约30厘米，高仅15厘米，呈折曲式，一端高高翘起，便于孩子舒适躺卧。摇篮用一根鹿皮皮条吊悬在房檩上，皮条两端各系在铜制的弯钩上，将摇篮的两端环耳钩起，因此悬挂和摘取十分方便，母亲无论是在炕上还是站在地下，都可以随意移动或调整摇篮的位置角度，便于喂奶。孩子入睡时，摇篮可呈平放式；睡醒时，可呈半立式，可以使孩子看到屋子内的情景和母亲做活的面容或身影，减少孩子的哭闹。

达斡尔人家里的摇篮独具特色，制作讲究。据达斡尔老人讲，摇篮的选材是用少枝权的稠李树制成，一定是花色好、纹理清、无疤节、易加工的。达斡尔族的摇篮，具有希望子孙繁衍的意义，但它不是在上面写出"九子十成""长命百岁"的字，而是在摇篮选材上，要从茂密的稠李子丛林中，选取树干弯向太阳升起方向的稠李子树，这样摇篮里的孩子才会健康，才会兄弟姐妹多，能相互照应。独棵、被雷击或风刮而倒下的稠李子树不能选用，认为独树难避风雨，不吉利。在使用上讲究世代相传，有的摇篮甚至是自己的祖父、曾祖父用过的。一只摇篮里成活的孩子越多越好，这样的摇篮不仅家里十分珍惜，没有摇篮的亲友也愿意借用。

在制作方面，选到合适的树后，取没有枝干的木料锯成10厘米粗、1米多长的宽木条，然后破成1厘米厚的薄板，刨光成宽6～10厘米的摇篮周帮木板。由于刚伐下的树鲜而湿，因此一边用微火加温熏烤，一边使木板弯曲成为"U"形，再把它放在称为"玛塔日合伯"的曲形模具上。这种"玛塔日合伯"是"U"形的6厘米厚的木板，边沿上有小孔，把薄木板围放在"玛塔日合伯"外沿后，用皮条穿每个小孔把薄木板固定起来。过些日子，木板干透定型后，摇篮周帮便制成了。摇篮周帮与摇篮体一样，分为头的部分和肢体部分，头部周帮大概1米长，肢体部分周帮大概1.5米长，在肢体部分周帮的下沿上底板，底板一般1厘米厚、35厘米宽，用木钉把底板固定在周帮上，再把头与肢体两部分周帮用鹿筋或皮条固定在一起，头部分周帮略翘起与肢体成120度角，便于孩子躺着舒适。这样，一只摇篮的初型就做成了。

达斡尔人历来非常重视摇篮的装饰，摇篮装饰的重要部位在头部的周帮下面，称作头衬。头衬图案有剪刻的，如在鹿皮下衬上蓝色或黑色的布，把鹿皮剪刻成升腾的卷曲纹，露出下面蓝色或黑色的布作装饰色块，非常醒目、美观。其次还有将鹿皮中间挖一个圆形，在露出的蓝色或黑色的底衬部分绣上精美的图案，题材以花草为主，栩栩如生。还有一种是剪贴图案，用鹿皮或黑红等颜色的布剪出各种各样图案，然后贴在头衬上，图案有吉祥文字、蝙蝠图案或祥云卷曲纹等。除了头衬以外，达斡尔人还将摇篮的周帮外侧画上装饰纹样，有的绘有耳形云卷纹，有的绘有弓形纹，希望摇篮里的孩子聪明。为了保持图案的色泽鲜艳，一般在绘饰完成后刷上一层桐油，也起到了防腐的作用。在头部和肢体部的相接处，横系着一根用兽筋搓成的细绳，绳上拴着相隔成串的小玩意儿，是由腿骨、贝壳、铜钱、各色玻璃珠串成的，当摇篮有节奏地摇动时，就会发出清脆的响声，使孩子进入甜美的梦乡。在头部的周帮上配有弯成半圆形的细柳条，柳条支立后，盖上纱帐，防止孩子被蚊子咬到。摇篮的头部垫有荞麦枕头，肢体部分铺上薄薄的棉褥子，在棉褥子上放着用桦树皮缝制的很柔软的簸箕形尿垫，孩子的便溺接在这里，不会流出来，防止浸湿褥垫。

达斡尔族的摇篮，具有希望子孙繁衍的意义，反映了达斡尔族丰富的社会生活和文化内涵。它造型独特雅致，手工艺精湛，展示了达斡尔族物质文化的特征。作为人类生活经验的总结，摇篮文化联系着达斡尔族特有的生活环境和生产方式。在继承契丹族先民的传统习俗的同时，又受到周边民族文化的影响，在这种互动的演变发展过程中，达斡尔族的摇篮形成了具有很强包容性的文化特征，与周边民族的摇篮文化兼收并蓄。今天，很多达斡尔族的孩子们依然是在摇篮中长大，孩子是达斡尔族的希望，摇篮便是依托着希望的载体。现如今，物质生活极大丰富，摇篮的应用受到一定的制约，但传统的摇篮设计思想还启示着现代的设计。现代设计的精髓应该以现代人的思想、视角、理念，去挖掘和开发历史的、现在的、未来的产品，以社会大众的普遍需求和理想、舒适的设计理念来引领自己的创作思路；要具备一定的实用性、观赏性和环保性，要不断地吸取和渗透世界各地各民族的优秀文化底蕴，挖掘传统历史的设计精华。

图片来源

图一、图六、图七、图九　孟凡奇　摄影
图二、图四、图五　李婕　制图
图三　李晓璇　制图
图八　杜殿文　摄影
图十　苏都尔·伟伟　摄影

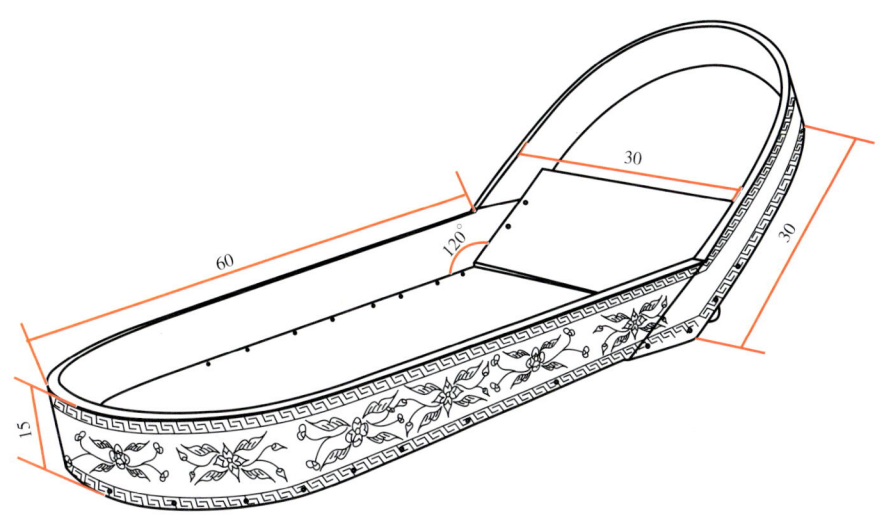

图二 达斡尔族摇篮尺寸图（单位：cm）

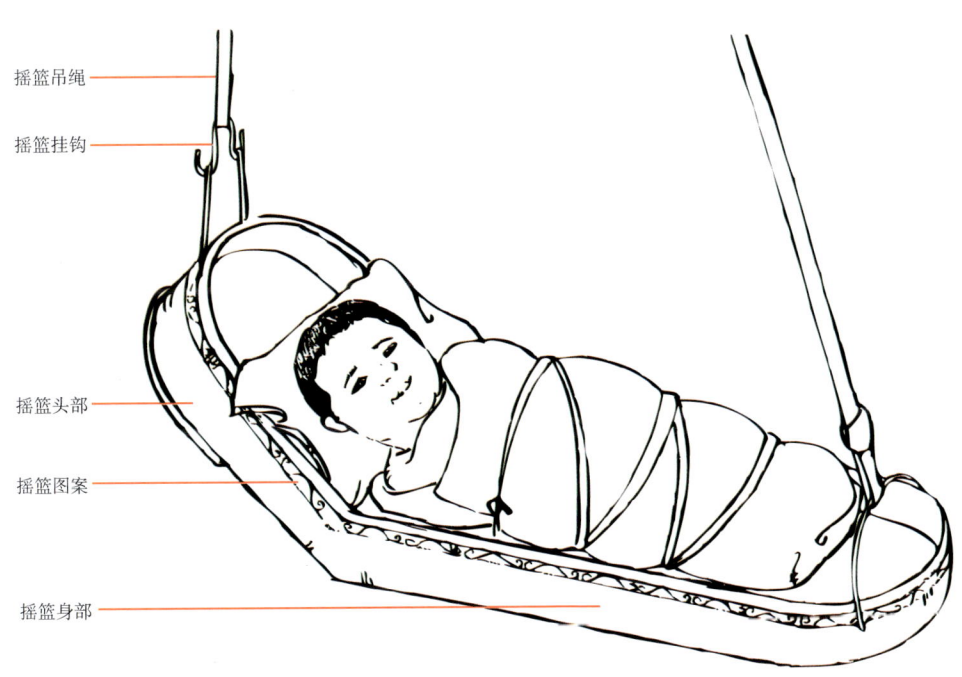

图三 达斡尔族摇篮结构名称图

图四 达斡尔族摇篮边帮局部纹样示意图

图五 达斡尔族摇篮背部纹样示意图

图六 达斡尔族摇篮挂钩实物图

图七 达斡尔族摇篮背部实物图

图八 达斡尔族摇篮刺绣和用鸡骨串起来的响铃实物图

图九 达斡尔族摇篮实物图

图十 达斡尔族摇篮使用实景图

达斡尔族小秤

图一 达斡尔族小秤主图

达斡尔族的小秤是达斡尔族手工业的制作品，虽然借鉴了外来文化，但具有本民族的装饰特色，制作工艺非常独特。在日常生活生产中，达斡尔族小秤的作用不可小觑。

小秤是达斡尔族称量精细物品的仪器，由秤盘、秤杆、秤砣、秤盒组成，做工非常精致。秤盘呈圆形，铁制，直径8.5厘米，高1.2厘米，适合装上一些精细的物品称量。秤杆为木制，长大约40厘米，秤杆一端较粗，另外一端逐渐变细直至尾端，上面刻有称量用的刻度，刻痕较深，刻度匀称精确。秤杆顶端头部处系有线绳，用于称量时提起秤盘，中间是用线绳悬挂的秤砣，秤砣的形状精巧、做工精细，是一块花瓣形的小铁块，直径大概3厘米。秤盒部分是由松木或桦木制成的，呈鱼形，由底座与秤盒盖组成，长大约45厘米，高大约4厘米；底座是在一整块木板的基础上，挖刻出秤盘适合的位置、秤砣适合的位置及秤杆适合的位置后形成的，做工非常精细，使秤砣、秤盘、秤杆都能完好地安放在其中。秤的盒盖与底座在鱼形盒的尾部用钉扣相连，轻轻转动秤盒盖后，小秤就可以显露出来。秤盒是完整的一体，开关方便、自如。

为了适应生产生活的需要，达斡尔族的手工业起源很早，具有鲜明的民族特色，虽然没有形成独立的生产部门，但达斡尔族的手工业种类繁多，制作各种农具、猎具、铁具等有专门的匠人，达斡尔族的小秤就是鲜明的例证。

图片来源
图一　孟凡奇　摄影
图二至图六　李婕　制图
图七　刘祥　制图

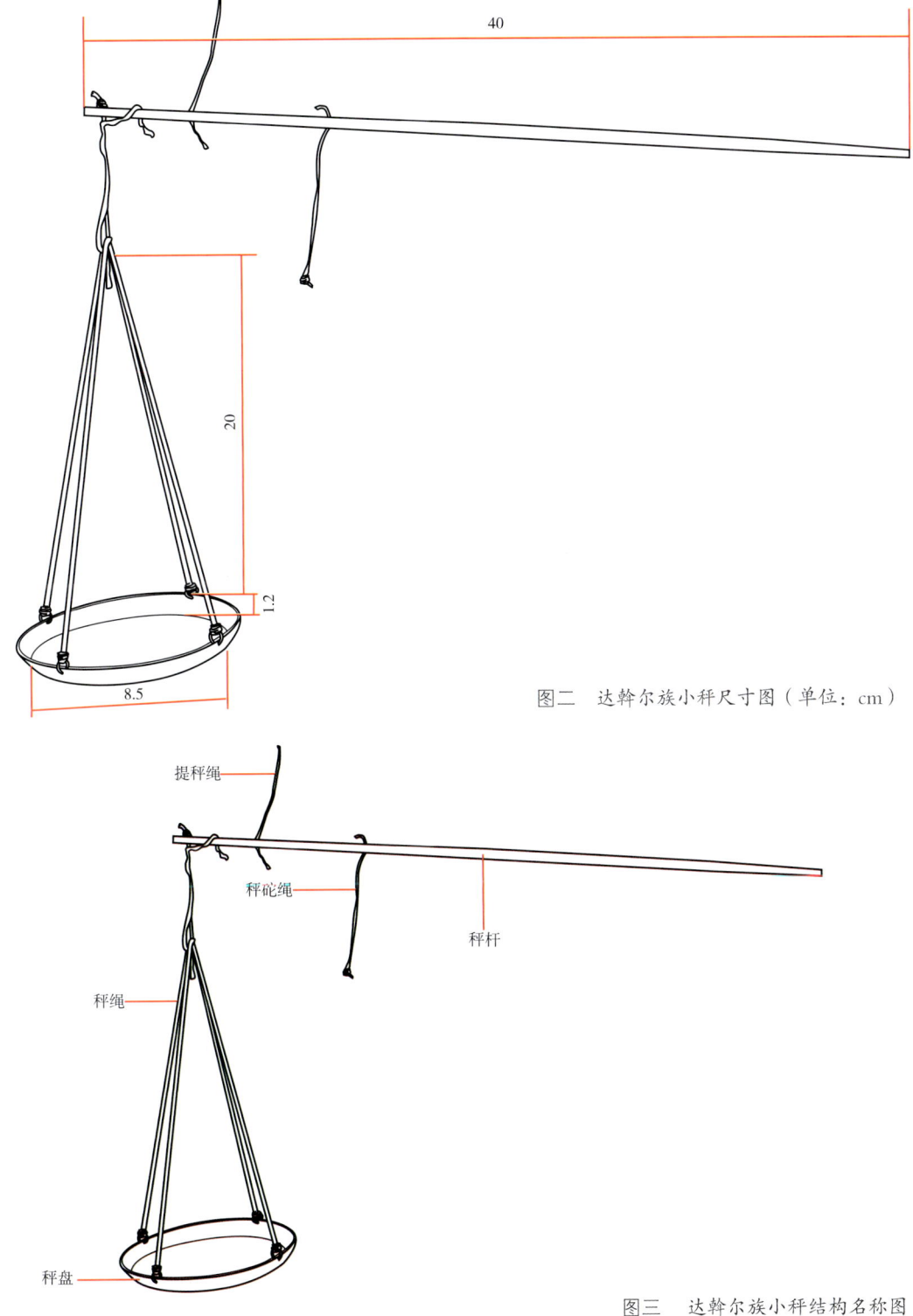

图二　达斡尔族小秤尺寸图（单位：cm）

图三　达斡尔族小秤结构名称图

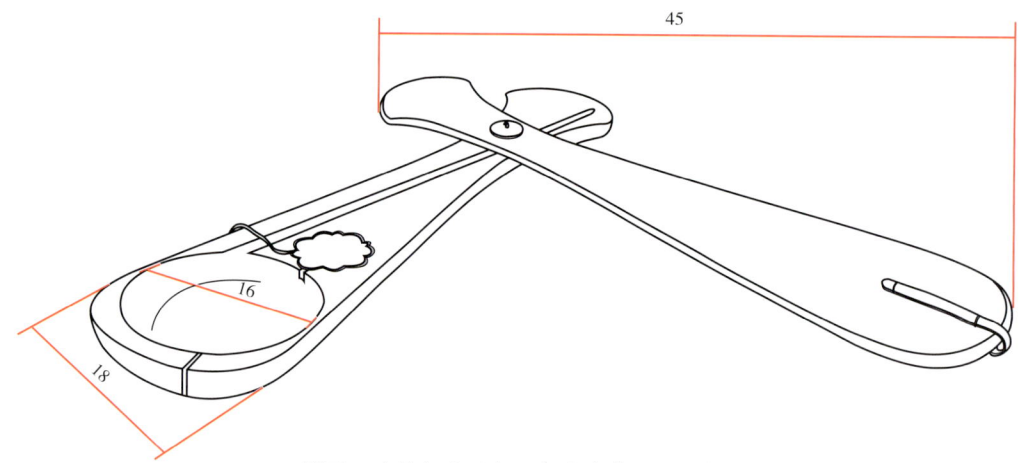

图四 达斡尔族秤盒尺寸图（单位：cm）

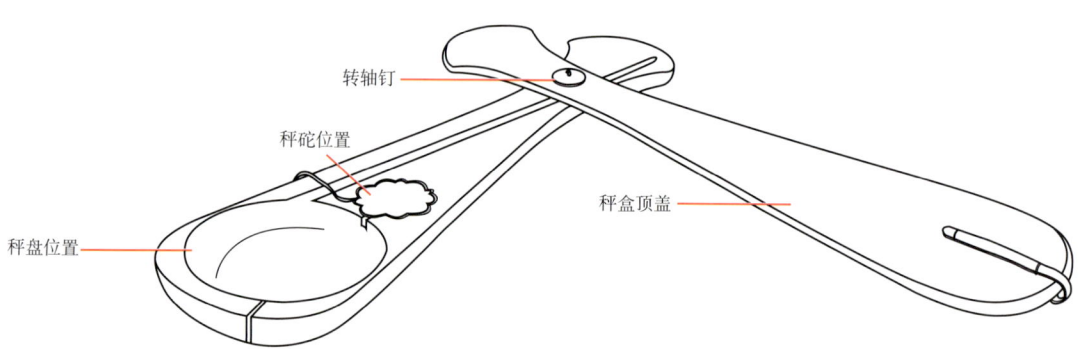

图五 达斡尔族秤盒结构名称图

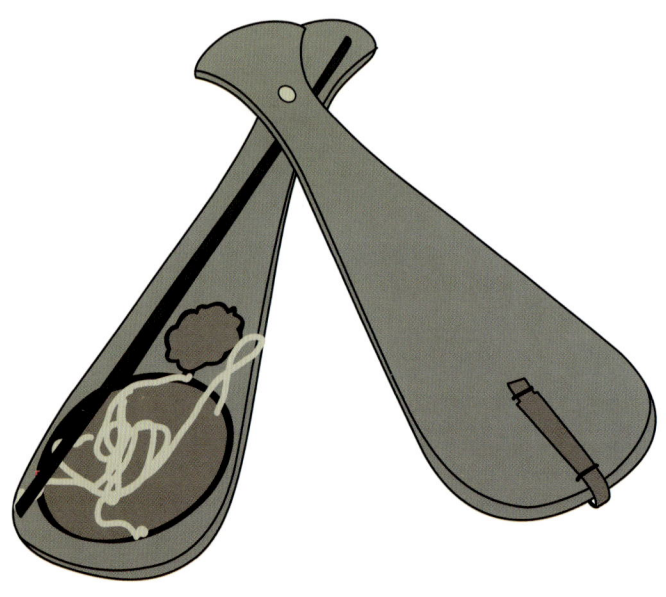

图六 达斡尔族秤盒效果图

图七　达斡尔族小秤使用情境图

第四章　达斡尔族传统生活用具

达斡尔族火镰盒

图一　达斡尔族火镰盒主图

火镰盒是达斡尔族男人们，特别是喜好吸烟的男人们的随身附属物件。火镰盒之所以在达斡尔民众中流行，是因为其具有适用性、装饰性和易操作性。火镰产生的年月无从考证，但它的消失却是在火柴和打火机出现后，被取而代之了。

达斡尔族的男子在礼仪场合都要佩戴火镰，不仅实用而且具有一定的装饰作用，制作十分精致。火镰也常被猎人在艰苦的野外狩猎生产中使用，夏天还可以驱赶蚊虫和野兽。火镰利用了金属与火石摩擦起火的原理，在达斡尔先民中得到了广泛的应用。在选材上，火镰盒一般采用金属扣件与厚质皮料的搭配，有些火镰盒在皮质的上面装饰有金属丝制成的吉祥图案，无论从色彩还是形制上都显得非常庄重、沉稳。火镰盒大致呈方形，长约为8~10厘米，宽约为5~7厘米，一般与玉佩分别拴挂在丝绸系绳的两端，并挂于男子的腰带上。手持火镰取火的把手部分，以皮质为主，皮质上面装饰有圆扣或者用铁片剪刻的装饰图案，一般以吉祥图案为主，也有几何图案等。装饰图案之间的搭配非常协调，统一在一个小小的皮质空间上，使得火镰盒的装饰效果具有一定的古拙之美。

在历史长河中，达斡尔人不断在推陈出新、择优而取中进步。火镰及火镰盒曾经在达斡尔先人的手中存在过，给生活带来了方便，获取过乐趣。火镰虽已成为过去的记忆，被历史的尘埃湮没，但是这种造物思想却给现代设计以莫大的启示，这就是历史给予我们的启迪。

图片来源
图一　孟凡奇　摄影
图二至图四　李婕　制图
图五　刘祥　制图

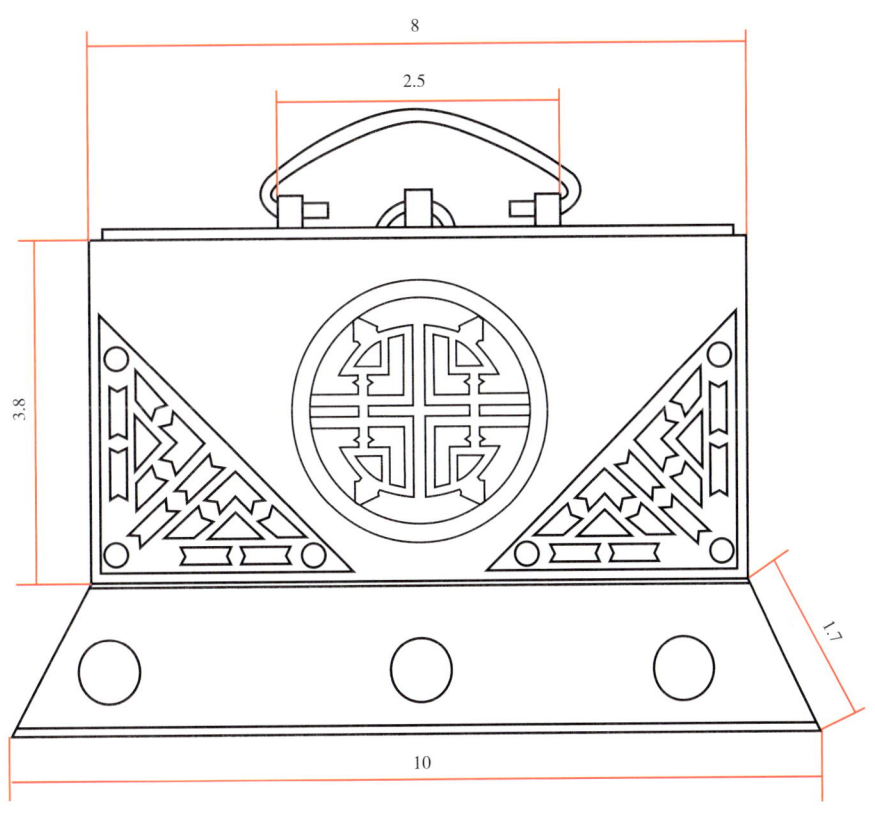

图二　达斡尔族火镰盒尺寸图（单位：cm）

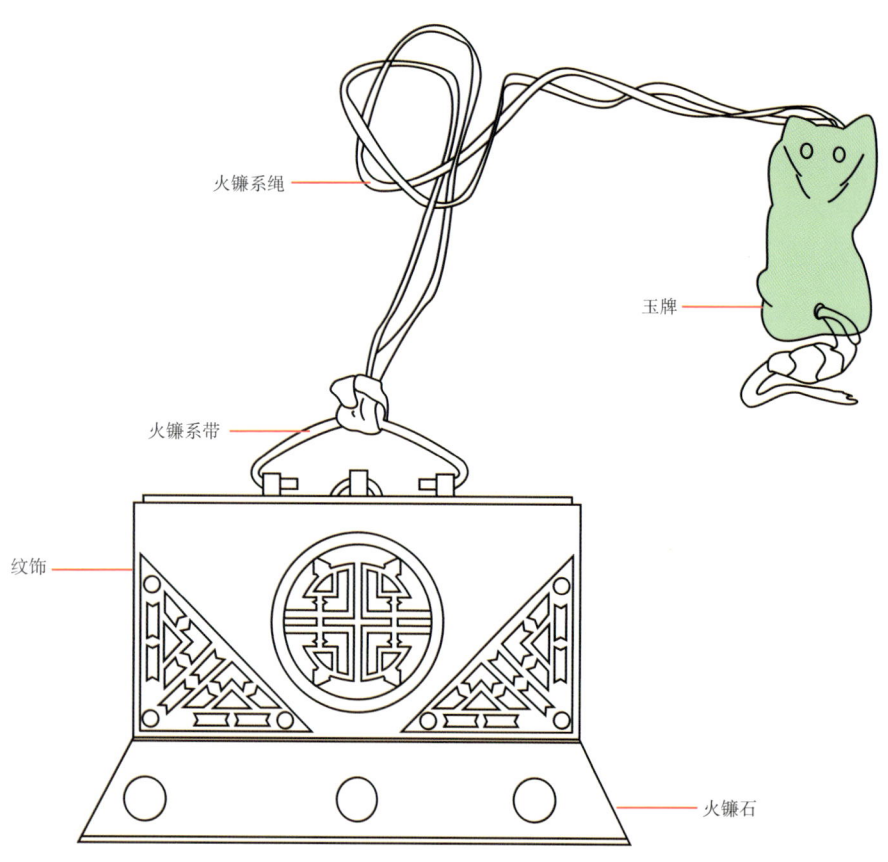

图三 达斡尔族火镰盒结构名称图

图四 达斡尔族火镰盒效果图

图五　达斡尔族火镰盒佩戴情境图

第四章　达斡尔族传统生活用具

达斡尔族和面木盆

图一 达斡尔族和面木盆主图

达斡尔族早年是游牧民族，习惯使用木制生活用具，因为木制生活用具轻便，取材方便，而且举家迁徙时搬运也非常方便。木制和面盆就是其中一个，是游牧民族在迁徙时随着家当搭载在马背上的重要生活用具。

现存的新疆地区文物中，清代遗留的木制和面木盆具有十分浓厚的民族特色。木制和面盆有单把手与双把手之分，呈椭圆形，长约70~80厘米，宽约40厘米左右，高大概有30厘米，重量大约3.5公斤，是属于很大的和面盆，由一整块木墩制作而成。游牧民族停歇下来后，将和面木盆取出，放在地上或者桌案上，盆中间倒上面粉或荞麦等，经过水搅拌、按压、揉制等工序，完成和面工作。木盆的两端分别有两个把手，用来搬运木盆或者在和面时转动木盆所用。有的木盆只是一侧有把手，称为单把手和面盆。晚清时，这种和面木盆应用非常广泛，近现代由于达斡尔族已经过上了定居生活，对其他民族文化的借鉴使和面盆的材质发生了变化，铁质、塑料质地的和面盆逐渐产生，木盆的应用逐渐减少，现在只有在民俗博物馆中才能见到这种原始的和面木盆了。

通过对达斡尔族和面木盆的研究，使我们更加了解了达斡尔族在游牧生活过程中的造物思想与造物活动，用生活中取之简单、用之便捷的木制材料，制作了生活当中最具实用价值的生活用品。在达斡尔族的和面木盆中，记录了当时达斡尔民族在游牧生活中的点滴缩影，足以供现代设计参考与借鉴。

图片来源

图一　孟凡奇　摄影

图二、图三　李婕　制图

图四　刘祥　制图

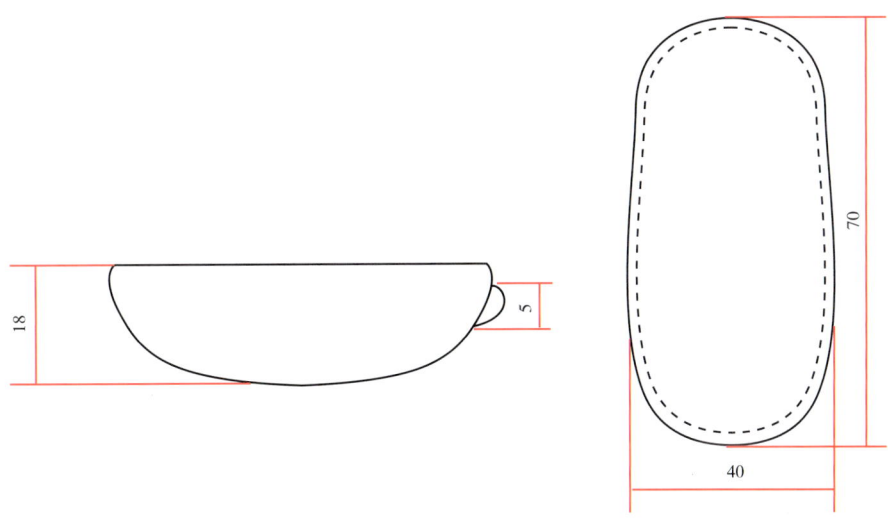

图二　达斡尔族和面木盆尺寸图（单位：cm）

图三　达斡尔族和面木盆效果图

图四　达斡尔族和面木盆使用情境图

达斡尔族儿童便溺篓

图一 达斡尔族儿童便溺篓主图

儿童便溺篓制品，名气不大，但特别常见、实用，几乎涉及所有达斡尔族人家的日常生活，是达斡尔人生活中不可或缺的日常用品。

儿童便溺篓，顾名思义，主要用于收装儿童排泄物。材质为桦树皮，桦树皮原料具有易制、轻巧、便于携带、隔潮等优点。儿童便溺篓基本形态为U形，底部宽约为15厘米，高约为4厘米，长约为20厘米，底部为外表层朝内的剪成U形的双层桦树皮，便溺篓四周逐渐比底部略高，成半包裹形状，顶端开口处较为平整，末端处用叠压相交咬合法用麻绳缝合，在器身上端外沿镶一圈约为3厘米的柳木板条进行加固。便溺篓搭配有心形桦树皮盖子，先用雕刻手法雕刻出纹样图案，再用墨绘装饰手法绘制出如同牛犄角类型的动物纹样进行修饰，四周围绕图案用马尾绳缝合，使之更为美观。

儿童便溺篓，是达斡尔人充分利用自然材料，将造物设计思想与环境相结合，从而创造出属于本民族的独特的生活用品。儿童便溺篓制品传承了北方特有的民族文化，并保留了原始古朴的艺术风格，是达斡尔族重要的生活用具，也是精美的艺术品。它在达斡尔族生活史中如同一面镜子，映射出达斡尔族劳动人民的物质生活和精神生活中最本质的内容。

图片来源
图一 孟凡奇 摄影
图二至图五 李婕 制图

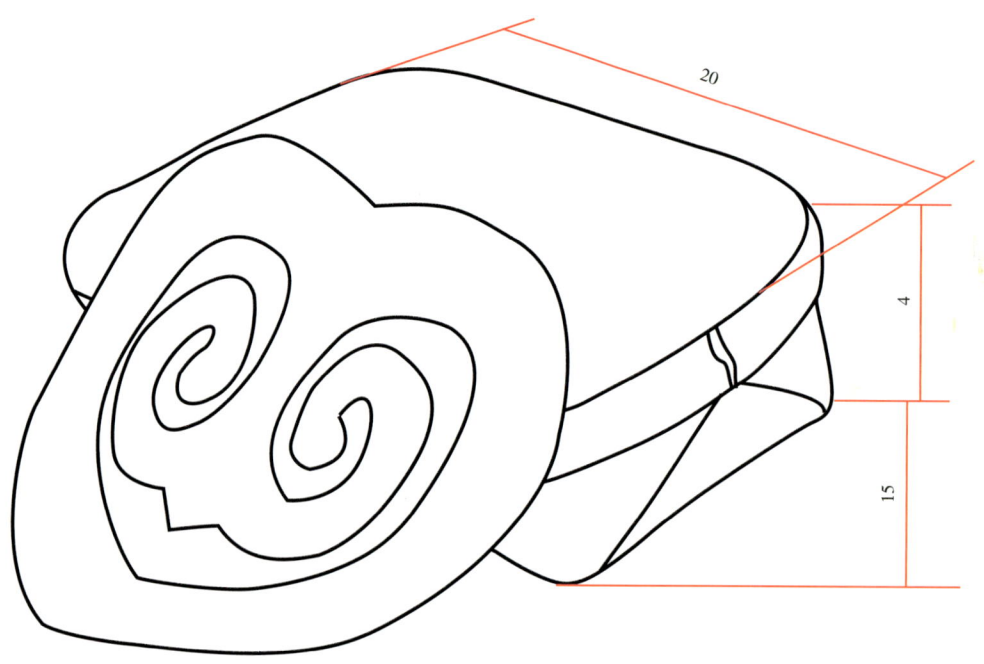

图二 达斡尔族儿童便溺篓尺寸图(单位: cm)

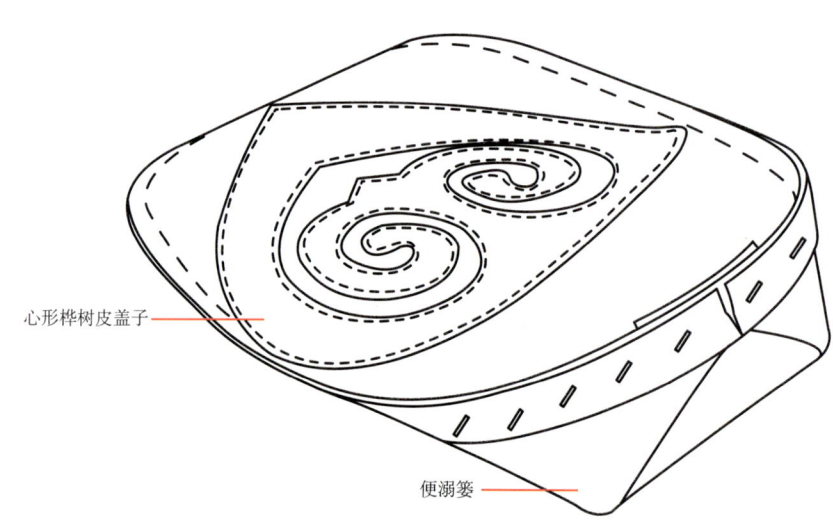

图三 达斡尔族儿童便溺篓结构名称图

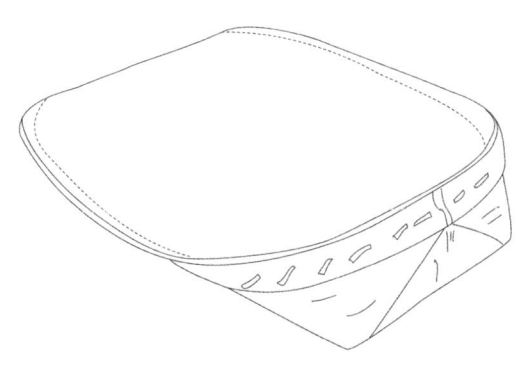

图四　达斡尔族儿童便溺篓局部分析图

图五　达斡尔族儿童便溺篓效果图

达斡尔族储烟袋

图一 达斡尔族储烟用皮口袋主图

达斡尔地区民众就地取材，创造了各类以野兽皮为材料的原生态装饰品。储烟用皮口袋就是其中最典型且用途广泛的兽皮物品。储烟用皮口袋融入了达斡尔族古朴、原始的造物情愫，既体现了材料的外在美，又达到了以实用为目的的功能美，呈现了达斡尔族民众追求美的心灵特色。

达斡尔族储烟用皮口袋种类繁多，以造型简朴、样式精巧、轻便耐磨为主要特点，独具民族特色。储烟用皮口袋用于达斡尔人在上山狩猎或田间劳作时，佩带于腰间，装上碾压好的烟叶即可以吸烟。储烟用皮口袋以狍皮、鹿皮等为原料，制作方法一般用酸牛奶均匀涂抹在卷起的皮面上使其发酵，再用钝尖刀在皮面上刮去杂物，在刮鞣过程中可使皮中水分蒸发，让皮子变得松软干燥利于卷握，然后将处理好的皮子按其样式进行缝制。储烟袋形状一般类似龟形，开口为小圆口，直径约为5厘米，以皮绳扎紧收口的方式封闭储烟袋，其颈部为短长方形，中间及下端部位为椭圆形，长约35厘米，宽约20厘米。储烟袋分为正反两面，正面装饰较多，将正反两面缝制好后再将储烟袋进行装饰。正面中间偏上部位装饰皮绳，皮绳中间及两端留有皮穗，中间皮穗略长，两端略短；中间拼接颜色不同的长方形，环绕长方形四周用彩色线缝制独特纹样做花边；下部两端同样留有皮穗，这样储烟用皮口袋就制成了。

储烟用皮口袋可谓"材美工巧"，达斡尔族民众经过不断探索、研究，把握其形态和装饰风格，创造了适合生产生活且属于本民族的独特的民用工艺。在生产生活中，材料的工艺与结构、技术的原理组合、造型的审美形式等因素构成了人类所需要的造物活动，储烟用皮口袋正是这些因素的具体展现，是传统工艺设计的探寻与结果，在现代设计中依然闪耀璀璨。

图片来源
图一、图五　孟凡奇　摄影
图二至图四　李婕　制图

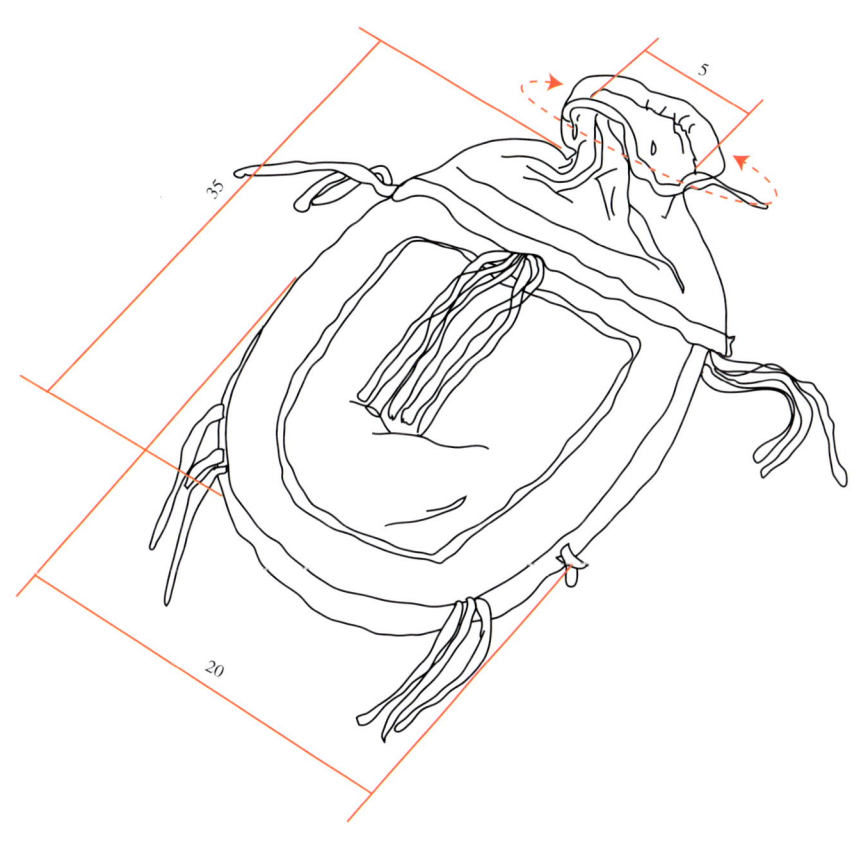

图二　达斡尔族储烟用皮口袋尺寸图（单位：cm）

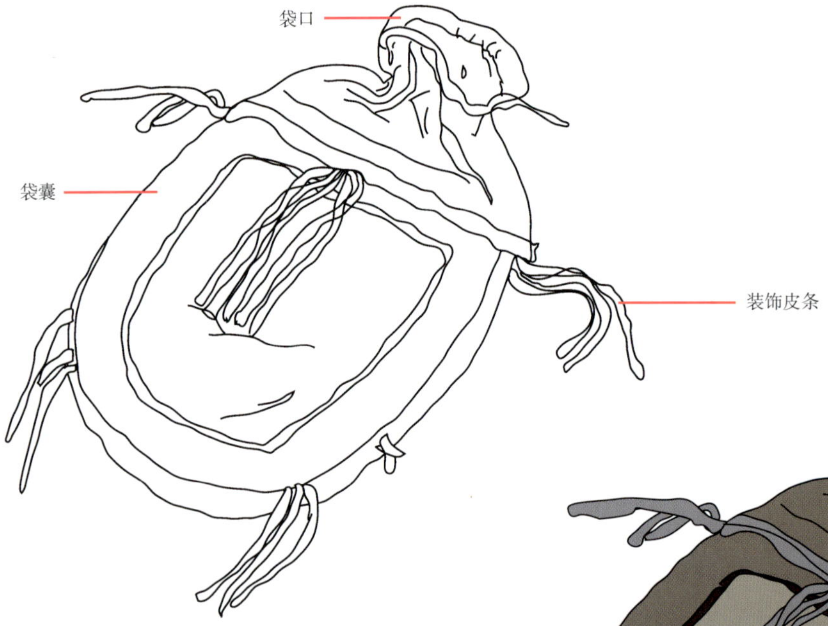

袋口

袋囊

装饰皮条

图三 达斡尔族储烟用皮口袋结构名称图

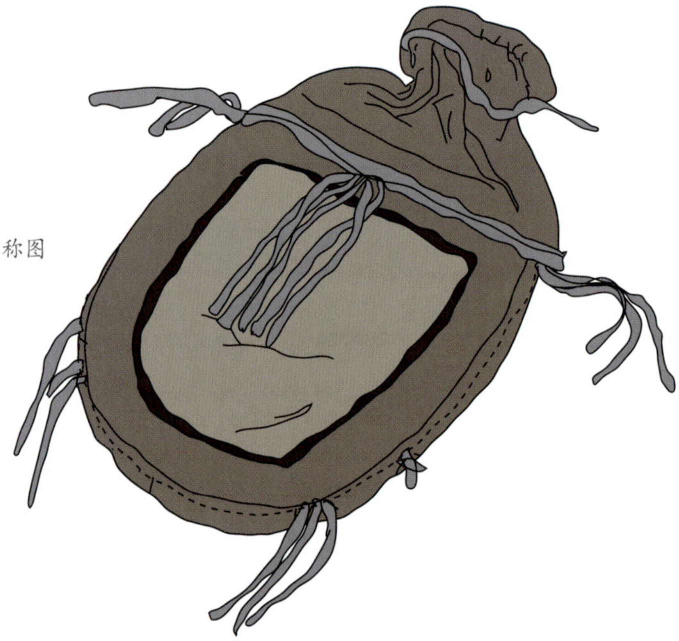

图四 达斡尔族储烟用皮口袋效果图

图五 达斡尔族储烟用皮口袋实物图

达斡尔族狍皮背篓

图一　达斡尔族狍皮背篓主图

受原始狩猎活动及生产方式的影响，形成了达斡尔人以野兽皮为衣的生活习俗，导致达斡尔人在对野兽皮毛的处理上拥有独特的工艺造型手法，创立了属于达斡尔族的皮毛手工艺及装饰艺术。狍皮背篓手工艺饰物，代表着达斡尔族传统的狩猎文化在日常生活习俗上的展现，是以狩猎形式为主的物质文化、精神文化的具体表现形式之一。

狍皮背篓是达斡尔人的日常生活用品，具有耐磨抗寒、实用美观、装饰性强的特点。所需材料、制作方法比较简单，以冬季捕猎狍子为主要材料来源，先将狍子剥皮晾干，再鞣制增加使用面积，在水中浸泡后用木屑或草木灰涂于皮面上，然后将狍皮卷成筒并捆扎，这样处理后的狍皮皮质柔软、色泽鲜艳。狍皮处理好后根据所需大小，将皮面朝里，毛面向外，呈桶状进行缝制。在缝制时，注意毛面各处接口要牢固。缝制好后的狍皮背篓，在顶口中间处缝入背绳，背绳两端对称平行缝于背篓左右，即制成狍皮背篓。这样制成的狍皮背篓在冬季出门或狩猎时都可背用，既保暖又能装东西。

狍皮背篓工艺，是达斡尔人智慧的结晶，其独特的造型方式展现了达斡尔族地区特有的民俗风情，它的经典源于独特的造型装饰工艺与实用性艺术相结合。狍皮背篓饰物，寄托了民众的情怀及精神内涵，是少数民族传统造物文化中的设计思想之一，对现代设计学无疑有着重要的启示。

图片来源
图一　孟凡奇　摄影
图二至图四　李婕　制图

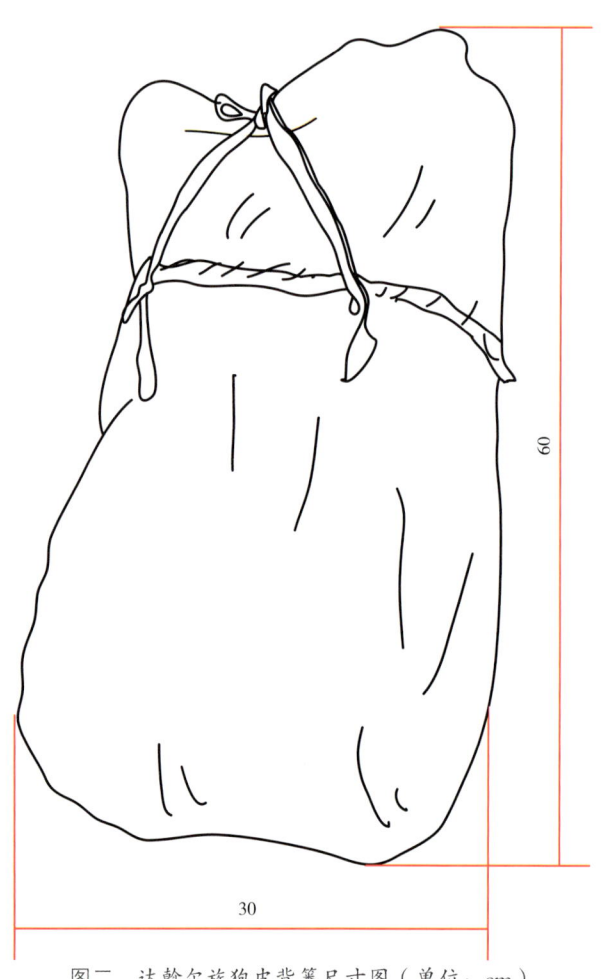

图二　达斡尔族狍皮背篓尺寸图（单位：cm）

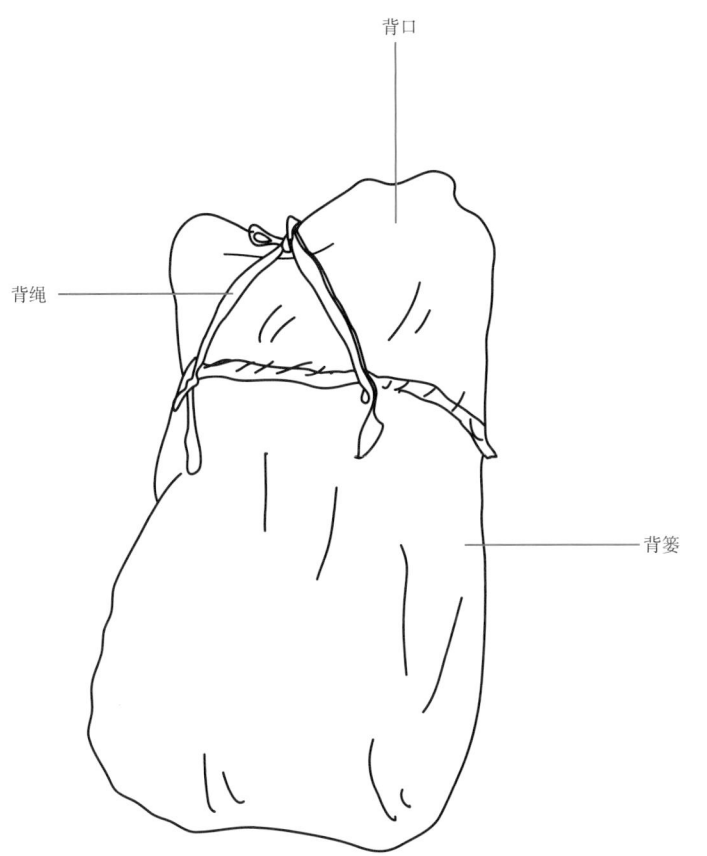

图三 达斡尔族狍皮背篓结构名称图

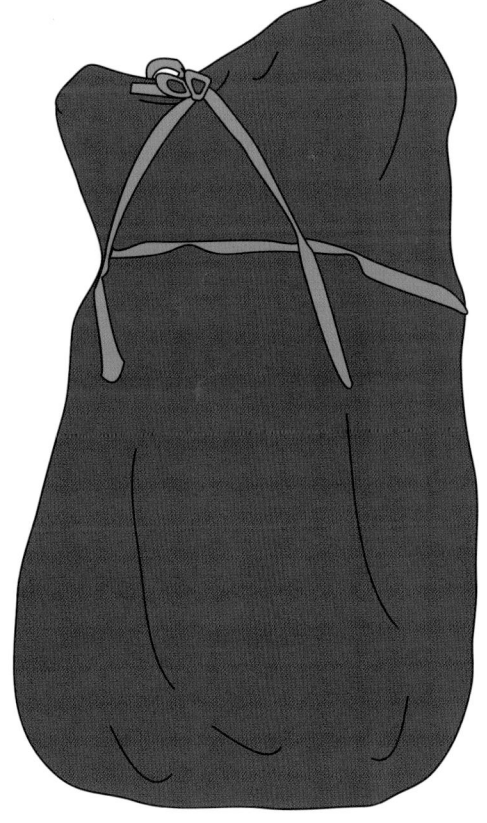

图四 达斡尔族狍皮背篓效果图

达斡尔族狍皮被褥

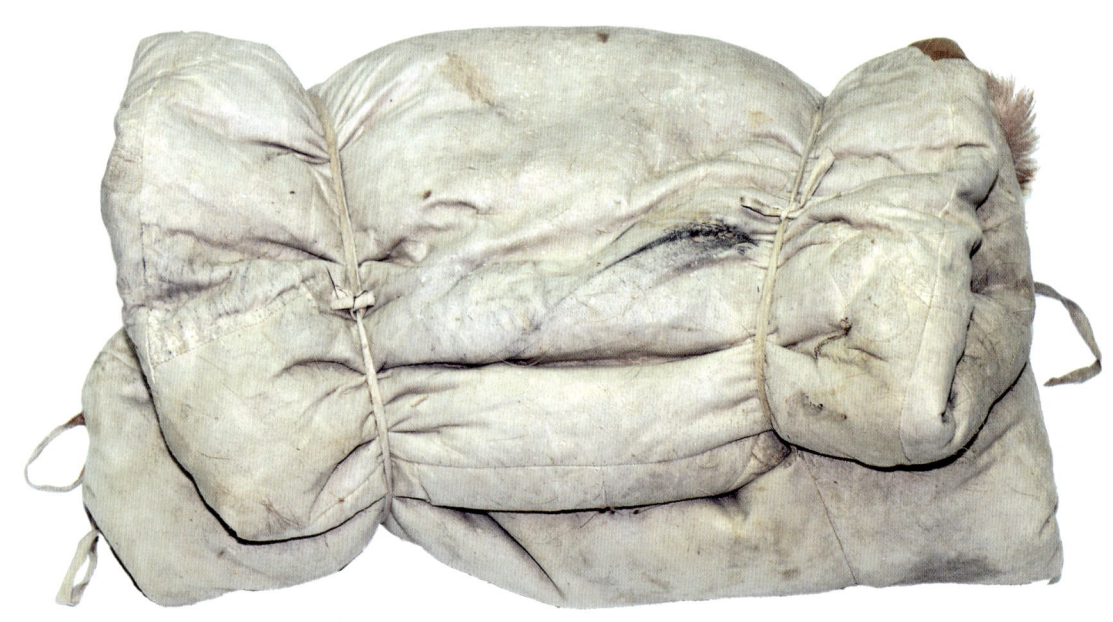

图一 达斡尔族狍皮被褥主图

受地理位置、气候条件的影响，达斡尔族主要生活的地区冬季寒冷漫长。当地人民长期生活在艰苦的环境中，因此，这些外在因素以间接的方式映射于达斡尔族日常生活用品上，并留下了深厚的印记。狍皮被褥，是达斡尔族冬季所盖的保暖物品之一，应用于当地人民的日常生活中，反映着人们不同时期的生存生活方式，是物质文化和精神文化的承载者。狍皮被褥独特的材质、造型，成为达斡尔族民族文化的缩影与精华。

用狍子皮制作的被褥具有保暖抗寒、柔软舒适的特性，可以有效抵御严寒。狍皮被长约2.5米，宽2米；狍皮褥长约2.5米，宽1.3米。狍皮被褥所需材料一般以立冬前后捕获的狍子为主，这一时节的狍子皮毛色泽光亮、浓密厚实，保暖性极强。其制作工艺简单，先将捕获的狍子剥皮撑开，将皮子卷起埋入湿马粪中，借马粪产生的热量促使皮子发酵，发酵后用锯齿形钝尖刀在皮面上刮蹭、鞣搓，去掉皮面上的多余杂物，促使皮子松软干燥，然后将几张处理过的狍子皮进行拼接缝合，最后可在被褥两端缝制长绳，将被褥卷起，方便出行时背带。狍皮被褥在冬季铺盖，一般将毛面朝上，皮面向下，具有舒适与保暖功效。

狍皮被褥融汇了达斡尔人的智慧，创

造出独具特色的日常生活用品。狍皮被褥的造物设计形式，基于达斡尔族习俗与文化理念，同时彰显出达斡尔人材美工巧的造物设计理念。达斡尔人传统的造物思想与造物原则，也为现代设计打开了借鉴宝库。

图片来源
图一、图六至图八　孟凡奇　摄影
图二至图五　李婕　制图

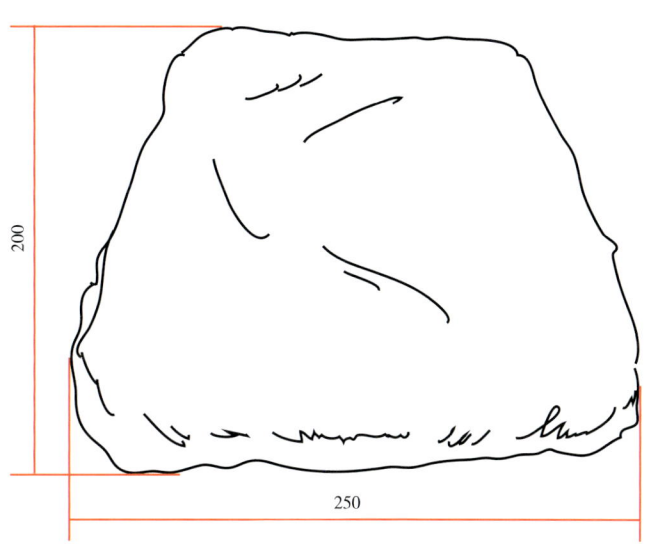

图二　达斡尔族狍皮被展开尺寸图（单位：cm）

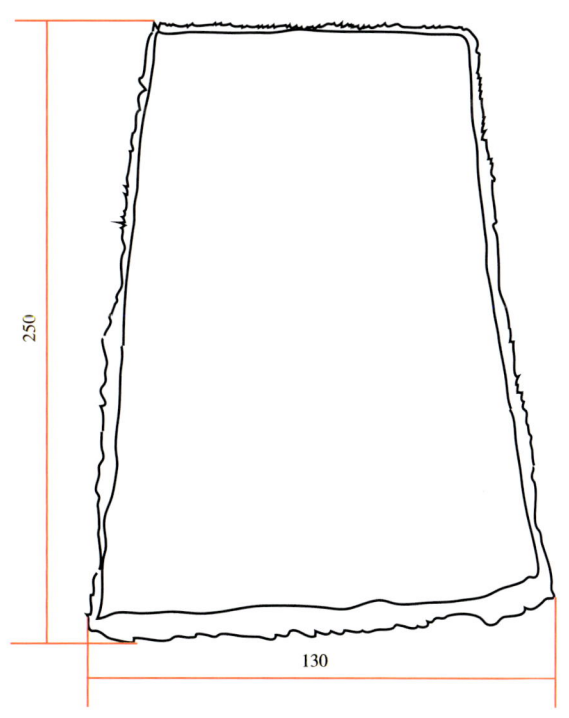

图三　达斡尔族狍皮褥展开尺寸图（单位：cm）

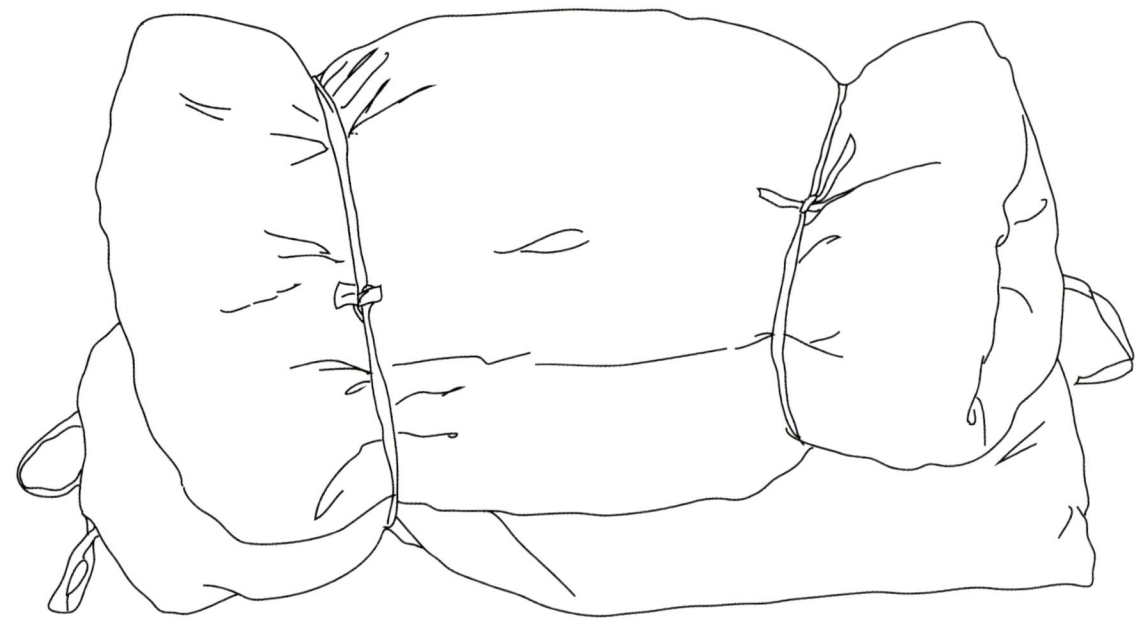

图四 达斡尔族狍皮被折叠捆扎示意图

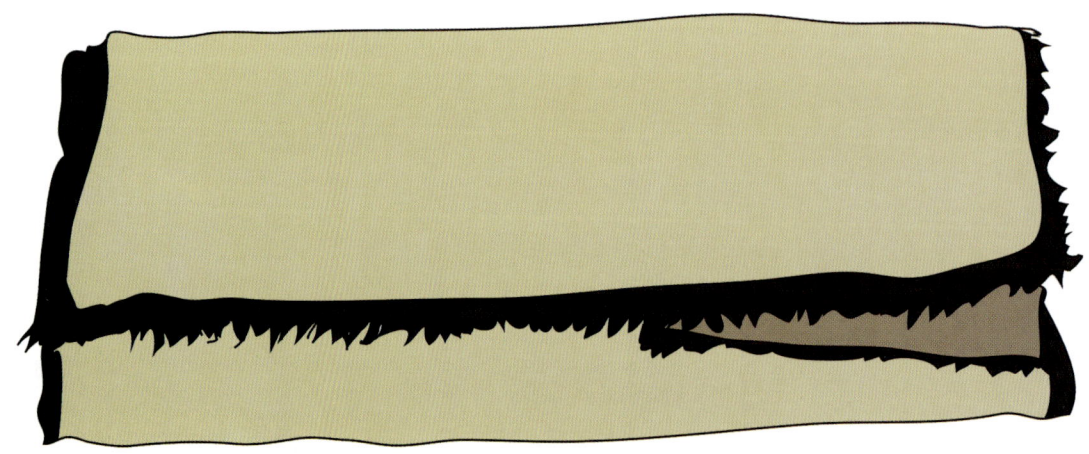

图五 达斡尔族狍皮褥折叠效果图

图六 达斡尔族狍皮被实物图

图七 达斡尔族狍皮褥实物图1

图八 达斡尔族狍皮褥实物图2

第四章 达斡尔族传统生活用具

219

达斡尔族铜镜

图一　达斡尔族铜镜主图

达斡尔人信奉萨满教,对铜镜崇拜是萨满教风俗习惯之一,因此达斡尔人对铜镜有着不解之缘。铜镜是萨满师跳神、做法事、带领祭祀神灵活动中必须佩带的重要法器,萨满师会将腰间服饰上系满纹样、寓意各异的铜镜用于不同的法事中,同时铜镜也作为萨满服饰上的重要装饰物流传至今。

铜镜不论在种类、样式、制作、使用方面,都保留了浓厚的远古遗风。铜镜以黄铜为主要材料制成,以浅浮雕手法雕刻表现,每个铜镜纹饰其造型手法、表达方式各不相同,常见的铜镜为"八卦纹饰"铜镜和"状元及第"文字纹铜镜。"八卦纹饰"铜镜基本形态为圆形,铜镜内部共分两个圆,正中间为小圆,在其中间突出部位有如同"I"形小孔,用以穿绳悬挂,小孔外刻有青龙、白虎、朱雀、玄武图案;小圆外部为相对较大的圆形,其圆圈内雕有十二生肖纹样图案,圆圈外刻有八卦纹样,每个纹样由三组线构成,沿八卦纹饰外雕有星宿图形环绕整个铜镜。"八卦纹饰"铜镜主要用于护身护法,占卜以求神灵保佑,并具有先知先觉功能。"状元及第"文字纹铜镜,形态为圆形,内刻纹样相比"八卦纹饰"略简单些,铜镜中间突起部位有"I"形小孔,用以穿绳悬挂于衣间;其圆圈内部上、下、左、右四个方位分别刻有一个小正方形,"状元及第"四个字分别安置于四个小正方形内;每个正方形两角相对,外圈留有边沿装饰,铜镜内部与外部文字纹样基本一致。

两种铜镜内纹样虽然截然不同,但其寄托的意义与思想是一致的,希望铜镜能够驱鬼祛邪、治病救人、聚魂聚神。随着时间的推移,铜镜的独特纹样造型运用在传统手工艺、萨满服饰中的装饰艺术手法也越来越丰富,形成了达斡尔族地区独具特色的艺术风格与艺术价值,为我们研究美学、伦理学、宗教学等提供了直接资料。

图片来源
图一、图四　孟凡奇　摄影
图二、图三　李婕　制图

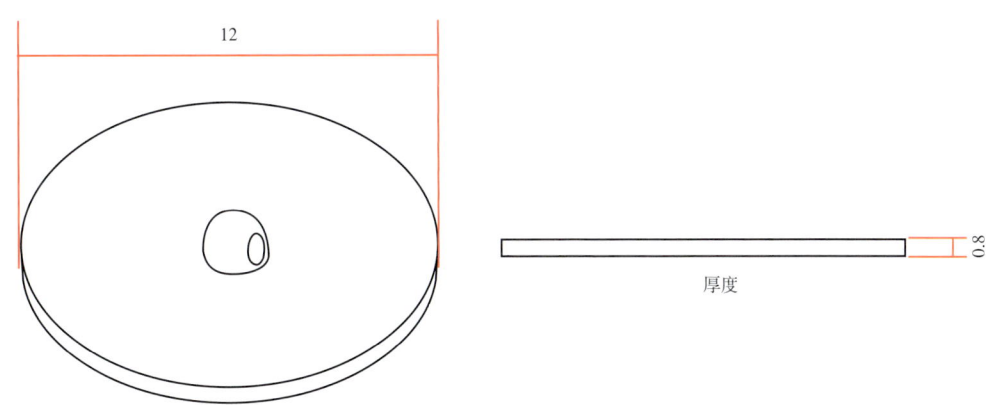

图二　达斡尔族铜镜尺寸图(单位:cm)

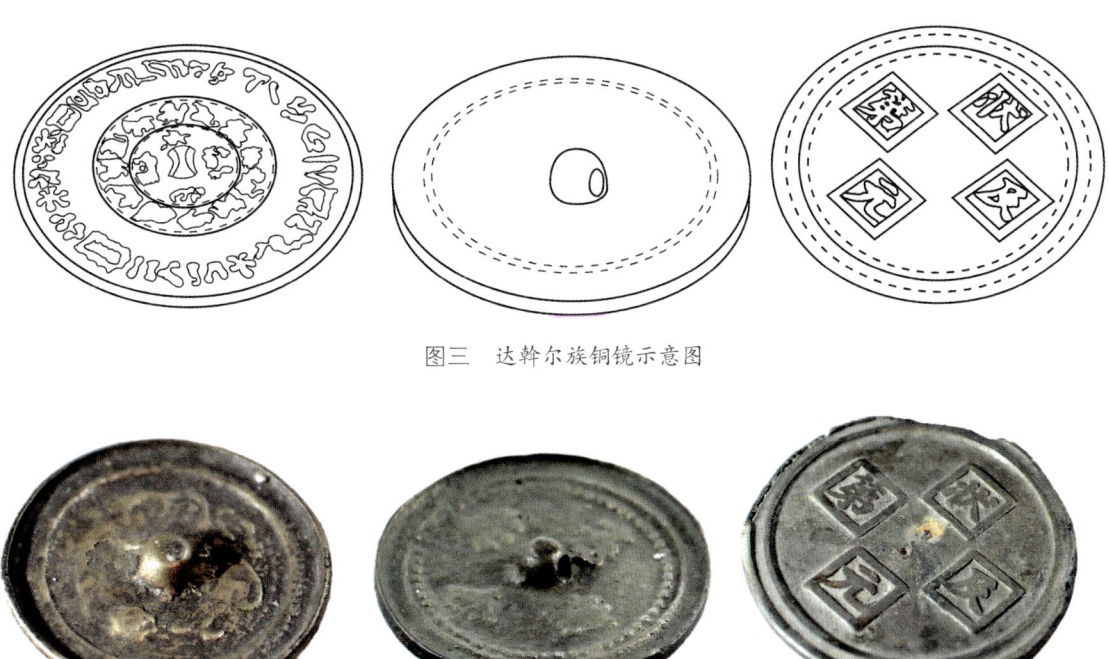

图三　达斡尔族铜镜示意图

图四　达斡尔族铜镜实物图

达斡尔族褡裢

图一　达斡尔族褡裢主图

褡裢是达斡尔族男子在骑马打猎时身上背的背包，具有很强的实用性，在猎人外出时，一些常用的物品及小物件、工具等可以随时放在褡裢里面。褡裢是在兽皮口袋的基础上吸收了外族的褡裢风格而发展起来的猎人随身饰物，亦可以搭在马鞍上。

褡裢，上口小、下底大，前后两个，中间以皮绳连接搭在肩上，身前一个背后一个。它以动物皮为原料，一般以鹿皮、狍皮为主，也有牛皮等。制作方法为：将去掉毛的皮子经过熟皮处理后，经过剪裁将下底缝合，形成上口小、下口大的袋子，上口在装完物品后可以用皮绳或系扣系上，背在肩上不影响肢体活动。本案例中褡裢的长度约为58厘米，袋口宽20厘米，袋底宽30厘米，肩带长20厘米。猎人在打猎的时候背上褡裢不仅可以装一些实用的物件，也可以使前后重心平衡。骑马的猎人更适合用褡裢，背在肩上不影响捕杀猎物，也可以搭在马鞍上。

褡裢是达斡尔人的日常传统用具之一。它在功能设置与选材、工艺、形态等设计创意上，反映了达斡尔族社会在各种外来事物影响下的习俗变迁，也反映了达斡尔人在设计创意与器物制作上的独特创意。

图片来源
图一　孟凡奇　摄影
图二至图四　李婕　制图
图五　刘祥　制图

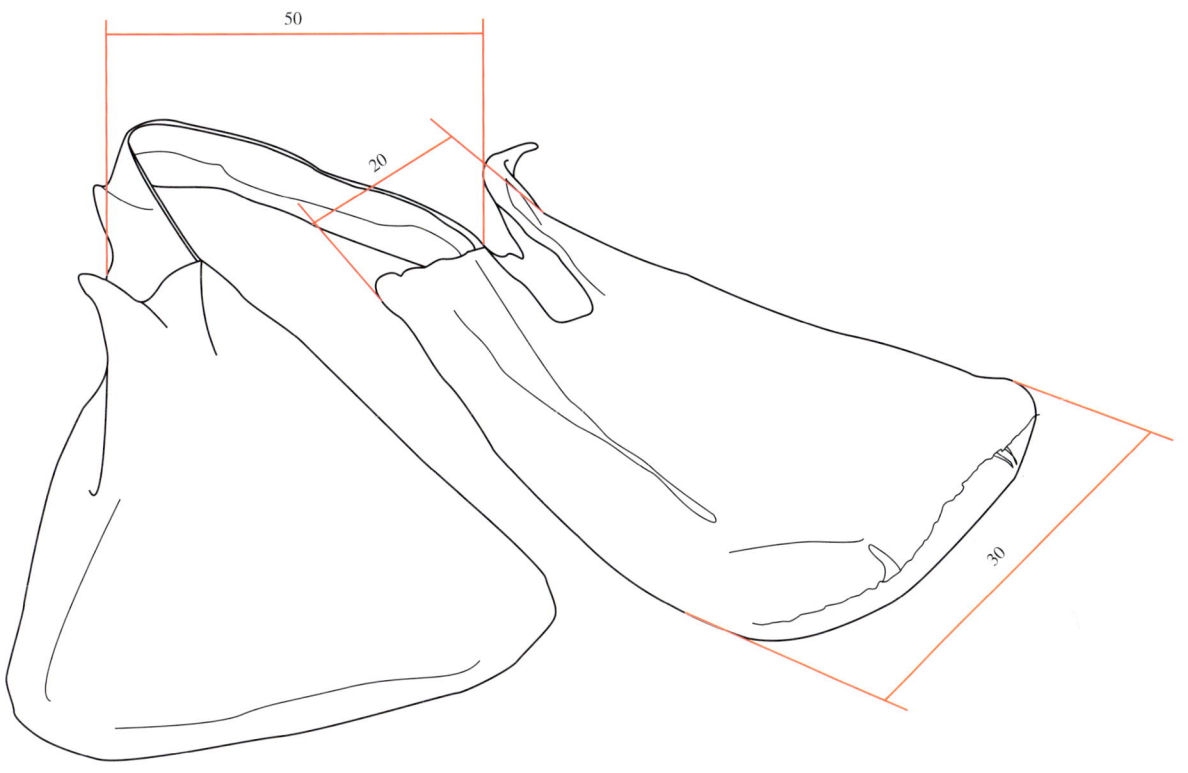

图二 达斡尔族褡裢尺寸图（单位：cm）

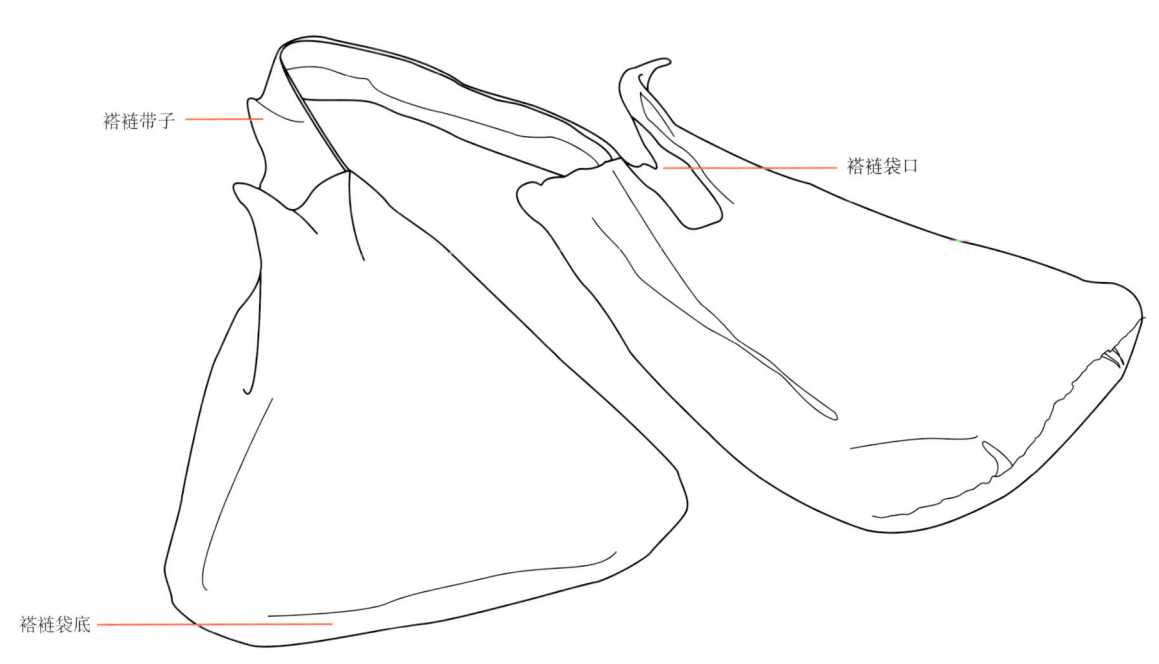

图三 达斡尔族褡裢结构名称图

图四　达斡尔族褡裢效果图

图五　达斡尔族褡裢使用情境图

达斡尔族木库莲

图一　达斡尔族木库莲主图

木库莲是达斡尔人喜爱并擅长演奏的古老口簧乐器，又称口胡，汉语称口琴、口弦琴或口衔琴。它的音色婉转优美，具有深厚的原始萨满文化意蕴，是达斡尔祖先在特定历史时期条件下精神文明和物质文明的直接产物。

在达斡尔人还是以狩猎和捕鱼为生的年代，猎人射箭时，箭出弓的一刹那会发出嗡嗡的声音，于是便有人模仿这种声音制作出一种乐器，就是后来的木库莲。达斡尔族的木库莲多为铁制，也有铜制，形状为钳形或方形，其构造分琴鞘和簧片两部分。琴有大、中、小之分，型号越大声音越低。演奏时，左手的拇指、食指、中指持琴，虚含口中，用右手的食指拨动簧片发音，同时用哼唱的气息来冲击含在口中的簧片。木库莲长约7～12厘米，手持部分为圆环形，连接两根"梢形"铁条，中间夹一条薄钢片，钢片一端缠一点棉花或镶柳木柄，便于用手弹拨。木库莲的材料、结构、发音原理和演奏方法共同决定了木库莲音乐的艺术特色。木库莲的声源是金属的，弹拨形成声响动力、气息传送动力并利用人体口腔产生共鸣器，这种类似机器发音又非机器发音、类似人声又非人声的复合音,形成了变幻莫测的音色。从形状上看,达斡尔族木库莲也确实有点像张开的弓和箭,男子出去打猎时,妻子在家就弹起木库莲以表达思念之情。达斡尔族在长期的社会生产实践活动中,学会了根据自己的文化审美需要去创造听觉美的音乐样式,把木库莲视为民族智慧和力量的象征,从而爱护它、喜欢它。至今,达斡尔族男女老少都乐于弹奏木库莲,爱听它的声音。

木库莲与达斡尔族其他民间音乐形影相随一千多年,向人类提供了一个丰富的听觉感性世界。它直接传达现实世界及内心世界引起的感受,作为一种原始拟声乐器,完全可以通过对自然界的各种现象、各种动物以及劳动生活和情感生活的声响特征进行创造性的描摹,继而引发人们的联想心理活动,使人感悟、理解、领会到音乐所表现的特定内容。木库莲最初履行着萨满的宗教功能,它是沟通自然诸神与人之间的媒介和神器。作为文化的产物,它承担着萨满文化的传承功能;作为人们的一种自娱性乐器,它又承担着抒发内在情怀的心理调节功能。在人们情感交流方面,由于木库莲音量较小,具有清脆温柔的发音特点,是传递男女间情感的特殊工具。如今,音色表现力的作用在近代音乐中已上升到极为重要的地位,作为一种古老的乐器,木库莲独自具有的空灵的、神秘的音色,为现代绚丽多姿的音响世界又增添了一笔奇特的色彩。

图片来源
图一　孟凡奇　摄影
图二、图三　李婕　制图
图四　李晓璇　制图
图五　苏都尔·伟伟　摄影

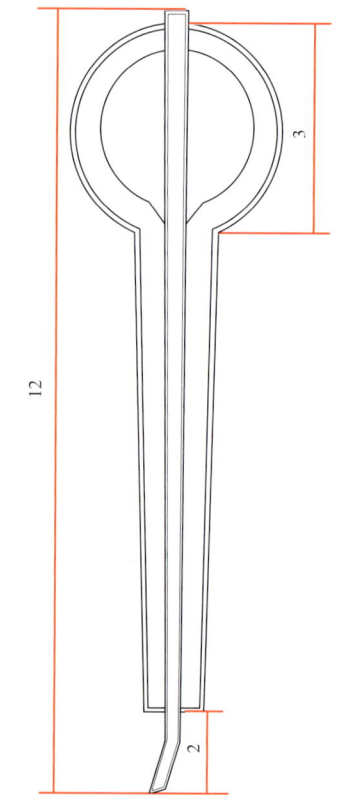

图二　达斡尔族木库莲尺寸图(单位:cm)

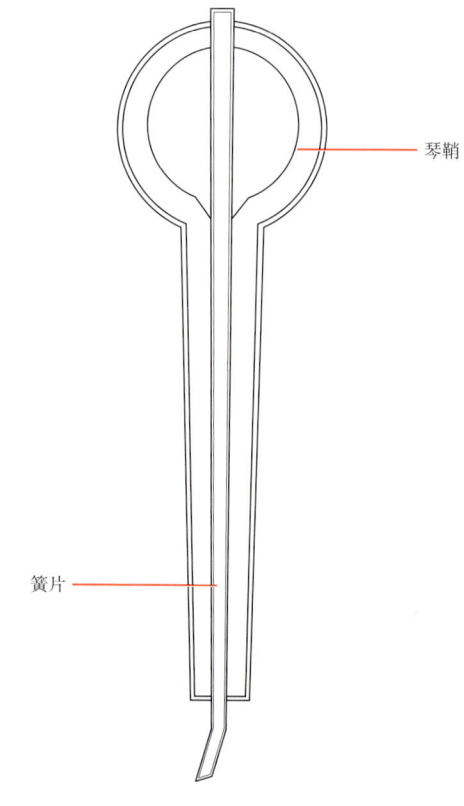

图三　达斡尔族木库莲结构名称图

图四 达斡尔族妇女吹木库莲情境图

图五 达斡尔族木库莲使用氛围实景图

第四章 达斡尔族传统生活用具

第五章
达斡尔族传统生产工具

达斡尔族鱼罩

图一　达斡尔族鱼罩主图

达斡尔族历史上就是善于从事渔业生产的民族，在达斡尔族的观念中，土地、山林及江河的一切出产物都是自然界的恩赐，大家都有享用权，鱼也便是其中的一种恩赐。达斡尔族捕鱼的方式多种多样，用鱼罩罩鱼是备受达斡尔族青少年喜欢的生产活动。

鱼罩，达斡尔语称为"达如勒"，是用几十根去皮的细柳条做成的，挑选的柳条直径大约1.5厘米，高约1米左右，用麻绳将同样长度的柳条拴成上口小下口大的圆锥筒形。上口直径大约有20厘米，用柳条紧紧地扎在一起，并以板条加固，收口处类似柳编工艺的筐或篮子的收口处，柳条自内向外翻折，回圈后盘插在缝隙里，这样捕鱼时手进出入口处不会使手部受到伤害，这种造物活动的点滴人性化设计在达斡尔人的造物活动中是随处可见的。下口直径大约有70厘米左右，柳条逐渐稀疏，相距大概为3厘米左右，为了增加牢固性，中间部位也拦腰以木条加固。鱼罩在造型工艺方面处处体现了达斡尔人的聪明才智，在渔猎活动中，用鱼罩捕鱼的产量是很可观的。

夏季入伏后，在静水区内用鱼罩捕鱼的场景非常热闹，二十多个人在水中排成圆圈，每人手持一个鱼罩，如果发现自己所在位置下面有鱼，就将鱼罩垂直水面压入水底，将鱼罩住，如果捕到了鱼就将鱼从鱼罩的顶端敞口处取出来，捕上来的鱼要串在"逊流日"（绑在木上的线）上。多次捕鱼后，"逊流日"上的鱼逐渐增多，河里的鱼也逐渐减少，这时大家一起更换捕鱼位置，选择下一处捕鱼地点。从早到晚，在欢声笑语中，每个人的收获都是非常可观的，这项捕鱼活动也成了年轻人的娱乐活动，体现出集体合作的劳动气氛。

达斡尔族的渔业生产活动基本是在较为封闭的环境下进行的，虽然没有证据表明鱼罩是达斡尔族的原创，但这种捕鱼工具在生产实践中得到了普遍应用。与其他生产工具一样，达斡尔族鱼罩在实际的应用中顺应生产实践的要求，充分体现了中国的传统造物思想。在渔猎实践中，达斡尔族鱼罩的高度与人的身高相适应，是最适合的捕鱼高度，它的上口尺寸正好适合人的手取出鱼，下口的大小也正是鱼罩最有可能捕到鱼的条件下的最大尺寸，因为它不仅要适合在水中搬来搬去快速寻鱼，而且也要满足最大的捕鱼范围。中国传统造物设计的目的就是为人服务，那么在设计中最基本的技术因素和形式原则便是尺度和比例，达斡尔族鱼罩根据本民族实际应用的具体需要，在设计上符合人体能灵活自如地运用它，这是它足以给予当代设计师的重要创意启发。

图片来源

图一　　孟凡奇　摄影
图二至图四　李婕　制图
图五、图六　李晓璇　制图
图七　　苏都尔·伟伟　摄影

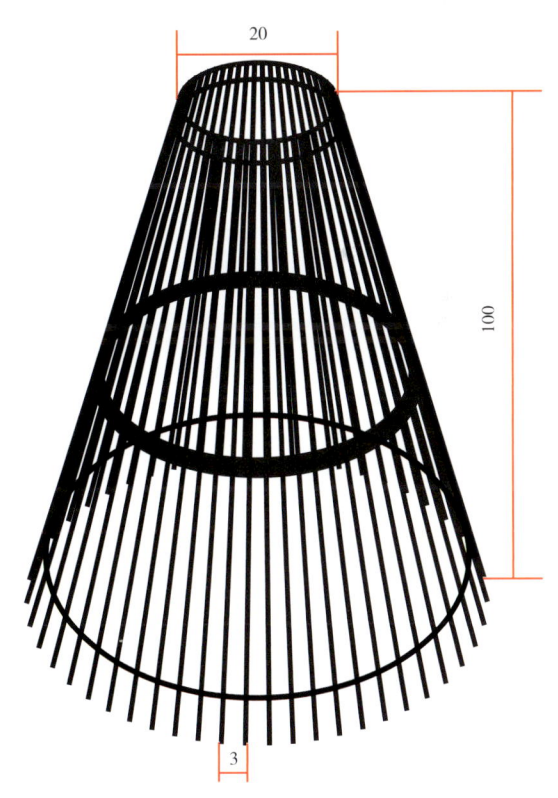

图二　达斡尔族鱼罩尺寸图（单位：cm）

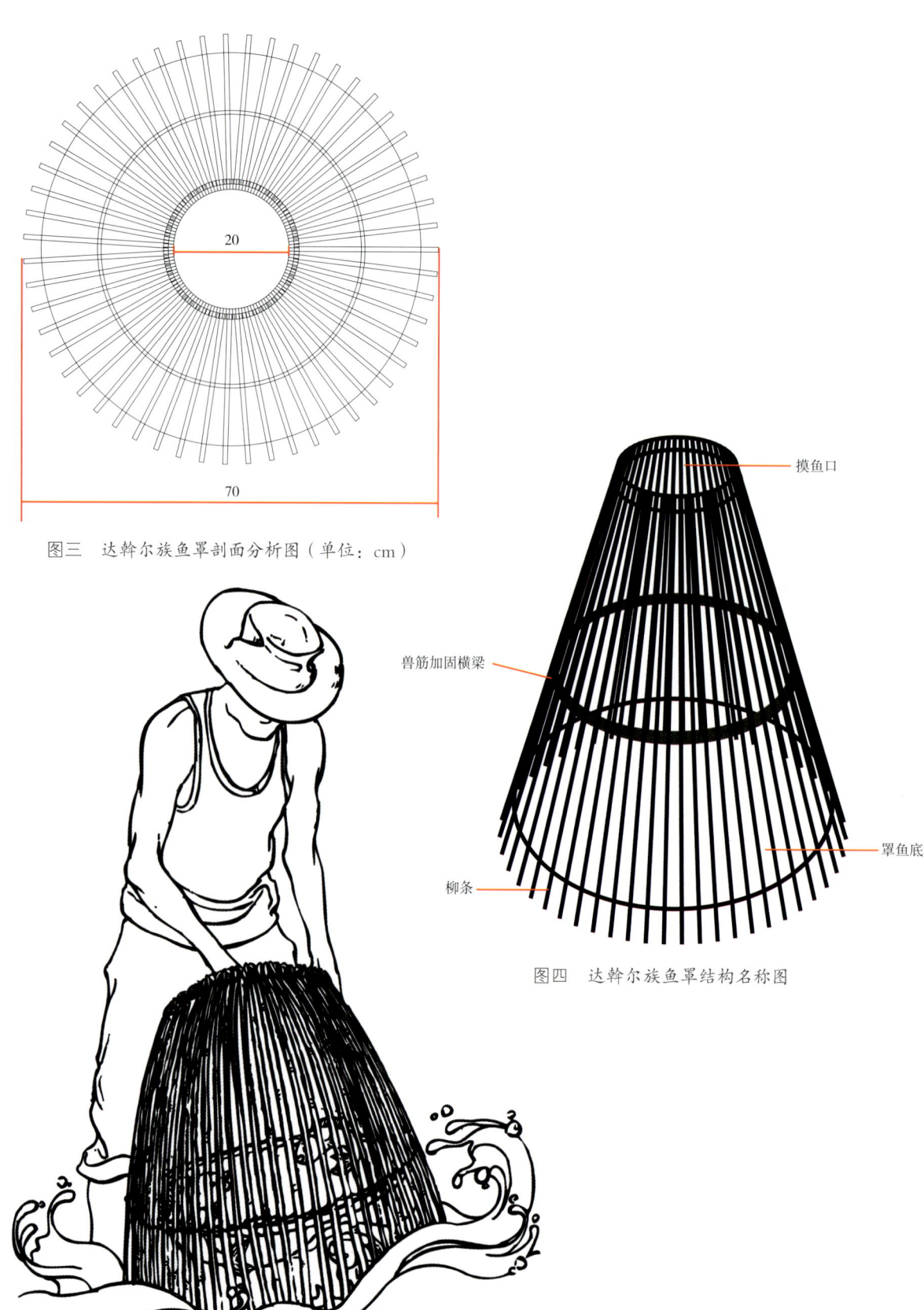

图三　达斡尔族鱼罩剖面分析图（单位：cm）

图四　达斡尔族鱼罩结构名称图

图五　达斡尔族鱼罩使用情境图1

图六　达斡尔族鱼罩使用情境图2

图七　达斡尔族2008年罩鱼比赛实景图

达斡尔族鱼洞

图一　达斡尔族鱼洞主图

　　用鱼洞捕鱼是达斡尔族特有的捕鱼方式。鱼洞是放在小河里的一种捕鱼工具，民间也有称这种捕鱼工具为鱼囤，这里称为鱼洞，是引自中央民族大学语言文学院丁石庆老师的《达斡尔语渔业词汇与渔业文化历史变迁》一文。鱼洞的造型、大小与盆类似，整体外形如同盆面上用网状物铺盖，网面上留有鱼钻入的洞，盆的侧壁开有门，可以开关。捕鱼时，关闭侧壁门，在静水区待鱼钻入，收鱼洞后开门取鱼。用鱼洞捕鱼一般是在春季，这种捕鱼方式比较容易，但产量不高，适合达斡尔族老年人或妇女捕鱼时使用。

　　制作鱼洞的材料有两种，一种为桦树皮制，另一种为铁制，还有些人家直接以盆为基本雏形，加工后成为捕鱼的鱼洞。鱼洞外形为扁的圆筒形，直径一般在30～50厘米，高大概在15厘米左右。以桦树皮制成的鱼洞，是以桦树皮条圈围成圆筒的外周，其顶面是以麻绳编织的网，网的边缘与桦树皮外帮紧紧固定，因为固定得很紧，顶面的网面具有很强的承受能力。网面的中心处开有直径为6厘米的圆孔，沿着网面上的圆孔外周镶上同样直径的桦树皮制小圆筒，小圆筒高度大概在5厘米左右，作为入鱼的口，桦树皮鱼洞的底部同样是以麻绳编成的网。捕鱼时，把一些苏子油渣等鱼食放入鱼洞中，然后在鱼洞的底端拴上一些重物使其沉入河底。一些鱼嗅到苏子油的香味后便游入"洞"中，在其中周旋，但很难从小洞口中游出来，这时把鱼洞拉出来便可以捕到鱼了。由于鱼洞的外壁上开有长6厘米、高4厘米的小门，鱼从小洞口游入后，拉起鱼洞便可以开门取鱼了。有些鱼洞是铁制的，鱼洞的外周以铁皮圈围而成，鱼洞上面也以网状形式出现，网以铁丝编成，底部是在圆形铁皮上面均匀地开出数个直径为1厘米左右的小圆口代替网面。无论是哪种制作鱼洞的方法，捕鱼的功能与产量是一致的。善于用鱼洞捕鱼的人，准备30~50个这样的鱼洞，划船到河流缓慢处，将鱼洞系上重物，沉入河底，鱼洞上再拴上绳子，绳子上面系上鱼漂，鱼漂漂在水面上，拉鱼洞时，根据鱼漂的位置就可以找到鱼洞，就可以捕到栖息在鱼洞里的鱼了。

鱼洞是达斡尔人在长期渔猎生活中发明的独特的捕鱼工具，虽然这种捕鱼方式不及叉鱼捕的鱼大，也不及渔网捕到的鱼多，但在生产实践中，这种捕鱼的方式在日常生活中也起到了重要的作用。鱼洞是达斡尔人聪明才智的又一经典案例，它在装饰上的简约、朴素是对达斡尔族诸多生产工具的诠释，囊括了几乎所有生产工具的基本装饰特征。中国传统的造物设计思想素来主张器物以简约为美，提倡顺物自然，反对过多的雕琢和文饰，追求的是"器完而不饰""质真而朴素"的设计审美志趣，从中不难看出古人重设计功能而反对无谓装饰的评判标准。在鱼洞的设计造物活动中，体现了达斡尔人用最简单、最质朴、最经济的材料，设计创造了最为省力、省时、适用的生产工具，是对皇族繁复造物装饰的反叛甚至嘲讽，也是达斡尔民族文化的体现，更是现代设计师良好的借鉴。

图片来源

图一　孟凡奇　摄影

图二、图三　李婕　制图

图四　李晓璇　制图

图五　苏都尔·伟伟　摄影

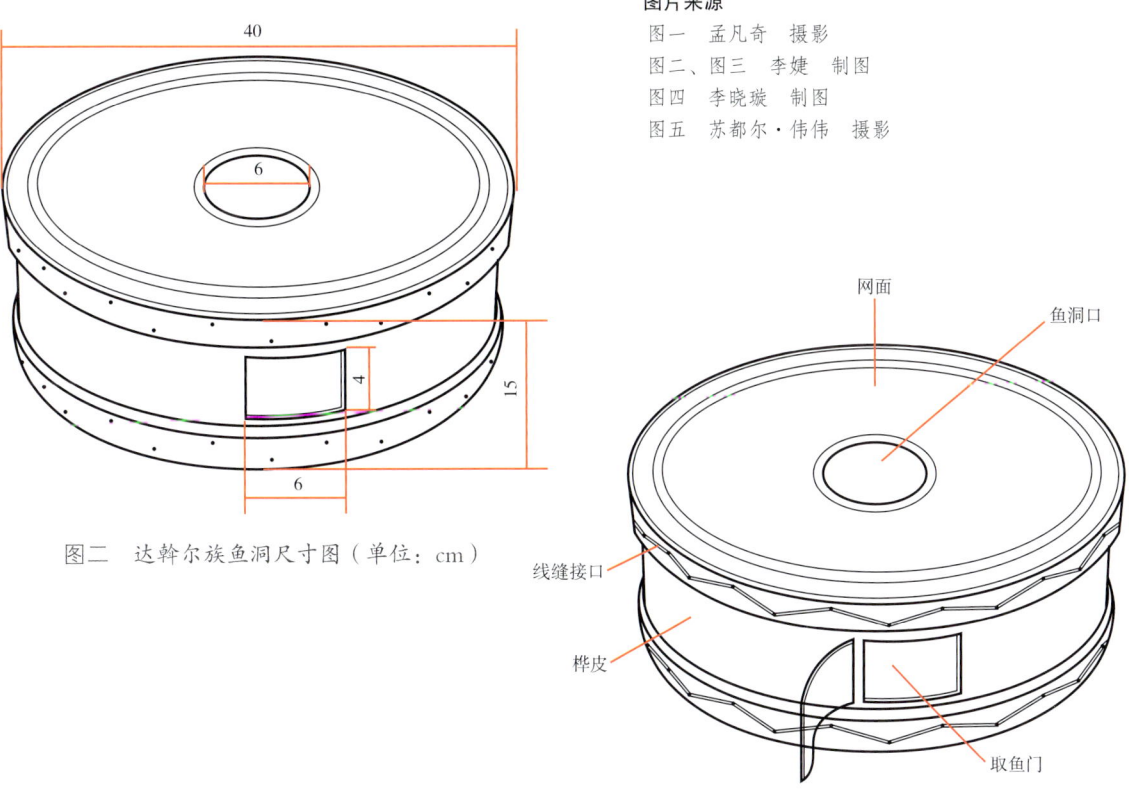

图二　达斡尔族鱼洞尺寸图（单位：cm）

图三　达斡尔族鱼洞结构名称图

图四 达斡尔族鱼洞示意图

图五 达斡尔族鱼洞捕鱼实景图

达斡尔族渔网

图一 达斡尔族渔网主图

　　达斡尔人始终居住在河流纵横、渔业资源十分丰富的地域,由此可推断达斡尔人曾经有过十分繁荣的渔业生产活动。达斡尔人在夏季和冬季均有渔猎生产活动,根据不同的水域和不同鱼的习性,有着多种多样的捕鱼方式,以网捕鱼是其中一种产量丰富的捕鱼方式。据史料记载:清代前期,达斡尔族的渔业生产主要是为了自食,当捕到名贵鱼类,必须按时进贡朝廷。清末民初,达斡尔人的渔业生产有了长足的发展,捕鱼方法和工具也有所改进,使捕鱼量大增,加之随着物质交易的活跃及运输条件的改善,达斡尔人的渔业生产及鱼产品趋于商品化。因此,渔网的出现标志着达斡尔人的渔业生产活动已经影响到了达斡尔族的经济结构。

　　渔网捕鱼有不同的方式,随着不同的网鱼方式的出现,渔网的形态也在发生变化。第一种为方网捕鱼:其网为方形,边长为1～2米,以4根木棍支开渔网的四角,四角分别系有4根木棍,把木棍的另外一端绑在一起,然后四根木棍再与一根2米长的木杆绑在一起。捕鱼时,方网平行水面进入水底,并放入鱼饵,网杆露出水面,当鱼群游来时,收杆后就可以捕到鱼了。第二种为坐网捕鱼:一般是在乍暖还寒时,在河的两岸设下障碍,以两条柳笆中间夹以泥沙为"墙",在河的一端留下敞口,捕鱼者在留敞口的一端河岸上手拿长杆,把渔网放在敞口处,当鱼进入渔网时,渔网会抖动,这时便可以拉网取鱼了。这种带杆的渔网,一般是用尼龙化纤制品手工编织而成,直径大概 50 厘米,网兜深大概 70 厘米,网杆为木制约 2 米长。第三种为下网捕鱼:下网捕鱼又分为拉网、挂网、旋网,这三种方式基本都是将大网从船上抛出或直接挂在船上,然后撒网回拉,这时鱼就可以兜在网里了。下网捕鱼需要的网比较大,一般用自己种的麻来搓绳编织渔网,也有用买来的棉线编织渔网的。第四种为围网捕鱼,是达斡尔族冬季的捕鱼方式,需要凿冰捕鱼,是一次较大的集体捕鱼活动。首先需要在冰上凿出 10 个左右直径大概 1.5 米的冰窟窿,这些冰窟窿围成一个大的圆形,下网时,用一个木杆拴网绳,从一个冰窟窿穿到另外一个冰窟窿,直到渔网围成一圈为止,首尾相连后,把围住的鱼群从收网口收回。这种捕鱼的办法,渔网一般很大,编织一片渔网大概要 10 米长、4 米宽,一个人需要 7 天才能织完,冬季围网捕鱼一般需要几片到十几片这样的渔网,而且要用麻绳织网才结实耐用。能用自己种的麻来织渔网是达斡尔族渔业发达的一个重要因素。

达斡尔族的渔网在不同的捕鱼方式下,呈现不同的形态,展示了达斡尔人在生产生活过程中灵动的思维方式与聪明才智。在 20 世纪五六十年代后,随着达斡尔族聚集地外来人口的增多,渔业资源遭到破坏,传统的渔业渐渐稀少,渔网的产量也逐渐减少,但渔网这种传统的编织技术、编织理念却还存留在民间,为现代设计提供了丰富的设计资源,我们可从渔网的造物文化中汲取智慧与营养。

图片来源

图一　杨兴斌　摄影
图二至图四　李婕　制图
图五、图七至图九　孟凡奇　摄影
图六　李晓璇　制图
图十　苏都尔·伟伟　摄影

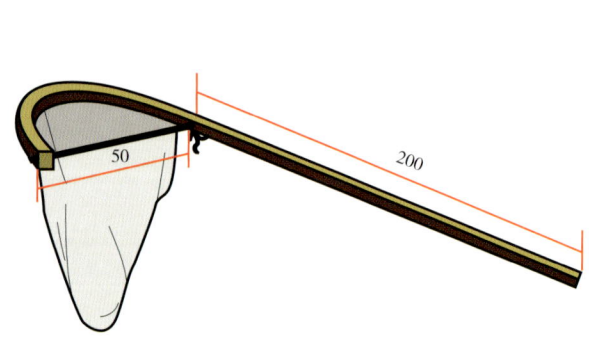

图二　达斡尔族渔网尺寸图(单位:cm)

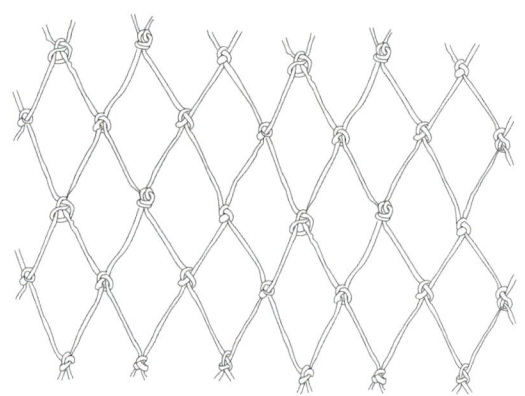

图三　达斡尔族渔网局部示意图

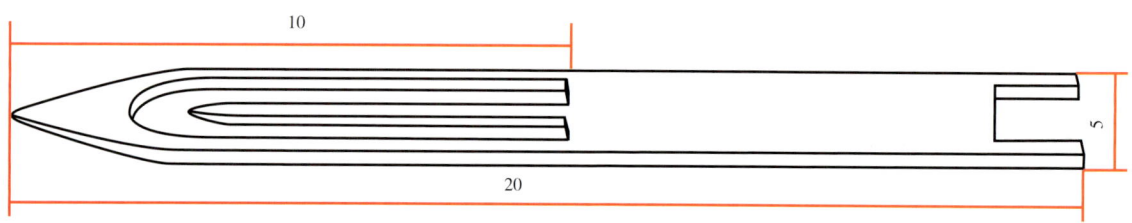

图四　编织渔网的梭子尺寸图(单位:cm)

图五　编织渔网的梭子实物图

图六　达斡尔族渔网使用情境图

图七　达斡尔族渔网实物图1

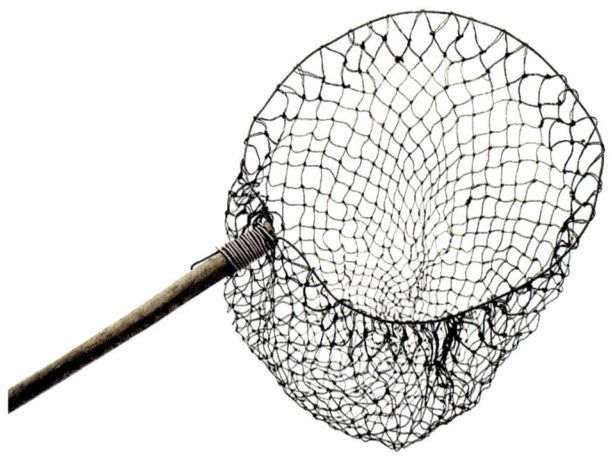

图八　达斡尔族渔网实物图2

图九　达斡尔族渔网实物图3

图十　冬季拉网捕鱼实景图

达斡尔族搓绳木制手摇器

图一　达斡尔族搓绳木制手摇器主图

达斡尔人凭借自己的聪明才智，创造出许多实用的生活用具，既减轻了劳动负担，又增添了很多生活情趣。

搓绳木制手摇器是达斡尔族妇女在搓绳时用的木制手摇器，用法简单：妇女手里拿着这种搓绳木制手摇器转动，将两股或多股麻绳、兽筋等在旋转的过程中拧为一股。用这种搓绳手摇器提高了搓绳的效率，省时省力。搓绳木制手摇器以松木或桦木为制作原料，通过"横二竖三"的木条排放方式制成。最上端的横木条约为25厘米，与这根横木条垂直的三根竖木条，中间的木条最长，约为28厘米，它连接着转动用的手柄，在搓绳的时候，这根木条是用途最大的，多股细线就是通过这根木条转动而搓成一股。左右两侧各有辅助的木条两根，长约20厘米，与底端长约18厘米的横木条形成外框。搓绳的时候，这个木框起到了保证线绳在框架里被搓成，防止线脱落。

作为达斡尔族的生产用具，搓绳木制手摇器显示出较高的原创性和独特性，也显示出达斡尔族造物的智慧。将生产劳动变得简便易行，这是达斡尔族搓绳木制手摇器设计对中国设计史论研究器物的造型与功能的启发，非常值得借鉴。

图片来源
图一　孟凡奇　摄影
图二、图三　李婕　制图
图四　刘祥　制图

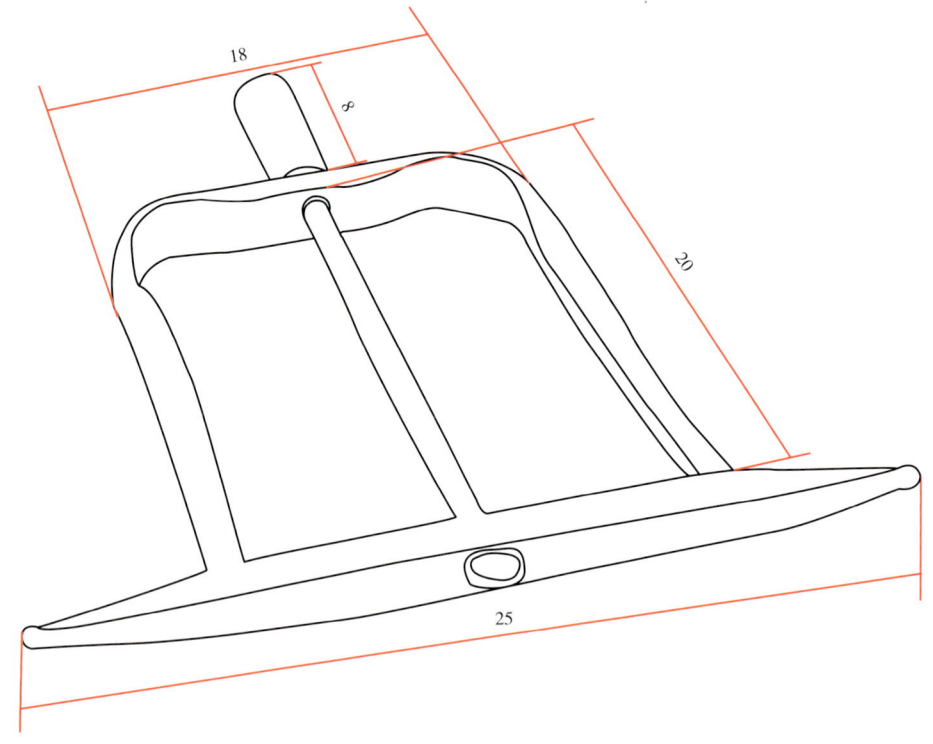

图二 达斡尔族搓绳木制手摇器尺寸图（单位：cm）

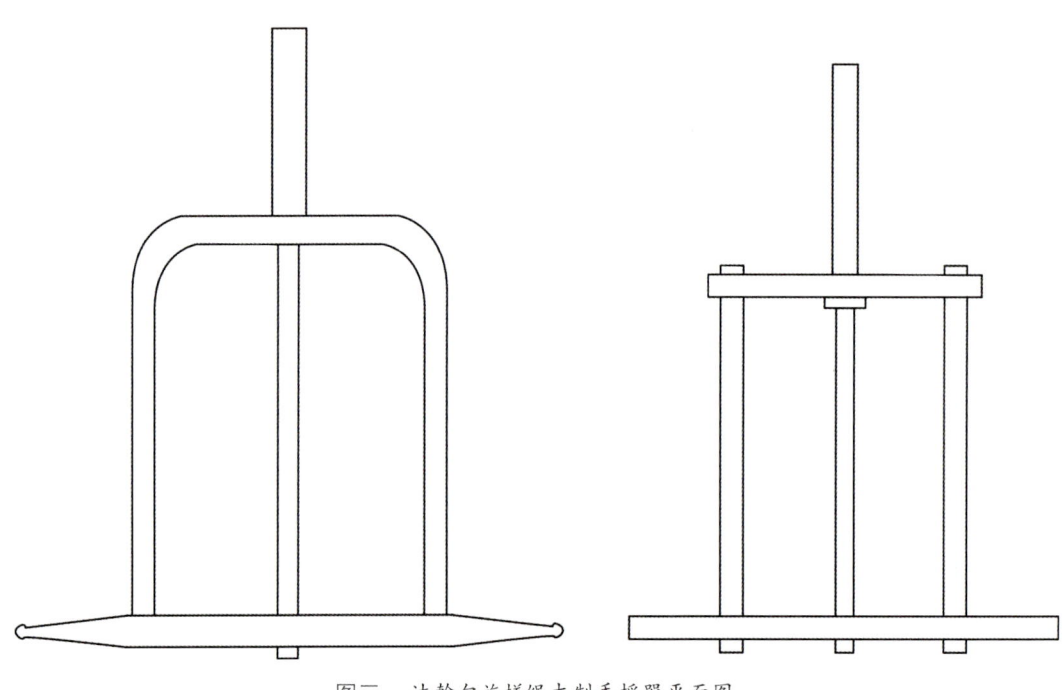

图三 达斡尔族搓绳木制手摇器平面图

图四 达斡尔族搓绳木制手摇器使用情境图

达斡尔族弓箭

在枪支传入之前,弓和箭曾经是达斡尔人的主要狩猎工具,用来射杀围捕猎物。因为达斡尔族具有悠久的狩猎传统,骑射功夫成了每一个达斡尔男人必备的生存技能。

达斡尔族弓箭由弓弧、箭杆、弓弦组成。弓弧以落叶松或榆木削制,圆滑而富有弹性,弓弧的表面漆上颜色,增加了装饰效果。箭杆使用桦木或落叶松制成,长约75厘米,抛光,长而坚韧。弓弦以鹿或犴的筋线搓成,结实有力。箭镞有木制的,后期发展为石制、骨制、铁制的,箭镞呈菱形,这种形状减小了箭镞与空气的摩擦阻力,保证了在拉弓射箭后箭的速度。不同的猎取对象决定了弓箭的不同形制,对于一些飞禽等小猎物,弓箭一般采用较小的、箭杆较轻的;对于大的野兽,当然要用大的弓箭,不但具有一定的弹性力度,而且要用相对重的"强弩"。

达斡尔民族对弓箭的长期应用,促成了达斡尔族弓箭在功能上的一些简单改良,使得达斡尔族弓箭更加适合本民族狩猎与战事的实际需要。一切根据本民族实际应用的具体需要出发,就是达斡尔族弓箭在设计上给予当代设计师的启发。

图片来源
图一　孟凡奇　摄影
图二、图三　李婕　制图
图四　刘祥　制图

图一　达斡尔族弓箭主图

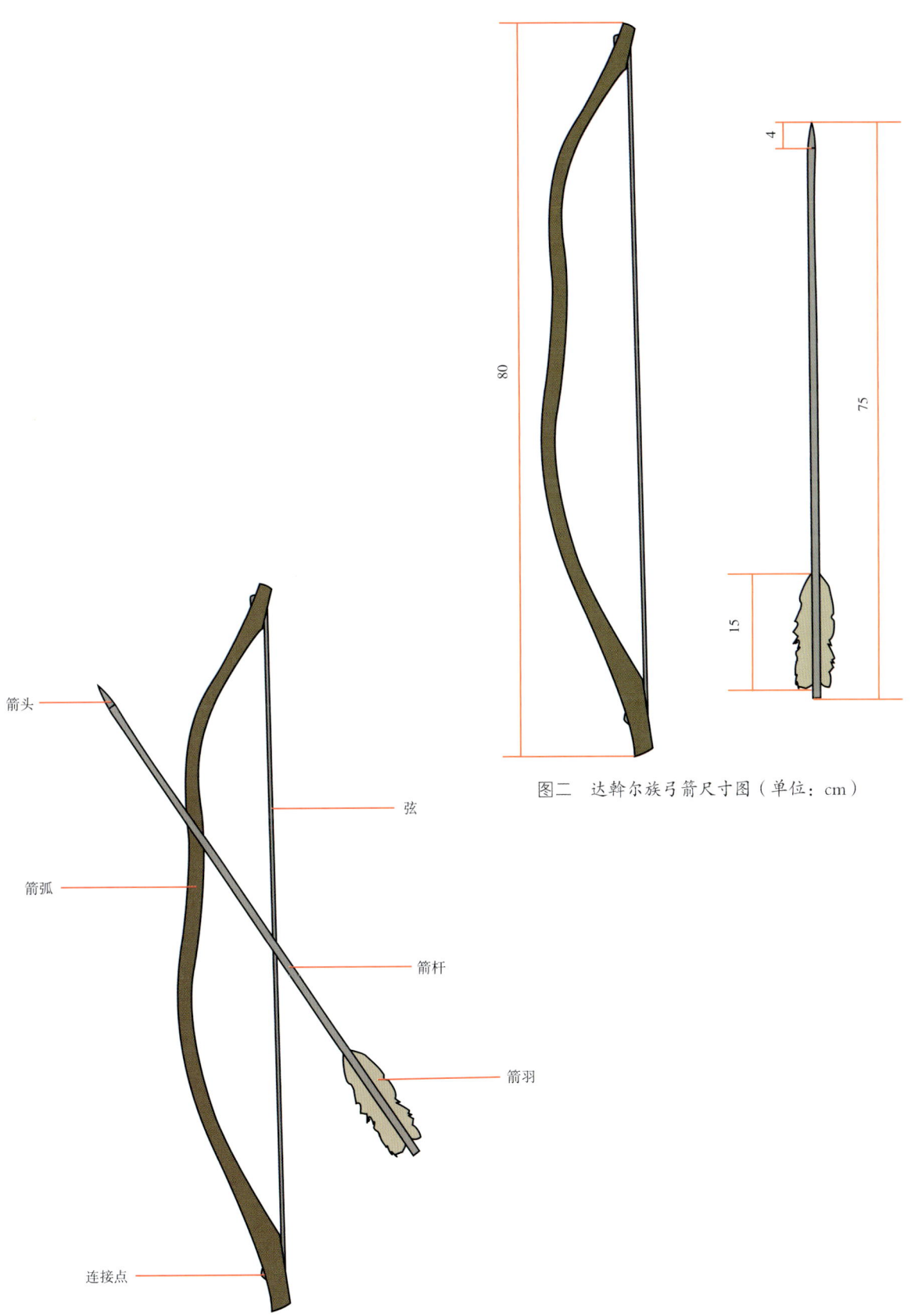

图二　达斡尔族弓箭尺寸图（单位：cm）

图三　达斡尔族弓箭结构名称图

图四 达斡尔族弓箭使用情境图

达斡尔族猎物夹子

图一 达斡尔族猎物夹子主图

狩猎是达斡尔族最古老的生产活动之一，弓箭和扎枪是早期主要的狩猎生产工具，而埋地弓、设陷阱、套子、夹子等方式，是达斡尔族辅助性狩猎方法。19世纪中叶以后，达斡尔人开始利用火药发射子弹来获取猎物，大大提高了狩猎的生产效率。但在此前，猎物夹子同样在狩猎活动中扮演着重要的角色。

猎物夹子，达斡尔语称为"卡布其"，由木圈、铁片、粗铁丝、弹簧、木楔等主要构件组成，长约20厘米，宽约25厘米，小巧精致，做工古朴、简易，不容易被动物发现。在捕获猎物时，将铁丝圈与弹簧固定好，同时铁皮上有几个小孔及系绳子的位置，将一些食物放在铁皮面上，吸引猎物，当猎物吃到食物时，铁皮在弹簧的作用下迅速翻转，使猎物头部完全卡在猎物夹子中而无逃生能力。另外，还有一种猎物夹子，完全以木制材料制成，成本低，制作方法简单，以树枝或木条弯曲后用拧紧的麻绳固定各部件，这种夹子带有木楔自动装置，当猎物碰到夹子上的套线时，将会牵动引栓，夹子便由弹力筋的一侧快速翻转到另外一侧，使猎物无法快速脱身，便会被夹在猎物夹中。猎物夹子是达斡尔族早期原始的集体围猎方法之一。

猎物夹子是达斡尔人在生产实际与长期劳动过程中的自制劳动工具，不但捕猎效率高，也是那个时代捕猎特有的工具。20世纪中叶，由于兴安岭地区的农林开发，加之长期无计划的捕猎，使珍贵的动物逐渐减少，达斡尔族的狩猎业也逐渐出现萎缩的状态。设计史再一次告诉我们，资源的浪费、环境的变化必将带来生产工具的最终变化。

图片来源
图一　孟凡奇　摄影
图二至图五　李婕　制图
图六　刘祥　制图

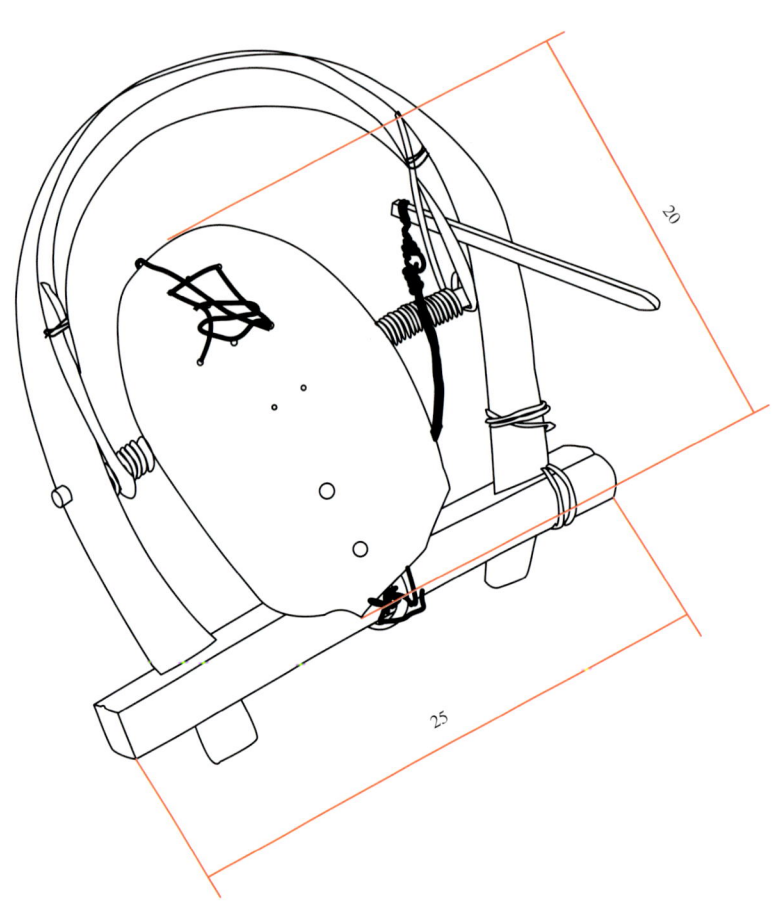

图二　达斡尔族猎物夹子尺寸图（单位：cm）

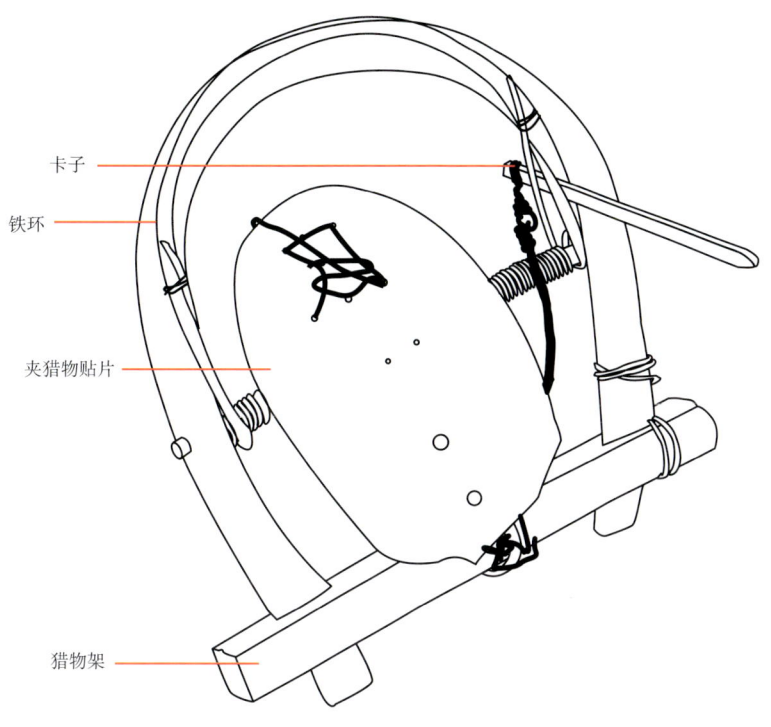

图三 达斡尔族猎物夹子结构名称图

卡子
铁环
夹猎物贴片
猎物架

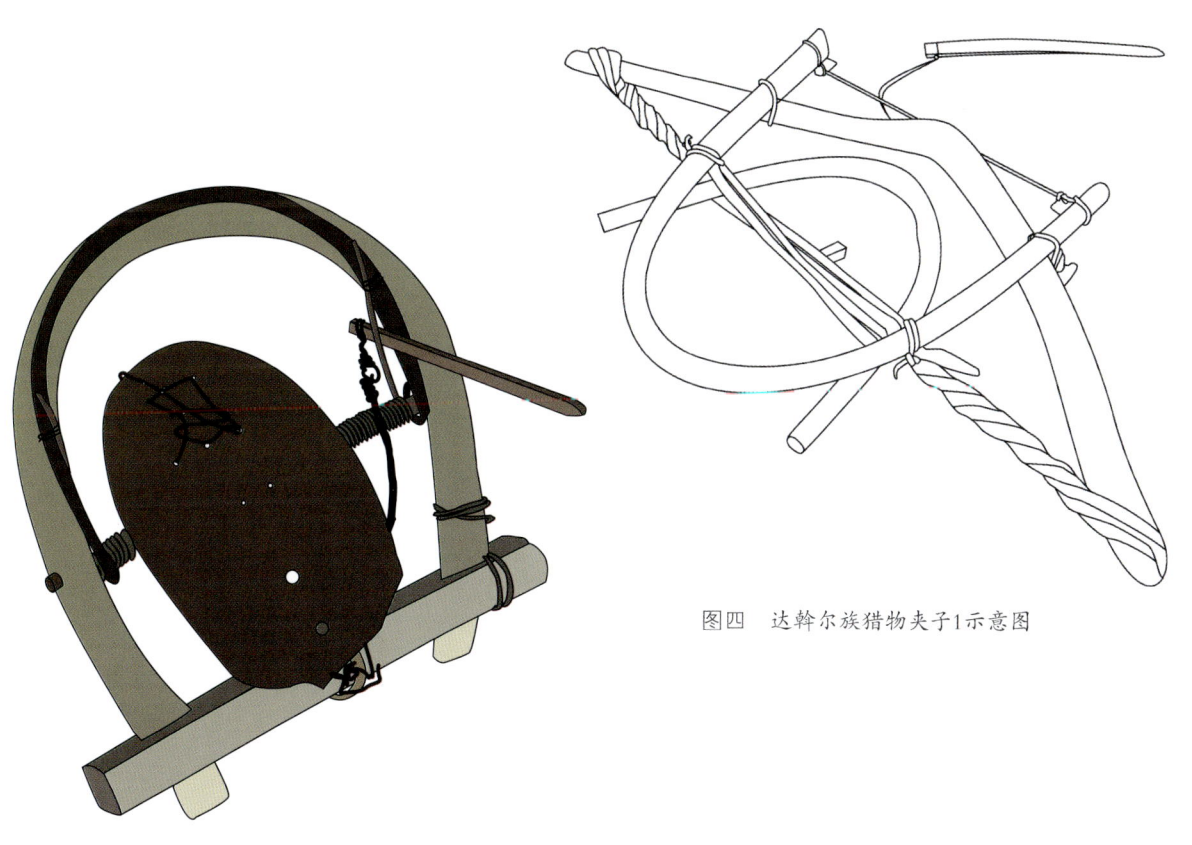

图四 达斡尔族猎物夹子1示意图

图五 达斡尔族猎物夹子2效果图

图六　达斡尔族猎物夹子使用情境图

达斡尔族猎刀

图一 达斡尔族猎刀主图

达斡尔族在长期的劳动实践中制造了很多得心应手的劳动生产工具，猎刀就是其中之一。猎刀因其短小精悍和方便实用，在达斡尔族的狩猎及日常生活中发挥着重要的作用。长期的狩猎生活使达斡尔族的刀具制作精细、美观、实用。

猎刀的外形似柳叶，周正对称，由刀把手、刀身及刀鞘组成。猎刀长短不一，较长的猎刀有 40 厘米，稍短的 25 厘米，宽度约 3~5 厘米。刀身采用较好的铁材，刀背一般较厚，有 0.5 厘米左右，逐步向刀刃处过渡变薄。刀刃是经过多次打磨后形成的，在刀背的稍向下两侧各有一道凹槽，但凹槽的深度逐渐减少，到刀尖处凹槽完全消失。刀把手一般为木制，上面有漆上的颜色及纹理，长度约为刀身长度的三分之二，在持握时非常舒适，完全符合人体工程学，有些制作精细的猎刀在刀把手部分雕刻有花纹。刀鞘一般也是木制，有些刀鞘为了增加装饰效果，在截面上加几条金属线，不仅起到了装饰的作用，而且对鞘体也有加固的作用。刀鞘的最上端有铜环，与刀把手上的铜环用皮绳相连，可以防止丢失。

达斡尔族猎刀的发明与使用体现了达斡尔人的聪明才智，也显示了达斡尔族与其他民族之间的交流。猎刀以最低廉的成本、最寻常的材料，得到了最广泛的使用，深受达斡尔人喜爱，这是达斡尔族猎刀对现代设计的启示。

图片来源
图一　孟凡奇　摄影
图二至图四　李婕　制图
图五　刘祥　制图

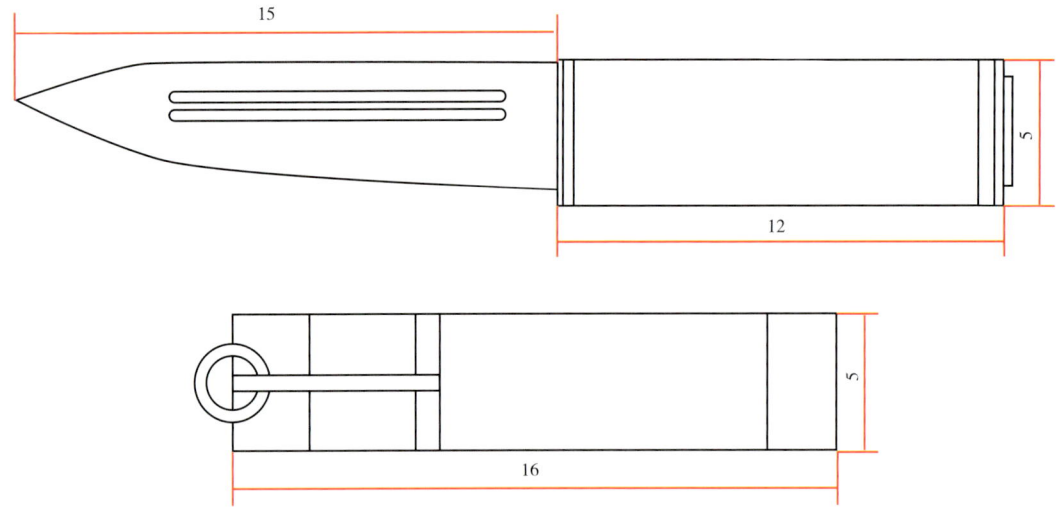

图二　达斡尔族猎刀尺寸图（单位：cm）

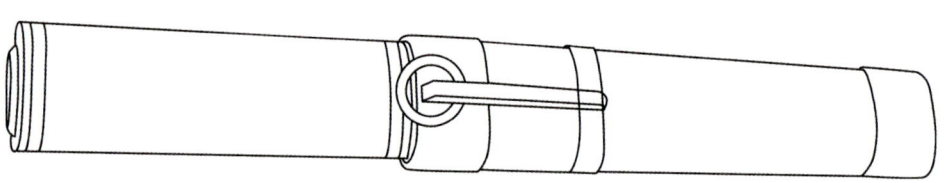

图三　达斡尔族猎刀透视图

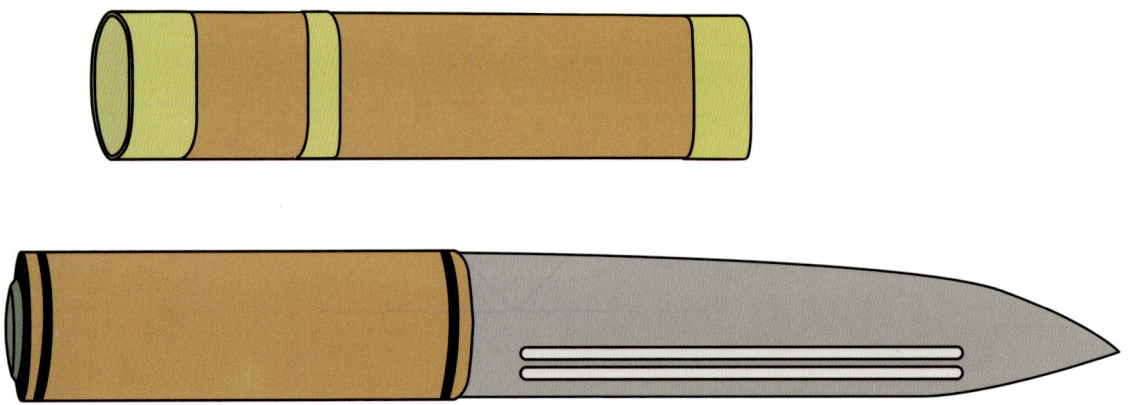

图四　达斡尔族猎刀颜色分析图

图五　达斡尔族猎刀使用情境图

达斡尔族猎枪

图一　达斡尔族猎枪主图

猎枪是逐渐传入达斡尔族的，曾经与弓箭并用很长时间，而且各种枪支是交替使用、交错存在的。枪支的普遍使用，有力地提高了狩猎水平，但猎枪的出现并没有立刻淘汰传统的猎具，而是与传统猎具并行发展多年。

猎枪有火枪、单响枪及现代步枪之分。火枪是指从枪口装入火药和枪砂，由于发火的方式不同，有火绳枪、火镰枪、火药枪。达斡尔族使用火药枪自制子弹与火药的历史很悠久。单响枪比火药枪先进，子弹有铅头，内装火药，后有引火帽。子弹有圆、长两种，每次只能装一颗子弹，射程 100 米左右。单响枪要擦油，每只枪都配有擦油盒，后来逐渐发展为一次可装 6 枚子弹或 13 枚子弹，被称为连珠枪。现代步枪，是在民国时期传入达斡尔族的，种类较多，有引进俄式的也有引进日式的。这种作为生产工具的猎枪，后来又转化成了达斡尔族的兵器。

深入研究猎枪和其他达斡尔族的传统猎具的演化历史，有助于我们在设计学历史研究范围探索原始生产工具的渊源，研究生产技能与制器技能的内在联系，这是利用设计发生学相关思路进行现实启迪的价值。

图片来源
图一　孟凡奇　摄影
图二至图七　李婕　制图
图八、图九　刘祥　制图

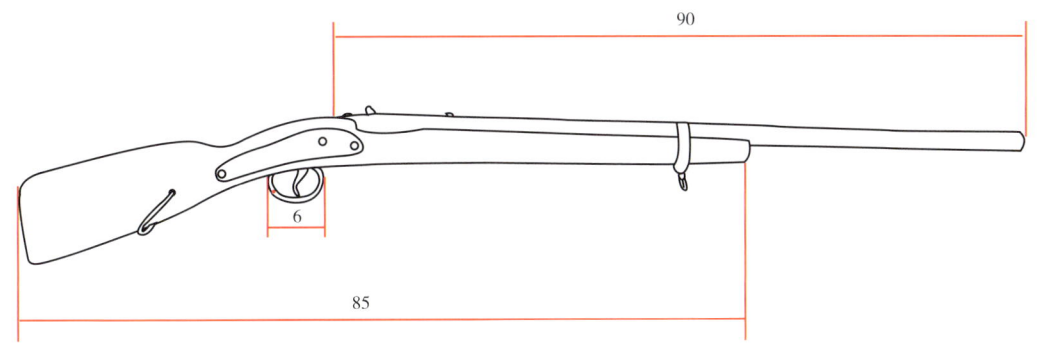

图二 达斡尔族猎枪尺寸图(单位:cm)

图三 达斡尔族猎枪效果图

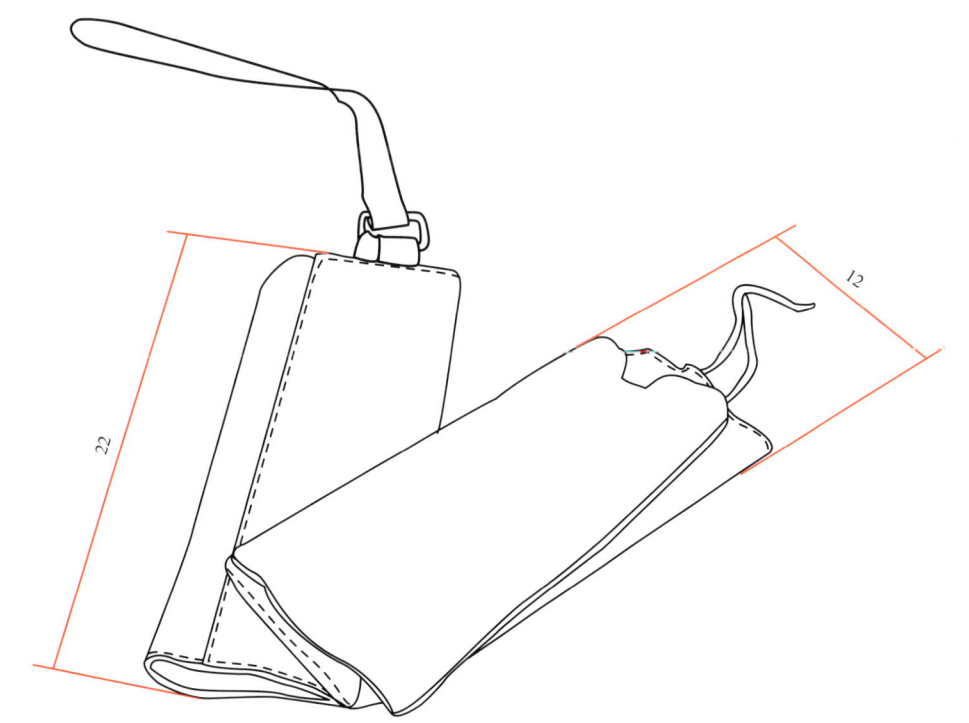

图四 达斡尔族皮制子弹袋尺寸图(单位:cm)

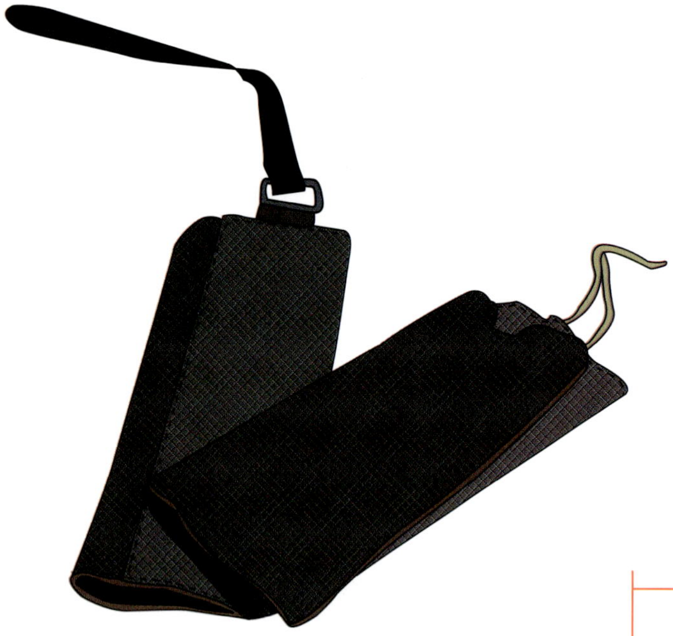

图五　达斡尔族皮制子弹袋效果图

12
3
5
16

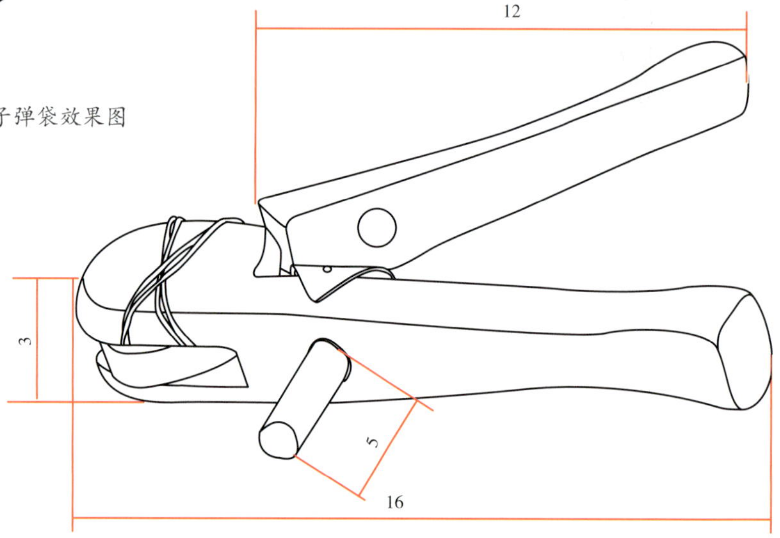

图六　达斡尔族子弹底部压火炮工具尺寸图（单位：cm）

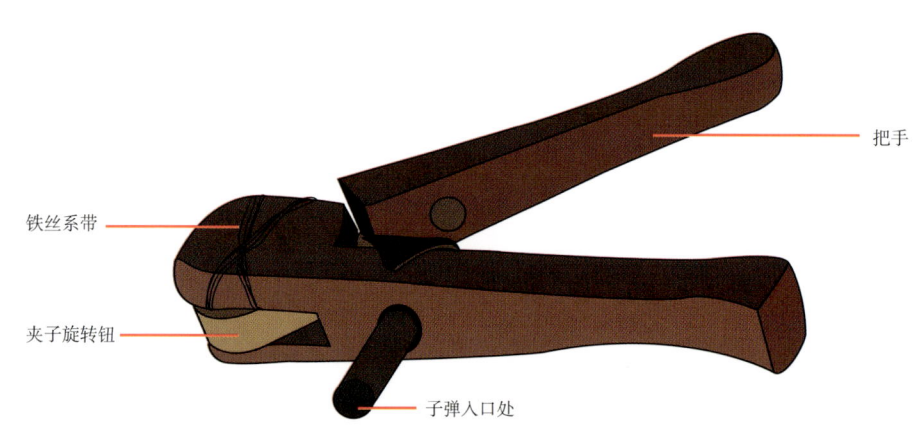

把手
铁丝系带
夹子旋转钮
子弹入口处

图七　达斡尔族子弹底部压火炮工具结构名称图

图八 达斡尔族猎枪使用情境图

图九 达斡尔族猎枪随身携带情境图

达斡尔族鱼叉

图一 达斡尔族三叉鱼叉主图

达斡尔族的捕鱼技术有很多，捕鱼也有强烈的季节性，不同的季节捕鱼的方式是不同的，用鱼叉叉鱼主要是春季比较流行的捕鱼方式，也多用于冬季冰面捕鱼及夏季夜晚船上捕鱼。

鱼叉为铁制的，有大小之分，大的长约56厘米，宽约26厘米；小的鱼叉长约30～40厘米，宽约25厘米，重量一般在1.5～2公斤。由于鱼叉非常坚固，所以用叉鱼的方式捕鱼可以捕到很大的鱼。在形制上，鱼叉有双齿、三齿和五齿之分，三叉鱼叉一般中间的叉枝最长，而两边的叉枝比中间的要短一些，适合在捕鱼时叉住鱼的主要部分。鱼叉一般有防止鱼被叉上后逃脱的倒钩。鱼叉一般安装在木柄上，木柄是由松木或者桦木制作，柄端有一个或两个槽，外面箍上皮条，前端或者插入推钩或者插入有柄叉头。鱼叉的头部一般均有一个孔，可以拴长绳，绳端握在捕鱼者的手中，当刺中鱼后，由于鱼负痛挣扎，又有水的阻碍，容易使叉头与木柄脱开，因此把鱼叉与绳索相连，可以引绳取鱼。

达斡尔族的鱼叉造物文明充分融合了其他民族的技艺，在接纳其他民族文化优点的基础上不断改良、不断完善。从设计学史论研究角度看，达斡尔族传统鱼叉的研究价值在于它证实了达斡尔族在生产过程中不断地发挥聪明才智，并总是与生活紧密相连，迎合生存生产之需。

图片来源
图一 孟凡奇 摄影
图二至图四 李婕 制图
图五 刘祥 制图

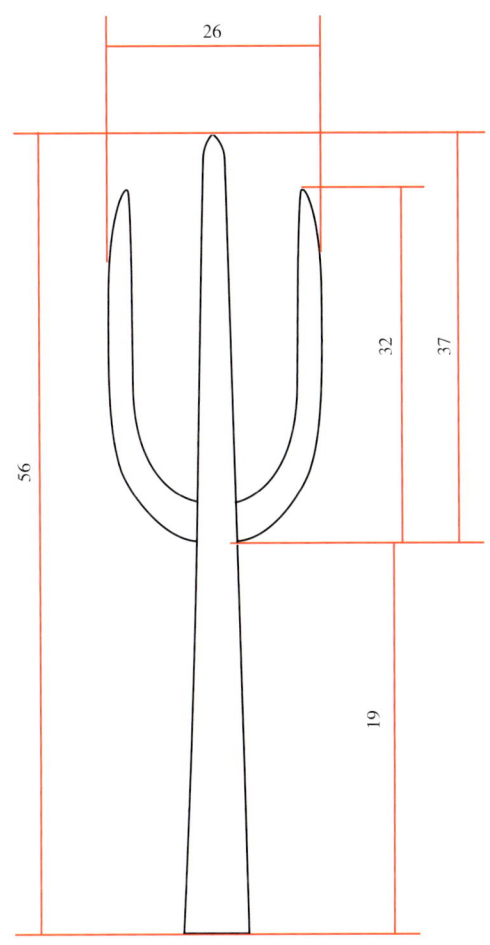

图二 达斡尔族三叉鱼叉尺寸图（单位：cm）

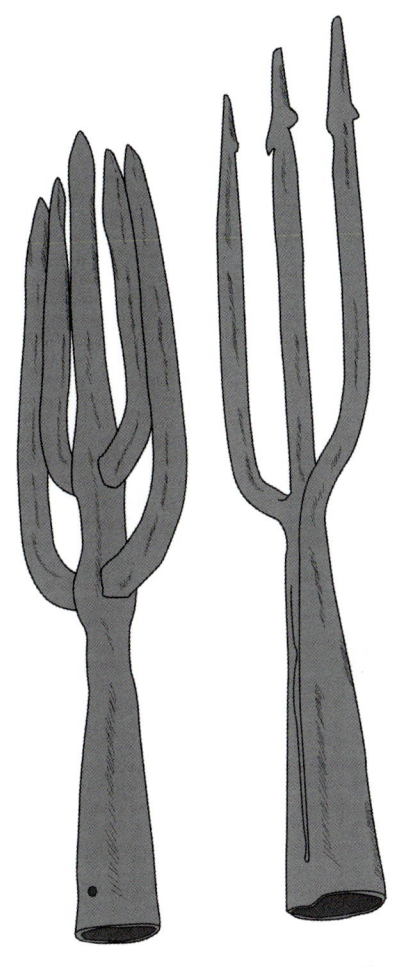

图三 达斡尔族三叉、五叉鱼叉效果图

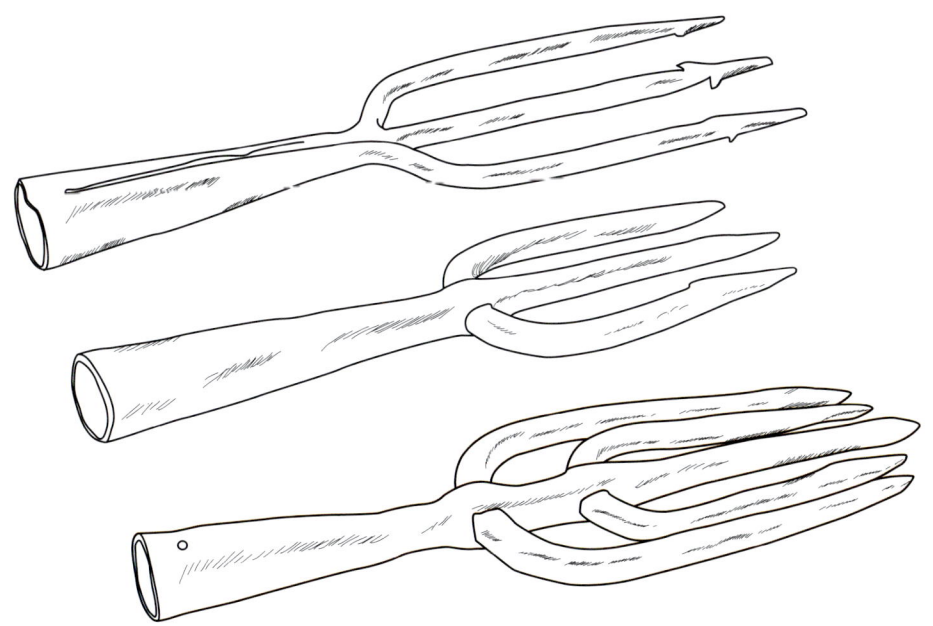

图四 达斡尔族三叉、五叉鱼叉示意图

图五　达斡尔族鱼叉使用情境图

达斡尔族鱼形小刀

图一　达斡尔族鱼形小刀主图

达斡尔族是渔猎的民族，因为经常捕鱼，所以以鱼为造型的工具也很多，鱼形小刀是达斡尔族在日常生活中的必备物品，用途广泛而普遍。

鱼形小刀为木制雕刻，造型栩栩如生，有鱼眼、鱼嘴、鱼身与鱼尾。鱼身长大约12厘米，宽度大约3.5厘米，属于小型的生活必备物品。鱼体为立体形，木雕的形态很逼真，刀是折叠的，不用时，刀可以收到木制的鱼腹内，用的时候可以将刀沿着鱼眼的轴点拉出。刀是用铆钉与木鱼头部连接，看上去特别像鱼的眼睛。刀体为铁制，长大约10厘米，宽约2厘米，制作精细。刀尖部分非常锋利，适合做一些精细的割与切的动作，省力省功。很多达斡尔人用小刀割鱼皮、削水果、切割小物件等。猎人打猎时也可以随身带上鱼形小刀，以备需要时使用。

鱼形小刀是早期达斡尔族日常生活中的重要生活工具，这种日常工具非常适合居家及狩猎时使用，达斡尔人对鱼形小刀的应用得心应手。在设计学范畴内，鱼形小刀在设计上采用仿生的形态，对现代设计学的仿生设计有重要的启发。鱼在达斡尔族的民间是有吉祥寓意的，鱼形小刀也有了吉祥的寓意。

图片来源
图一　孟凡奇　摄影
图二至图四　李婕　制图
图五　刘祥　制图

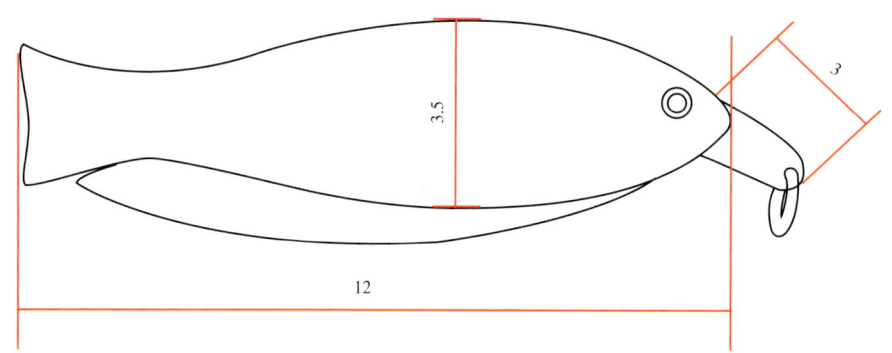

图二　达斡尔族鱼形小刀尺寸图（单位：cm）

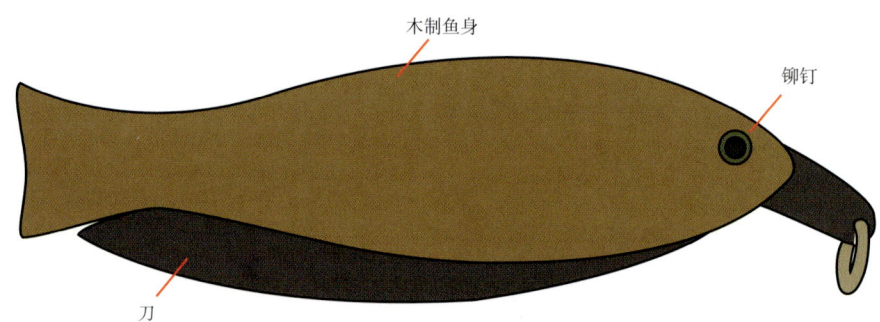

图三　达斡尔族鱼形小刀结构名称图

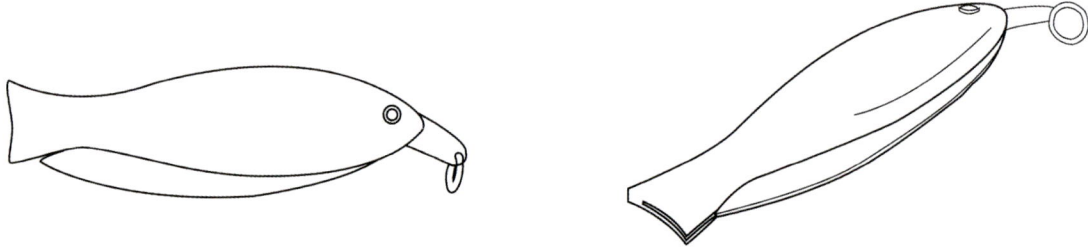

图四　达斡尔族鱼形小刀透视图

图五 达斡尔族鱼形小刀使用情境图

达斡尔族砸苏子器

图一 达斡尔族砸苏子器主图

曾经生活在大兴安岭森林中的达斡尔人,很习惯使用木质的生活用具,砸苏子器便是其中一件非常实用的制作食品的工具。达斡尔族早年以苏子砸油而食用,也喜欢把苏子砸成粉或膏状做烙饼的馅。

砸苏子器以一块木墩为原料,做成中空的木制桶状器物,配上木制的砸棒。内部呈圆形,适合将苏子叶捣碎,外面的器身是鱼形,也有椭圆形等。砸苏子器高约60厘米,外直径约25厘米,内直径约20厘米,壁厚约5厘米。砸棒的长约有1米,棒的头部大多是斧状的,大小一般比砸苏子器的内口稍小。

砸苏子器具有一定的重量,保证了在捣苏子的过程中防止倾斜。使用时,把苏子从器身入口处倒入器腹,用砸棒或斧棍等向内砸,直到把苏子完全砸成粉并浸出油,变成膏状为止。苏子油食用起来味道非常香醇,也可以用来做一些工具、车等的润滑油。苏子膏可以作为面食的内陷食用,味道同样非常香甜,是达斡尔族常用的食用原料。砸苏子器非常实用,在达斡尔族至今还有人使用。

达斡尔族的砸苏子器是一项相当实用的造物创意,体现了达斡尔人因地制宜、因陋就简的朴素造物设计思想。砸苏子器本身的文化积淀与技术积累,已为后世设计师们提供了丰富的实物例证。

图片来源
图一　孟凡奇　摄影
图二至图四　李婕　制图
图五　刘祥　制图

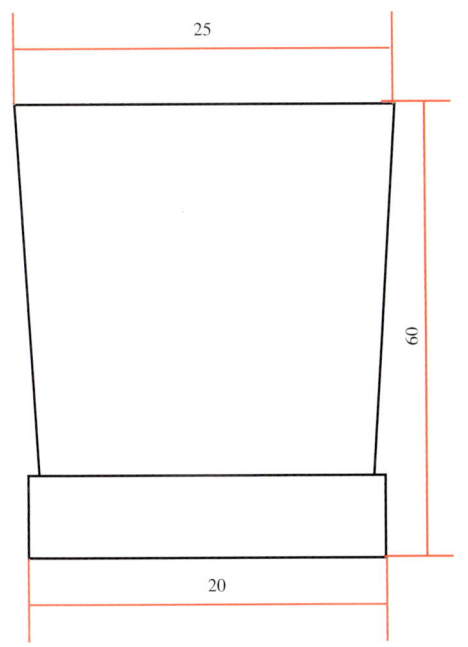 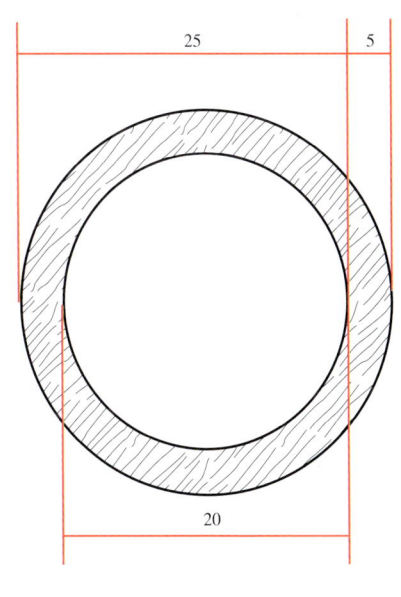

图二　达斡尔族砸苏子器尺寸图（单位：cm）

 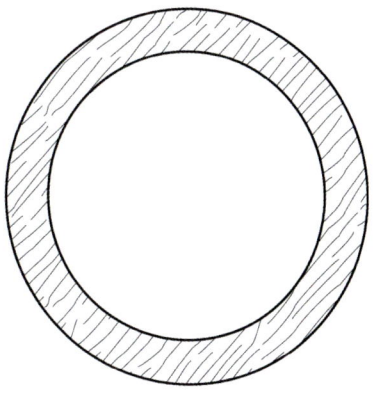

图三　达斡尔族砸苏子器侧视、顶视图

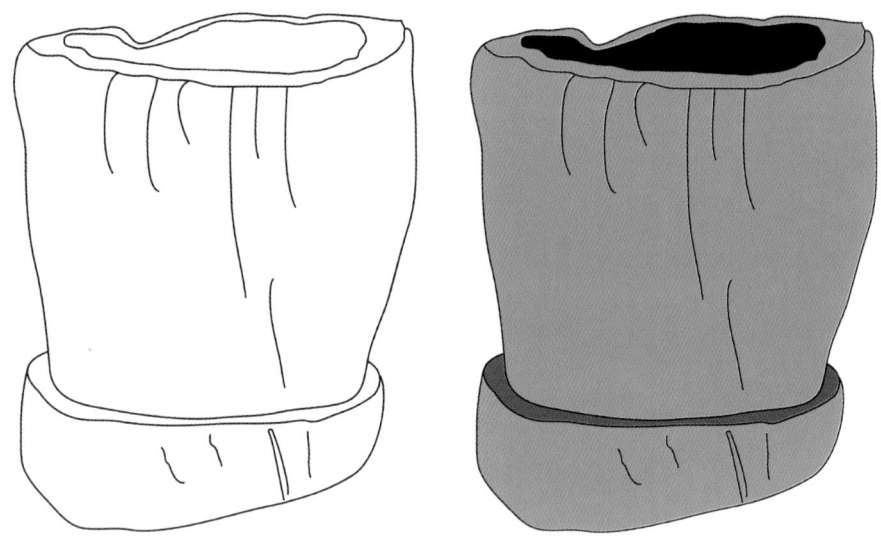

图四　达斡尔族砸苏子器透视图及效果图

图五　达斡尔族砸苏子器使用情境图

达斡尔族木制饸饹面床

图一 达斡尔族木制饸饹面床主图

达斡尔族的饮食非常具有民族特色，面食是达斡尔族的特色主食。木制饸饹面床是达斡尔族独创的制作饸饹面时的木制工具，操作简便，应用普及。用饸饹面床压制出的荞面不仅口感顺滑，而且面条长而不断，是招待宾客的必备食品，在达斡尔族至今还有应用。

饸饹面床多为木制，也有一些是铁制，利用了杠杆的原理，使用方便，造型上也比较有特色。饸饹面床主体部分是中空的木柱，柱的下面被钉上了带许多孔眼的铁片，与中空的木柱相对应的是一个与之内径适合的圆形木柱，圆柱木被固定在饸饹面床一端的木梁上，通过梁上的固定点与中空的木柱形成杠杆作用。使用的时候，把和好的面放入中空的木柱内径，然后再用上面的圆柱木挤压，面条即可从铁片的圆孔中流出。一般情况下，为了保证面条有劲道、新鲜，饸饹面床直接架在锅的上面，压出的面条就直接流入锅中的热水里。有时为了节省时间，几个人同时完成饸饹面的制作。

达斡尔族的这种饸饹面床非常实用，很快就普及到其他民族中了，在北方少数民族中均有应用。在设计上，达斡尔族饸饹面床经典的实用设计启示现代设计，要以最简单的办法，解决生活生产中的实际需求。

图片来源
图一　孟凡奇　摄影
图二至图五　李婕　制图
图六　刘祥　制图

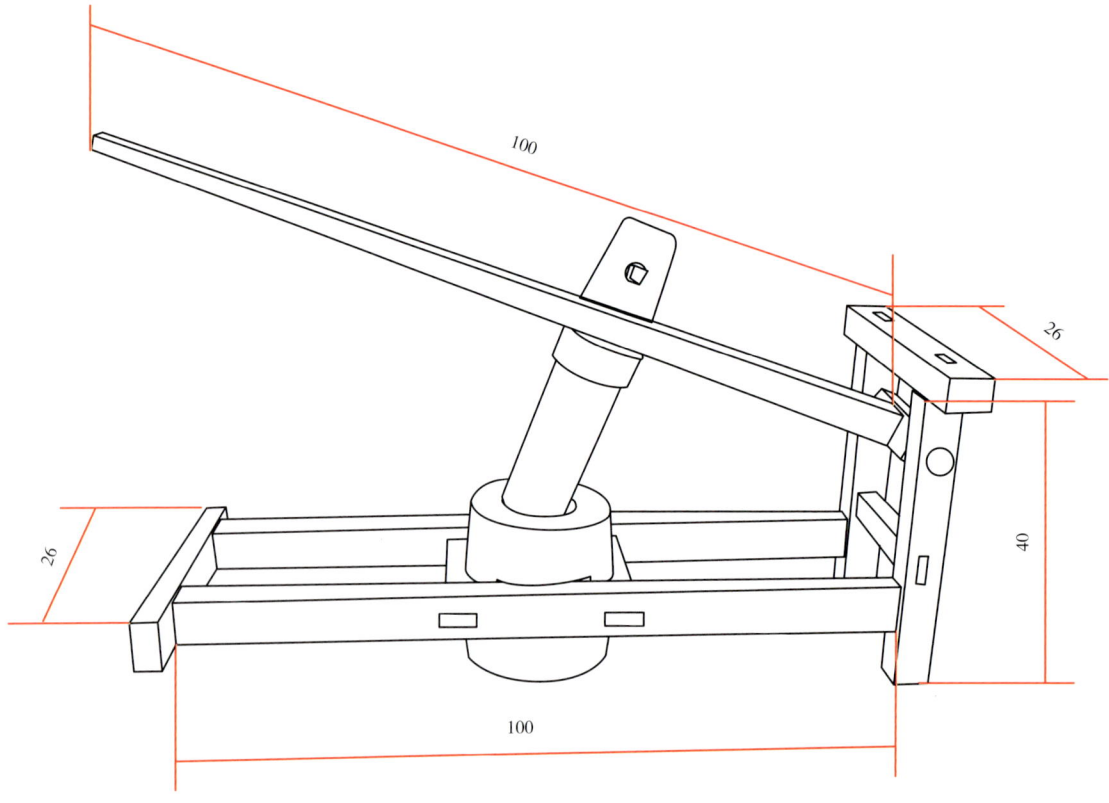

图二 达斡尔族木制饸饹面床尺寸图（单位：cm）

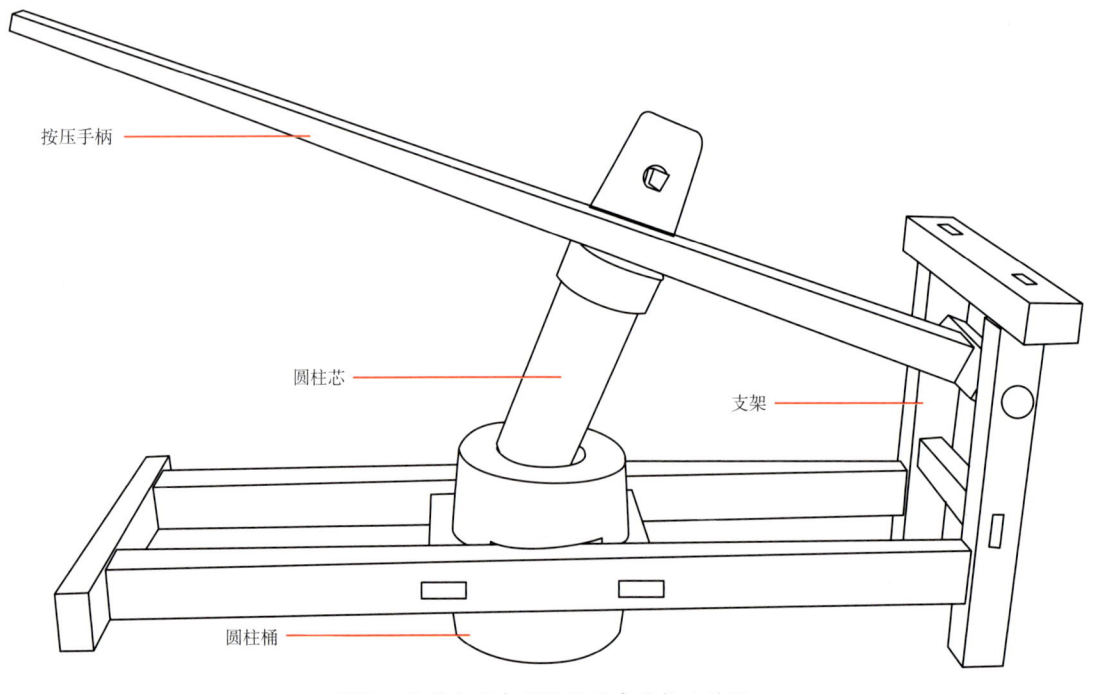

图三 达斡尔族木制饸饹面床结构名称图

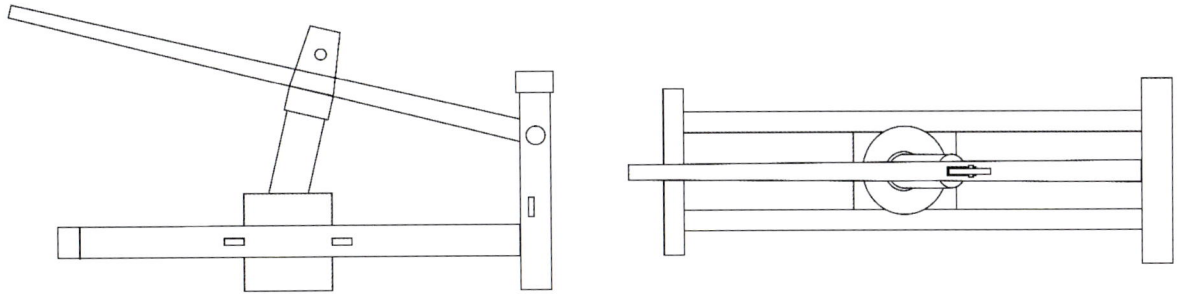

图四 达斡尔族木制饸饹面床平面图

图五 达斡尔族木制饸饹面床效果图

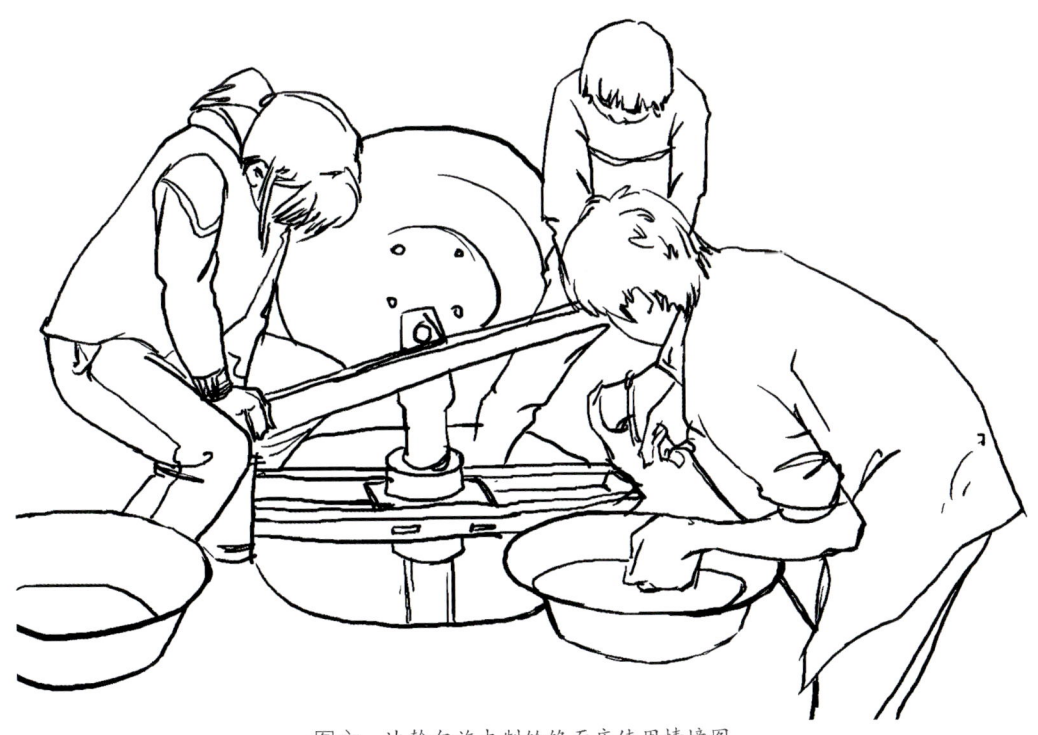

图六 达斡尔族木制饸饹面床使用情境图

第五章 达斡尔族传统生产工具

达斡尔族肩胛骨饸饹面器

图一　达斡尔族肩胛骨饸饹面器主图

达斡尔族世代以打猎为生，猎取的动物身上有各种实用的"宝物"，在达斡尔族的日常生活中，对猎取动物的皮、骨、肉的应用可以体现在生活的方方面面。达斡尔族早期制作饸饹面的工具便是用动物的肩胛骨制成的，简单实用，是达斡尔族祖辈们制作饸饹面的主要工具。随着时代的变化，生产技术的提高，这种肩胛骨饸饹面器已经逐渐消失，取而代之的是木制饸饹面床。

荞麦饸饹是达斡尔族传统的主食，鸡汤饸饹面是招待贵宾的必备食品之一。早期的饸饹面是达斡尔族先民们用动物肩胛骨压制出来的，这种肩胛骨饸饹面器一般取用鹿或犴的肩胛骨制成，长约23厘米，宽约17厘米。制作时，首先要在肩胛骨的骨面上凿满大小适中、排列整齐的孔洞，然后把面放在上面用手压。为了防止面团下滑，在肩胛骨的下端有木条固定，并使木条能托住面团。压面的时候，面从孔中被挤成圆条形并从空洞中流出。面可以直接压挤在已经烧开水的锅里，保持饸饹面的新鲜。在肩胛骨的鼓棒处用穿孔的办法穿上挂绳，在闲置的时候将其挂在室内。

在齐齐哈尔市的市郊达斡尔族的村屯，至今还保留着这种原始的压饸饹面的打孔动物肩胛骨。在现代，这种压面的方式已经消失了，但达斡尔族的这种利用最为原始、最为简单的生产材料，制作了生活中最为便捷、最为轻巧的生产工具的设计思想，体现了达斡尔族先民的聪明才智。

图片来源
图一　孟凡奇　摄影
图二、图三　李婕　制图

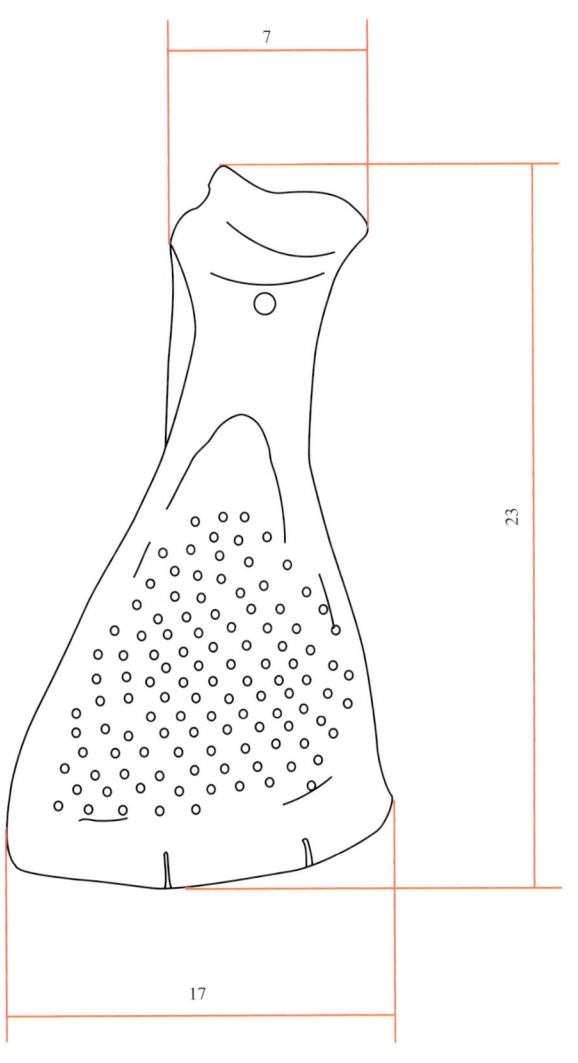

图二 达斡尔族肩胛骨饸饹面器尺寸图（单位：cm）

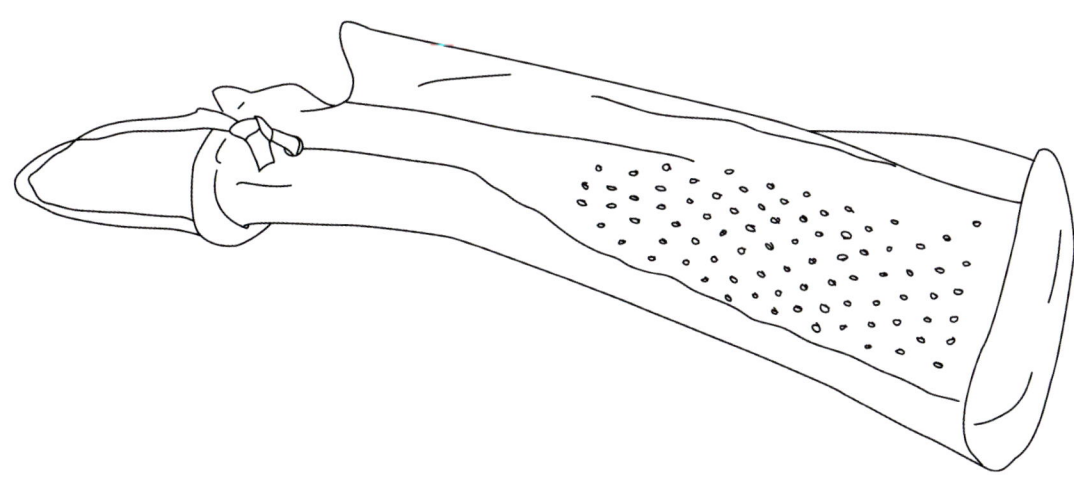

图三 达斡尔族肩胛骨饸饹面器侧视图

达斡尔族压制烟叶模具

图一　达斡尔族压制烟叶模具主图

达斡尔族种烟有很长的历史，民间传说达斡尔族种烟已经有几百年的历史，在北方地区久负盛名。"十八岁大姑娘叼烟袋"是达斡尔族吸烟的生动写照，在达斡尔族无论男女都有吸烟的习惯，因此种烟、制作烟叶成了达斡尔族日常家务。

由于达斡尔族长期从事种烟和加工烟的生产，因此在育苗、田间管理、烟叶的晾晒等方面形成了颇具民族特色的技艺。达斡尔族生产的烟叶，叶大而厚，呈金黄色，烟叶制形规整，味道香醇，素有"琥珀香"的美誉。压制烟叶模具是在制烟的过程中所使用的木制模具，由"U"形的木制框架及上面的压板组成。"U"形框架是由底面的一块木板及左右两侧分别垂直底面木板的两块竖立的木板组成，本案例中的模具底面木板长为45厘米，宽为36厘米，厚为6厘米。竖立板长为35厘米，宽为36厘米，厚度为6厘米。压制烟叶的时候，将已经晾晒好的烟叶放在"U"形木框架中间，加盖上具有一定重量的压板，时间久了，烟叶就会被压制得很好。因为压制烟叶时需要一定的重量，所以整个压制烟叶模具非常重,大约有15公斤,因此对木板的质量与厚度要求很高。

达斡尔族的压制烟叶模具是达斡尔人的日常传统用具之一。它在功能设置与选材、工艺、形态等设计创意上,反映了达斡尔族造物文化在设计创意与器物制作环节的造物特点:因陋就简、质朴实用。

图片来源

图一　孟凡奇　摄影

图二至图四　李婕　制图

图五　刘祥　制图

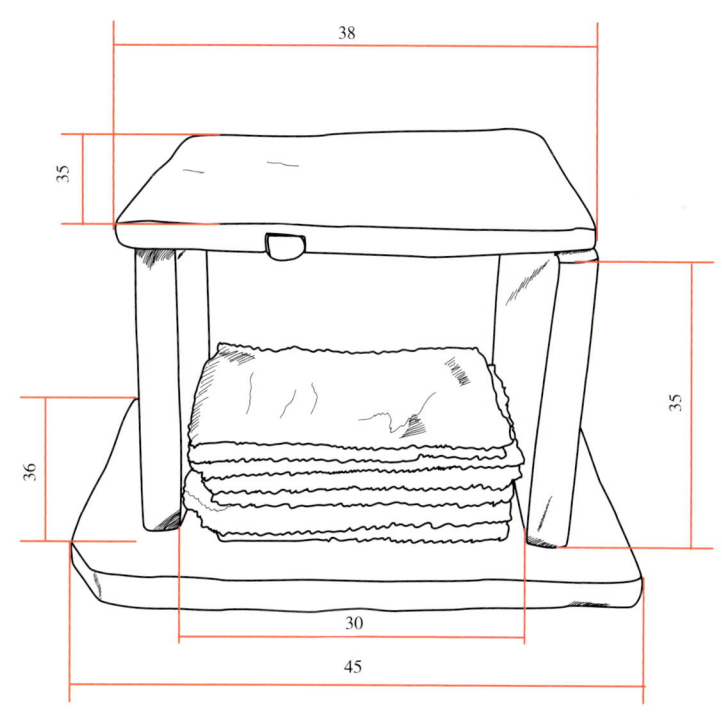

图二　达斡尔族压制烟叶模具尺寸图(单位:cm)

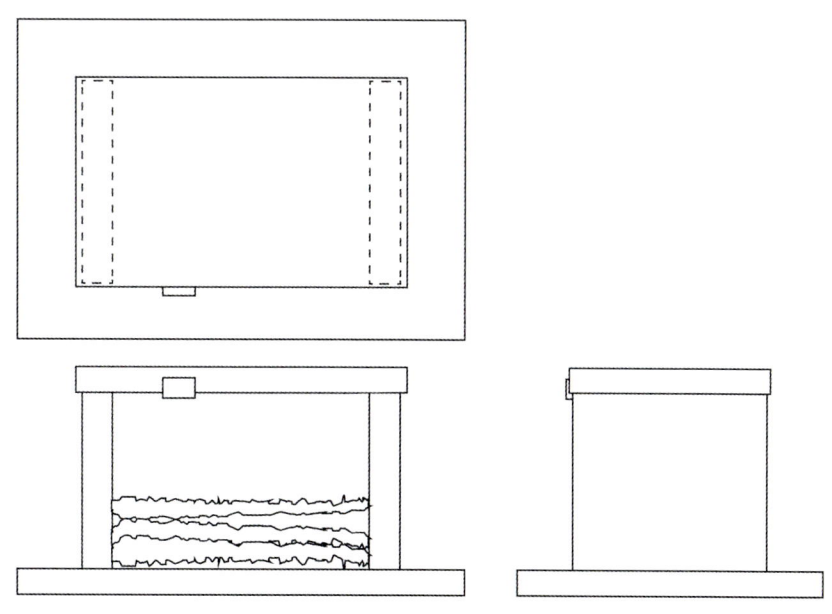

图三　达斡尔族压制烟叶模具顶视图及侧视图

图四 达斡尔族压制烟叶模具效果图

图五 达斡尔族压制烟叶模具使用情境图

274

达斡尔族鞣皮木器

图一　达斡尔族鞣皮木器主图

鞣皮又称熟皮、鲍皮，是把动物的皮毛经过物理和化学的加工方法，使皮变成不易腐烂、具有柔韧性并透气的皮质材料。鞣皮工艺很复杂，要有鞣皮工具、皮张及其他原料。鞣皮一年四季都可以进行，但是以秋天最为繁忙，因为此时赶制皮衣、皮被准备过冬。

鞣皮的第一步是晾晒皮子。将皮子用多个木桩子撑起来，与地表有一定的距离，以使皮子的两面都得到充分的晾晒。第二步是敲打平整。晾干的兽皮都干硬不平，为了便于加工，必须使皮子平整，有一定的柔软性，因此先用木槌敲打，然后用鞣皮木器加工。鞣皮木器是木制的，由带有木齿的"床"和与"床"一头相连的木"刀"组成，木刀可以随时抬起用来挤压放在木"床"上的兽皮。经过鞣皮木器的反复压制后，兽皮趋向平整、软化。第三步是发酵。用化学的办法浸泡兽皮，经过一两天就能使兽皮上的肉丝发酵。第四步是刮皮子，用带有铁齿的铁皮包在木棒上（又称棒形锉刀），利用铁齿部分刮掉皮子上腐烂的东西。第五步是鞣制。妇女坐着将兽皮放在自己的腿上用木制刮刀反复鞣皮，直到兽皮柔软、洁白为止。

达斡尔族的鞣皮工艺主要是由妇女来负责完成，鞣皮是很辛苦的，费时久，劳动强度大，不使劲便鞣制不好。达斡尔族的鞣皮工具及鞣皮技术，对于研究远古及未来的皮革加工工艺具有很重要的参考价值。

图片来源
图一　孟凡奇　摄影
图二至图四　李婕　制图
图五　刘祥　制图

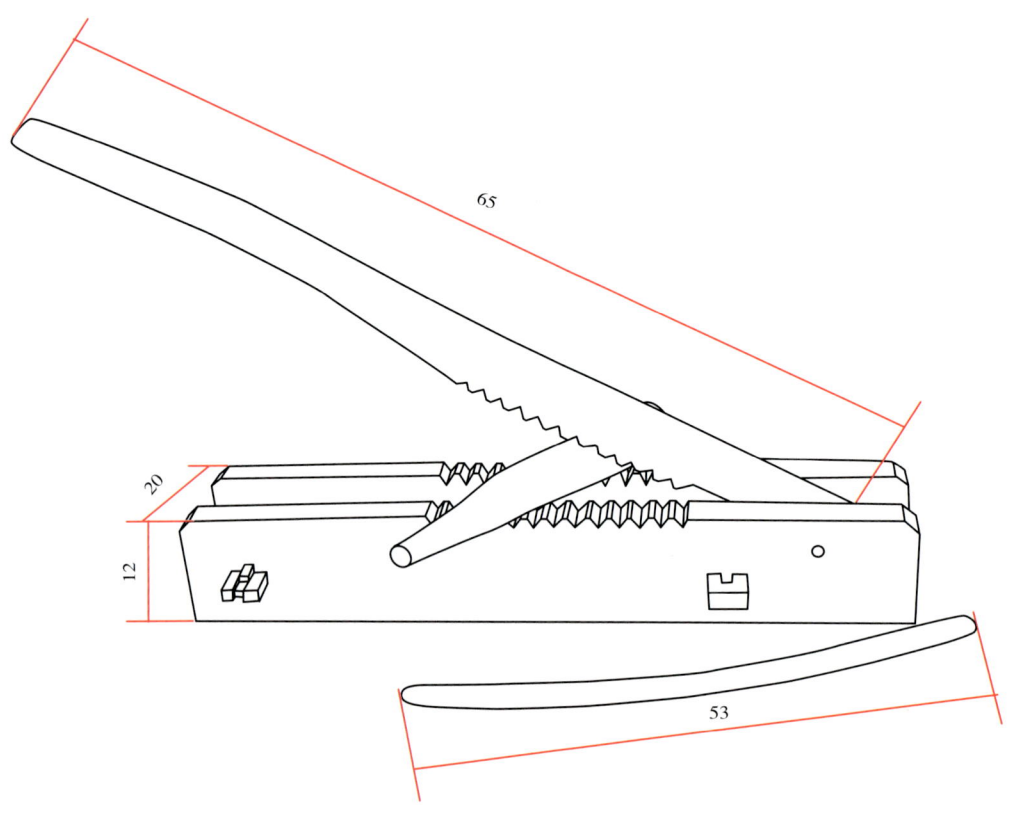

图二 达斡尔族鞣皮木器尺寸图（单位：cm）

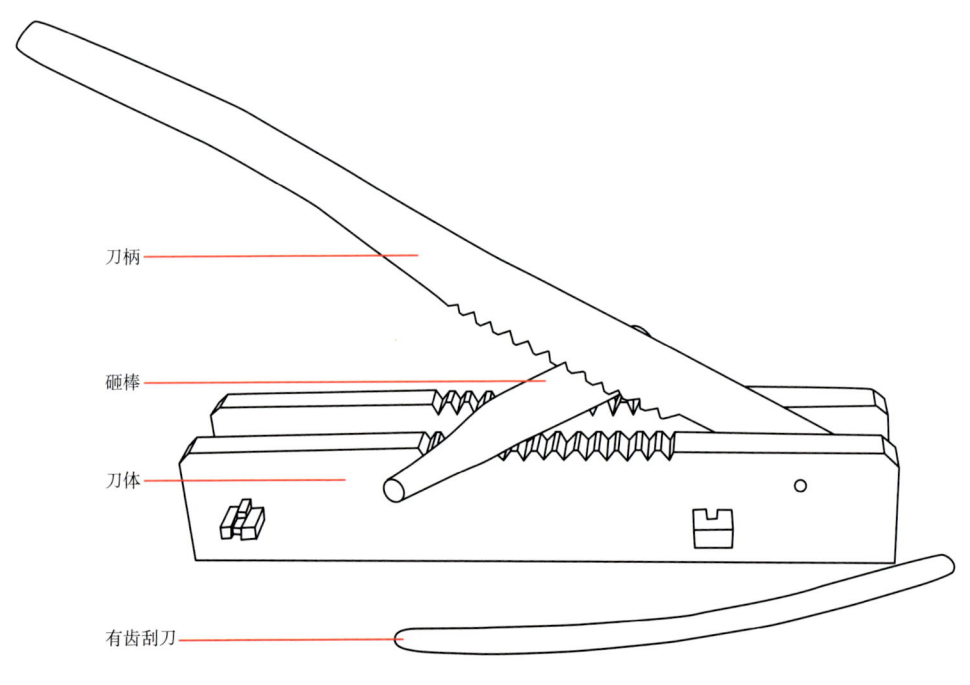

图三 达斡尔族鞣皮木器结构名称图

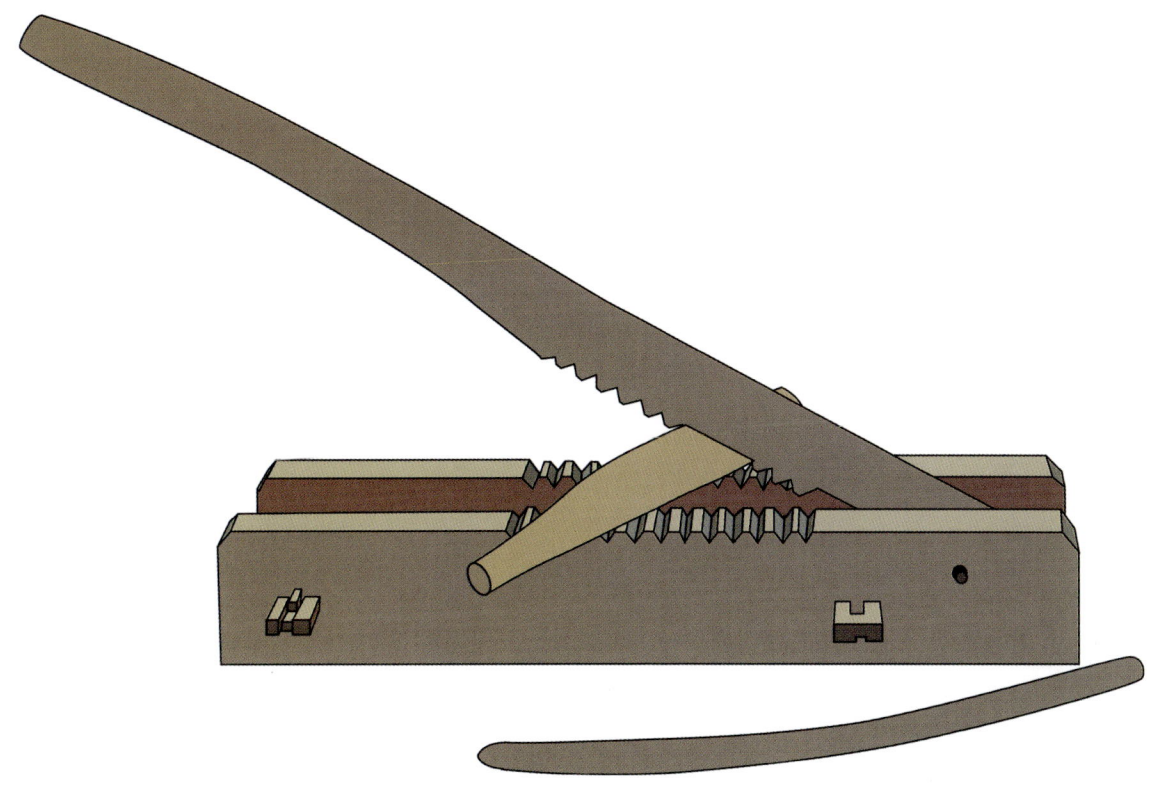

图四　达斡尔族鞣皮木器效果图

图五　达斡尔族鞣皮木器使用情境图

达斡尔族捕杀半鸡网

图一　达斡尔族捕杀半鸡网主图

达斡尔人拥有多种传统生产方式与生活活动，其中最具代表性的活动仍以狩猎为主。长期从事狩猎活动的达斡尔人，熟悉各种野生动物的生活习性与规律，并针对不同动物习性研制出不同的捕猎工具，其中最常用的是捕网。受气候、环境等自然条件影响，在不同时节里捕获猎物各不相同，冬季动物活动相对较少，达斡尔猎人主要以套赶沙鸡等禽鸟为食，制作的捕获工具为捕杀半鸡网。

捕杀半鸡网所需工具、材料简单易取，一般用金属、竹子或网兜为原材料。先编制若干由大逐渐变小的竹圈或铁圈，然后以相同距离固定在与所编圈大小一致的圆筒形铁网内。铁网固定完成后，留有一处开口，另一端封死，开口处加铁圈进行支撑。冬季雪后野禽不易觅食，将制成的捕杀半鸡网置于雪地中，网内各圈立于雪地之上，将树棍系长绳支在网口圈上，在网内放入少量大米，网就摆放完成。倒退扫去雪地中的脚印，手持绳子另一端等候野禽走进网内觅食，等候的人在远处呼喊，让受惊的野禽往网内钻，然后拉绳子，网圈将倒扣，也就捕住野禽了。

捕杀半鸡网是达斡尔族传统的捕获方法，这种捕获方法也使达斡尔猎人积累了丰富的经验、技术与狩猎方法，练就了达斡尔人吃苦耐劳、机智勇敢的精神品质与性格特点，丰富与发展了本民族的生产生活。在达斡尔族的造物设计实践中，捕杀半鸡网的设计文化观念经过不断积淀日趋稳定、明确，对研究传统手工艺在现代设计中的运用产生了深远影响。

图片来源

图一　孟凡奇　摄影
图二至图四　李婕　制图
图五　刘翔　制图

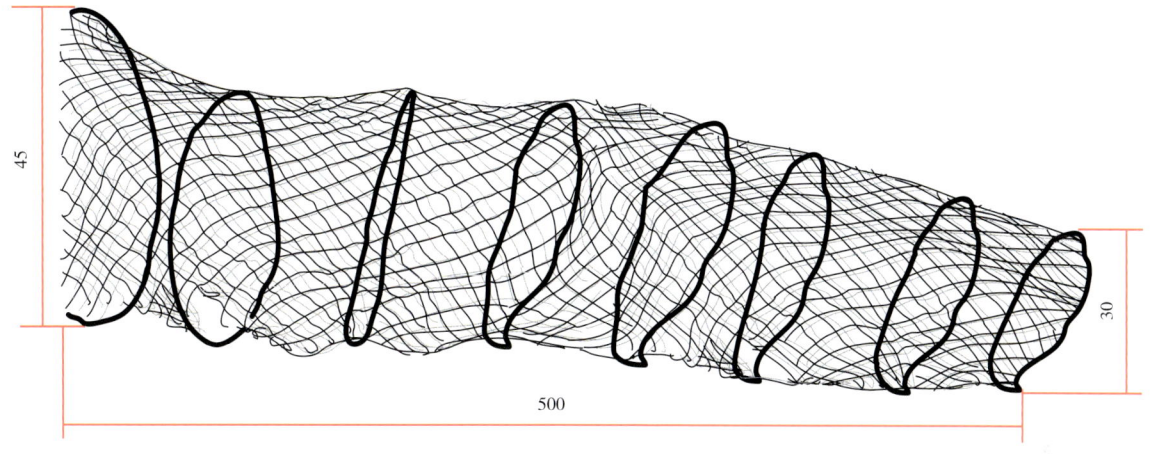

图二　达斡尔族捕杀半鸡网尺寸图（单位：cm）

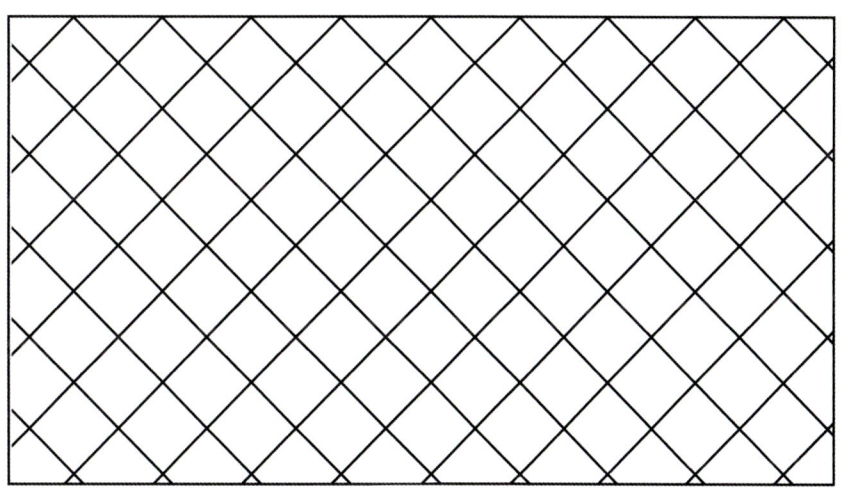

图三　达斡尔族捕杀半鸡网的网平面图

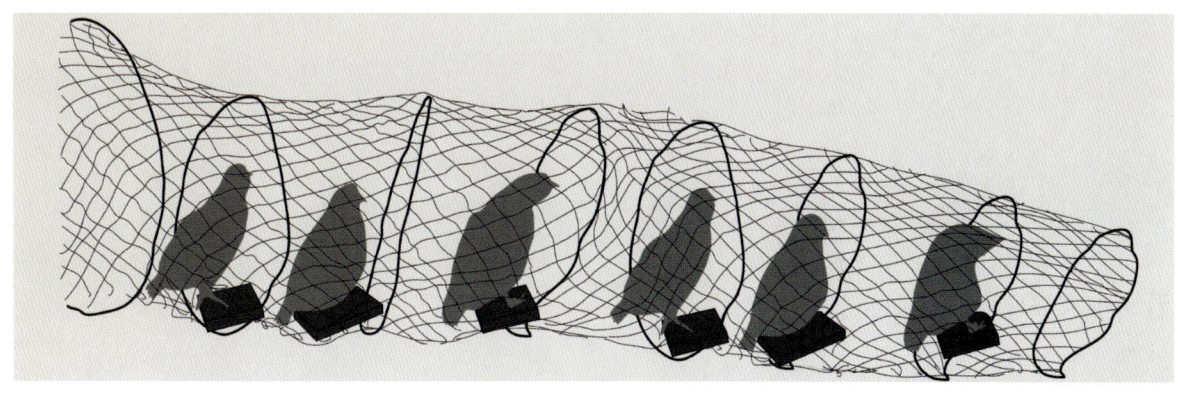

图四　达斡尔族捕杀半鸡网示意图

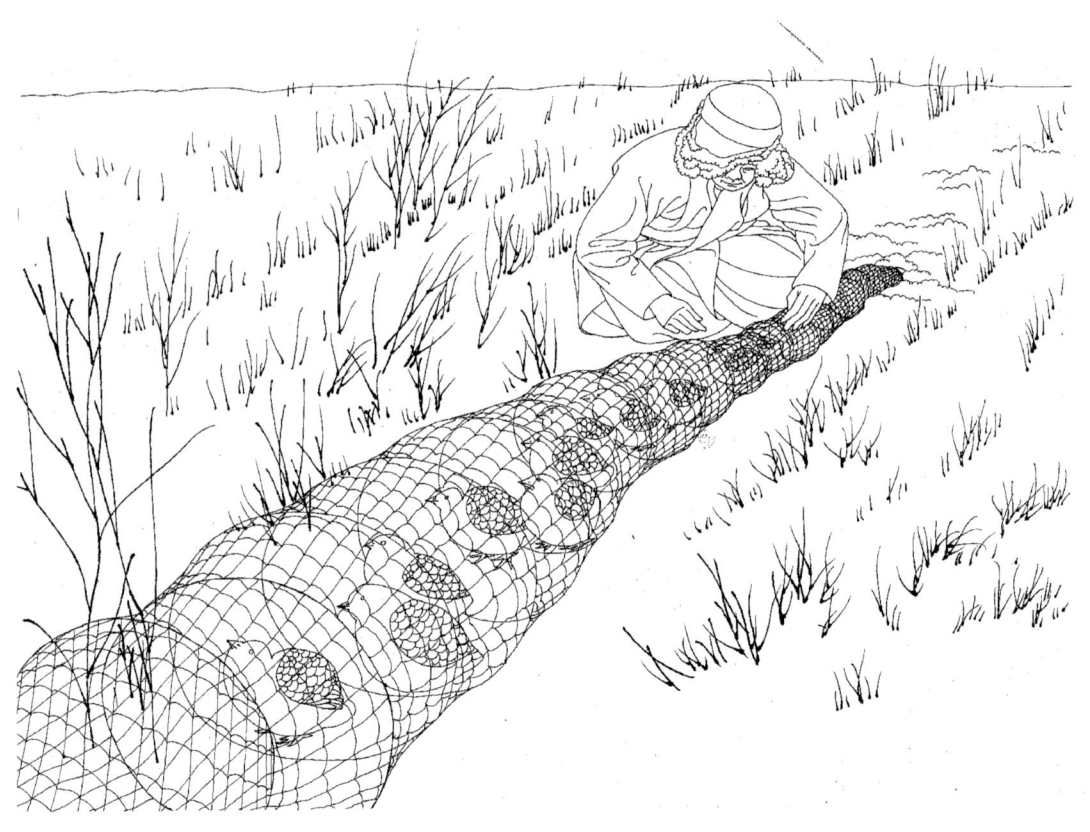

图五　达斡尔族捕杀半鸡网使用情境图

达斡尔族犁杖

图一 达斡尔族犁杖主图

达斡尔族长期以从事农业生产为主，由于生产方式和生活习俗不同，其制造的传统民族用具也各不相同。犁杖以其鲜明的地方特色、省时省力的性能以及独特的造型风格，成为达斡尔族传统农业用具的典型代表，为现代农业工具设计留下了深刻理念与设计思路。

犁杖，达斡尔语称为"萨乌日"，以牛牵引用于翻土，是达斡尔族早期用于耕地的传统木质农业生产工具。所需材料简单易取，一般选用桦树、松树等。犁杖的基本造型为倒"7"字形，由犁把、杖辕、梭子、犁铧等多部件组成。犁铧为铁制，其余皆木制。梭子用小犁柱衔接，将犁壁插于犁柱上，入土耕地时利于翻土。在犁杖头端中间处插入犁柱，并在其下端用犁托固定，为的是在耕地时可利于手扶。犁杖末端用木楔固定，中间插入小木塞，用于套牛。在翻地和耕种时一般用四头牛抬杠，由一人用手扶犁耕种。犁杖在耕地时方便快捷，可以节省出更多的人力去做其他事情。

犁杖作为达斡尔族传统的农业用品，展现出完美的实用功能，映射出达斡尔族民众的传统生活方式与思想意识，也是达斡尔族农业文明历史进程的有形见证。犁杖造物活动，充分反映出达斡尔人就地择材施技创造有用之物的造物思想。农具犁杖构成了达斡尔族传统造物的设计文化观念，决定着传统农具的设计风格与情趣，代表和反映了一个民族的文化特质，是达斡尔族文化中不可缺少的一部分。

图片来源

图一　孟凡奇　摄影
图二至图四　李婕　制图
图五　刘祥　制图

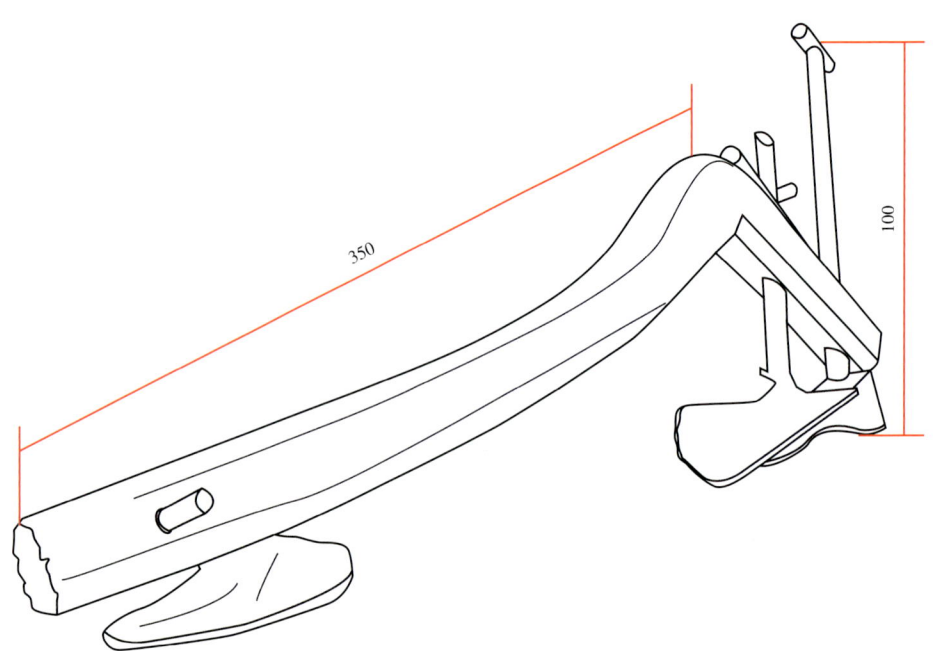

图二　达斡尔族犁杖尺寸图（单位：cm）

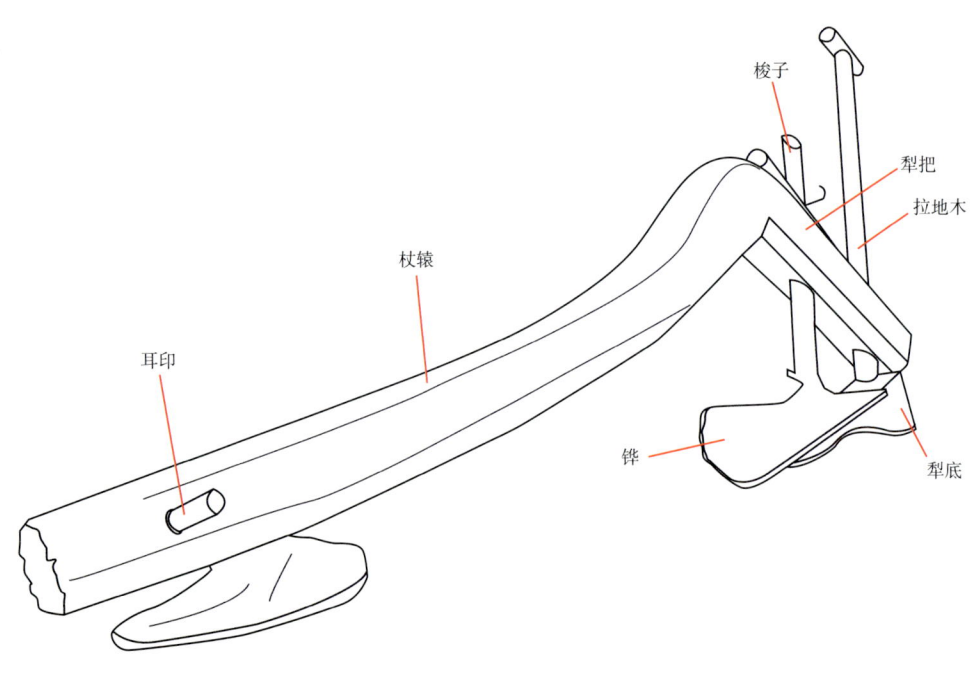

图三　达斡尔族犁杖结构名称图

图四 达斡尔族犁杖效果图

图五 达斡尔族犁杖使用情境图

第五章 达斡尔族传统生产工具

达斡尔族做鞋刀

图一　达斡尔族做鞋刀主图

达斡尔族的手工艺制造繁盛，遍布于日常生活中的各个领域，所谓千里之行始于足下，达斡尔族的制鞋工艺源远流长，由于自然环境、生产劳作方式、生活水平等外在条件的影响，促使达斡尔族妇女制作鞋子所使用的工具也独具民族特色。制鞋所用的工具以就地取材、简单易做、物尽其用、省时省力为主要特色，从制鞋工具中所体现出的"巧适事物，致用利人"的造物智慧对现代设计起到一个很好的启发作用。

做鞋刀是达斡尔族妇女日常做鞋时使用的工具，共由两件物品构成：一是用于收鞋边、锥孔的长把刀；另一个是用于翘鞋底部的扁宽形刀。两把刀的刀柄为桦树木材质，经过打磨抛光，基本形状为圆柱形。所不同的是，用于收纳鞋边、锥孔的刀，刀柄与刀身较长，其目的是在做鞋穿孔时手易发力，刀身为长铁片，铁片顶部为侧尖，磨有刀刃；翘鞋底部所用的刀，刀柄较短，横向较宽，是两头向内侧收的圆柱形，目的是为了在翘、垫鞋底时手掌能均匀受力，以使鞋底平整，刀身为短铁片，铁片顶处较平并磨有刀刃。

达斡尔族做鞋刀所需材料简单，是达斡尔人智慧的结晶。中国传统造物在不同环境下，材料具有不同的特性，达斡尔人正是结合了这种材料特性，分析它们的特点，因材施工，有的放矢，以发挥出材料的最大功能，为现代设计师选材及应用、研发提供了思想启迪——切不可一味追求形式与装饰,做到物尽其用发挥最大效能就好。

图片来源
图一　孟凡奇　摄影
图二至图四　李婕　制图

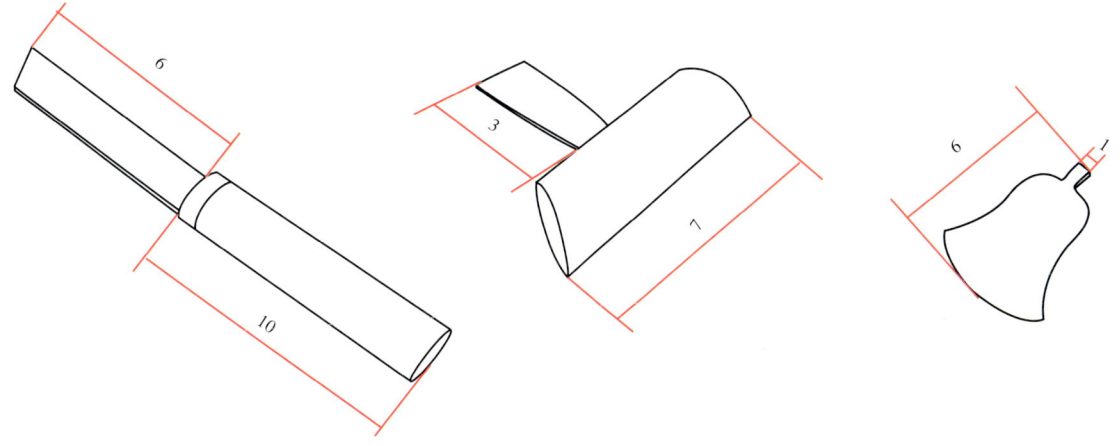

图二　达斡尔族做鞋刀尺寸图(单位:cm)

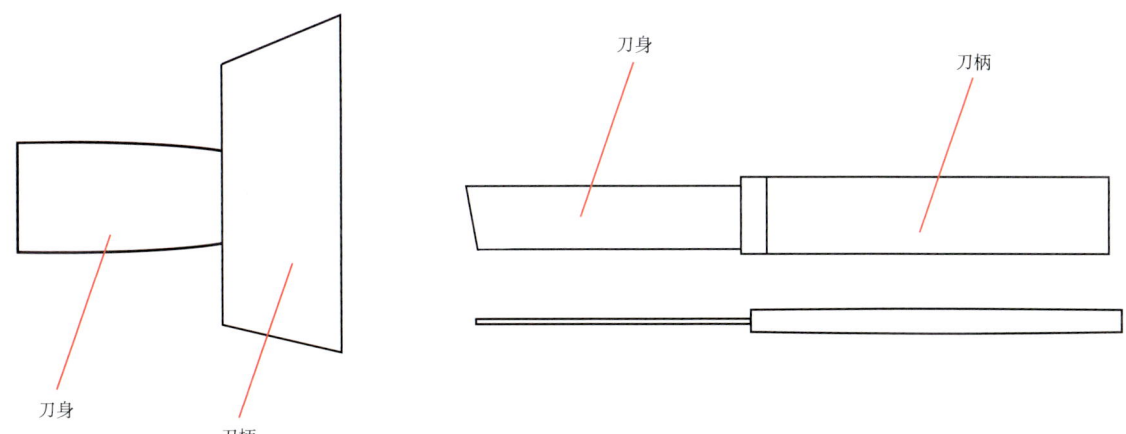

图三　达斡尔族做鞋刀平面图

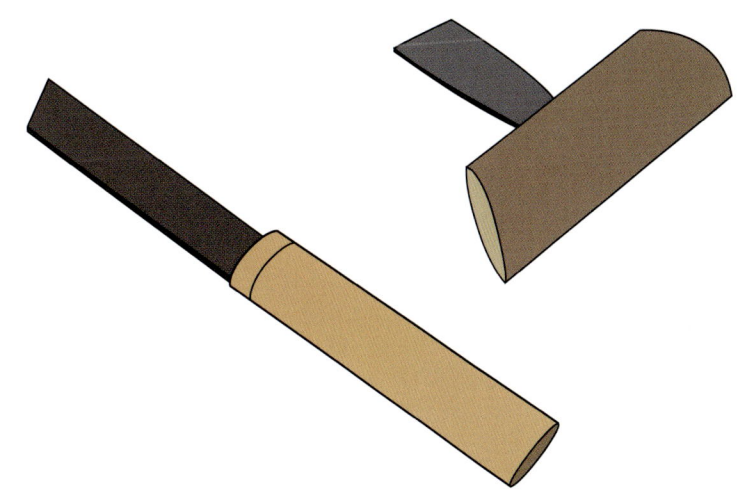

图四　达斡尔族做鞋刀效果图

第六章 达斡尔族传统手工艺

达斡尔族桦树皮器皿

图一　达斡尔族桦皮圆盒主图

　　以桦树皮做器皿是达斡尔族的传统，桦树皮具有防摔、防碰撞、防水及抗腐蚀等性能，用它制成的器物轻便、便于携带、不易破碎。它的这些特性符合达斡尔族先辈游猎不定的生活方式，成为日常生产、生活密不可分的一部分。桦树皮主要制品有：桦皮盒、桦皮桶、挎包、针线包、摇篮、桦皮篓等，桦树皮制品是达斡尔族传统手工艺中较为著名的工艺品种之一。

　　达斡尔人生活在兴安岭地区，自古就有广阔的未开发的森林，各种树木取之不尽，用之不竭。分布在达斡尔族地区的桦树属于白桦，这种落叶乔木高可达25米，树干笔直，树皮呈白色，类似纸状，分层脱落，天然更新容易，树皮具有韧性。由于桦树皮本身的这些特点，易做、轻便的桦树皮制品便占据了达斡尔族传统生产生活用品的重要位置。早在达斡尔族游牧生活的年代，桦树制品就是其生活家当的重要组成部分，各种生活用品、生产工具、衣物鞋帽、食物干粮、杂什小件等物品，都会存放在大大小小、规格不一、形状不同的桦树皮圆桶、方盒或皮匣里，一旦需要迁徙，大轱辘车上满满装着用桦树皮制品分类打包的所有家当。达斡尔族的祖辈们以桦树皮造物制器具有悠久历史，也有丰厚技术积累。

　　桦树皮器皿制作工艺分成几个步骤：一是桦树皮的剥取。桦树在五、六月份时水分最大，这样的树皮具有韧性，选取粗壮、挺直、光滑的一段树干，用刀在上下两端各划出树干截面的圆圈，然后再沿上下两侧各划一长刀，将桦树皮沿水平方向揭下，剥下的是整张长方形桦树皮，这种剥桦树皮的方法，对桦树伤害很小。桦树皮可以层层剥取，质地光滑，易于雕饰。对于剥下来的桦树皮，要进行细致的处理，先将桦树皮里面的表皮和面上的硬皮刮去，然后将其放在平整之处，用重物压上几天，使其表面平整。有些工艺需要将桦树皮浸于水中，制作大型桦皮制品时还要用锅蒸煮。用水浸泡大概需要两到三天的时间，用蒸煮的办法需要100度的开水煮大概12个小时。蒸煮后干透，用松节油刷于表面，这样能起到防腐、耐磨的作用。材料截取完成后便是桦树皮盒、桶等的成型制作，因为桦树皮以张为单位，因此制作起来并不能像陶器或泥器那样随意造型，所以基本所有的达斡尔桦树皮制品均为上下一样粗细的圆筒或方盒。

二是器身的制作。桦树皮盒（桶）分为盒盖、盒身、盒底三个部分。制作工艺非常巧妙，盒身分为内胎和外胎，内胎用来支撑盒身并与盒盖相契合，外胎用来与盒底缝合，装饰、雕刻或彩绘图案都是在外胎上进行。无论是内胎还是外胎都需要剪裁后方可制型，如同服装裁剪一样，用笔、尺等工具，在桦树皮上划上折曲或穿插的痕迹，然后用剪刀、刀、刻刀等工具裁剪。按照设计好的器盒形状，先剪下长方形的内胎，一般的桶或盒的内胎都是由两块桦树皮拼接而成的，据说这样可以增加内胎的支撑力；外胎的剪裁要长于内胎0.5厘米，高于内胎1厘米，这样制作器物会有层次感。在此工艺完成过程中，值得一提的是桦树皮盒或桶的榫卯扣接工艺，即内外胎的长方形桦树皮两端被裁割成锯齿形状，回圈扣折后如同双手十指相扣，锯齿相互穿插扣锁，这种扣接制作方法的牢固程度要高于线缝也高于粘贴。在达斡尔族的桦树皮制品中，这种榫卯扣接方式是集大成者，这种技术利用材质的相互咬合，在装饰上又称为咬合纹饰，因此它既是装饰图案又是技术手段。在此之后便是按照盒身的尺寸来裁剪盒底与盒盖，它们用与盒身半径相同的圆形桦树皮和桦树皮条制成。圆形桦树皮做盒底与盒盖底部，桦树皮条是盒盖或盒底的外沿，桦树皮条的高度自然就是盒盖的高度，通过穿插、榫卯扣接、线（兽筋线）缝、粘贴等工艺完成桦皮盒的雏形制作。除桦皮桶、盒外，一些篓、包、摇篮等特殊型制的器物则一般利用线缝合、粘贴、压型等技术完成。

三是器皿的装饰。装饰环节是制作桦树皮制品重要的环节，在达斡尔族桦树皮制品中最多的是点刺花纹技术。达斡尔族早期先民用尖尖兽骨在桦树皮盒上进行点刺装饰，现代达斡尔的桦皮装饰有镂刻镶嵌装饰、墨绘勾勒装饰、玻璃镶嵌装饰等几种常见的装饰技法。装饰题材以植物纹饰多见，还有几何纹饰、文字纹饰等。在漫长的发展中，达斡尔人异化了桦树皮制品纹饰的独特表现力，极大地拓宽了装饰题材的领域，装饰内容不仅继续保持原有的植物纹样、几何纹等，一些新的纹样内容也成了流行的题材。这种演变标示着这种民间艺术形态面对外来文明的立场和演化能力。

桦树皮制品在达斡尔族先民造物活动中是较为精彩的一项，从各种桦树皮器皿的产生看，使用价值是第一位的，而人们对其的审美需求则是其次的，折射了中国传统造物文化中因地制宜、择材施技等朴素的造物思想。桦树皮器皿从范畴的扩大、种类的繁多、选材的撷取，到造型形态、装饰风格的变化和制作工艺的改进等，都与达斡尔人对自然界认识水平的提高密切相关。从直接利用原始的天然材料，到人工加工再创造，乃至桦树皮与玻璃等材料同时运用，都是人们技术水平不断进步的结果。达斡尔族桦树皮器皿对现代设计师的启示正如设计史论者一再强调的：造物设计之所以随着材料、技术、工艺变化不断涌现出新的形式,根本还是在于时代背景、地域环境、技术条件、人群需求的变化,这是人类造物设计的普遍规律,因此也成为现代设计者的后事之师。

图片来源
图一、图九至图十四　孟凡奇　摄影
图二至图八　李婕　制图

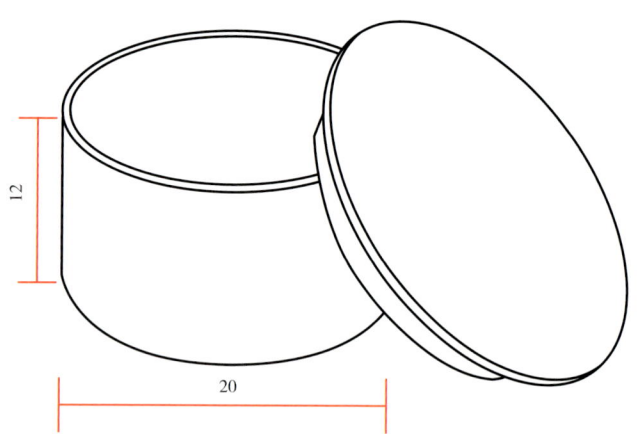

图二　达斡尔族桦皮圆盒尺寸图(单位:cm)

图三　达斡尔族桦皮桶工艺分析图

图四　达斡尔族桦皮制品局部纹样示意图1

图五　达斡尔族桦皮制品局部纹样示意图2

图六　达斡尔族桦皮圆盒纹样色彩分析图1

图八　达斡尔族桦皮圆盒局部雕刻效果图

图七　达斡尔族桦皮圆盒纹样色彩分析图2

图九　达斡尔族桦皮水桶实物图

第六章　达斡尔族传统手工艺

291

图十　达斡尔族桦皮方盒实物图

图十二　达斡尔族桦皮篓实物图

图十三　达斡尔族桦皮小桶实物图

图十一　达斡尔族桦皮圆盒实物图
（带玻璃镶嵌工艺及雕刻纹饰工艺）

图十四　达斡尔族桦皮箱实物图

达斡尔族柳编制品

图一　达斡尔族柳编水桶主图

自古以来编织就是人类用来制作生活必需品的主要方式之一，达斡尔族也不例外。达斡尔族居住的地区一向是有山有水自然资源丰厚的地区，江河岸边盛产柳条，达斡尔族利用柳条的匀细、柔韧等特点，编织成了各种各样的生产生活用具，用途广泛，品种繁多，在生产生活中起到了不可替代的作用，贯穿于达斡尔族日常生产生活的各个层面，是达斡尔族生活中得心应手的工具。

达斡尔族的柳编制品囊括了诸多生产工具与生活用具，包括土篮、笊篱、箩筐、盘形晒鱼罩、鱼篓、浅底晒箩，甚至水桶。特别的是，院落围墙用的篱笆、房顶用的"海吉"（房顶笆）、大轱辘车上用的围栏、运干牛粪的牛粪囤、能装近千斤粮食的盛粮囤等，都是用柳条编织的，几十年不会腐烂。这些生产生活用具在使用上也会随着时代的发展而发生不同的变化，在达斡尔族不断发展的历史进程中，有些柳编生产工具沿用至今，而有些早已销声匿迹。

柳编材料具有其与生俱来的其他材料不可替代的自身形式美，因编织工艺的不同亦造成编织纹理不同。达斡尔族的柳编制品编织方法多种多样,基本囊括了其他民族的编织方法。达斡尔族用柳条最多的地方是称为"库谢"的院落柳编篱笆,这种篱笆墙编得花纹有序、整齐美观,按照五六根一排编成交叉的"人"字形,交叉处用木棍加固。柳笆墙大概1.5米高,需要六到七组"人"字形交叉的柳条编织才能达到预期高度。

达斡尔族房屋建筑的房顶利用了柳条遇水膨胀的原理来编织,称为"海吉"。海吉需要先选出粗细均匀又少有节子的柳条,五条成一绺,然后再编织成"人"字形席面。铺完柳编的海吉后还要在上面抹上泥,然后再铺第二层海吉,还是用泥抹在上面,最后铺上房苦草等,因此达斡尔族的房屋建筑非常结实耐用,有的经历百年而安然屹立。

柳编水桶,利用了传统的勒编工艺,坚密结实,盛水不漏。水桶高50厘米,直径35厘米,水桶底部为圆形尖底。在水桶敞口处用麻绳固定木棍,作为提手部分,提起水来非常方便、轻松。

鱼篓是达斡尔族柳编工艺的又一种代表性生产工具,用柳条编织成的鱼篓类似瓶子的形状,高1.2米,瓶口直径60厘米,瓶口处有类似瓶盖子形的鱼篓挡口,在鱼进入篓后,用来防止鱼游出,取鱼时亦可以拔掉鱼篓挡口。鱼篓的柳编工艺采取了平编的技艺,形态弯曲,松紧变化自由,不受形态限制,是传统柳编工艺技术的典型代表。

编织的技艺在某种程度上是一个民族文明程度的衡量标准,柳编的价值在于柳编制品背后所隐含的文化价值。达斡尔族的柳编制品在岁月的流逝中,历久弥新,记录了达斡尔族生活的点滴,承载着生命与自然的和谐,人与自然物(柳条)的沟通。中国传统造物文化中的可持续发展观主张"天人合一",自然是天地的本性,人应顺天而行。人和自然的关系不是对立的,而是亲密无间、互融互通的,这种观点无疑在当今全球性的生态危机面前对现代设计是具有指导意义的。达斡尔族柳编制品的造物思想也同样,在顺天而行、与自然互融互通等方面为现代设计乃至设计的未来发展提供了有价值的借鉴。

图片来源
图一、图三至图十　孟凡奇　摄影
图二　李婕　制图

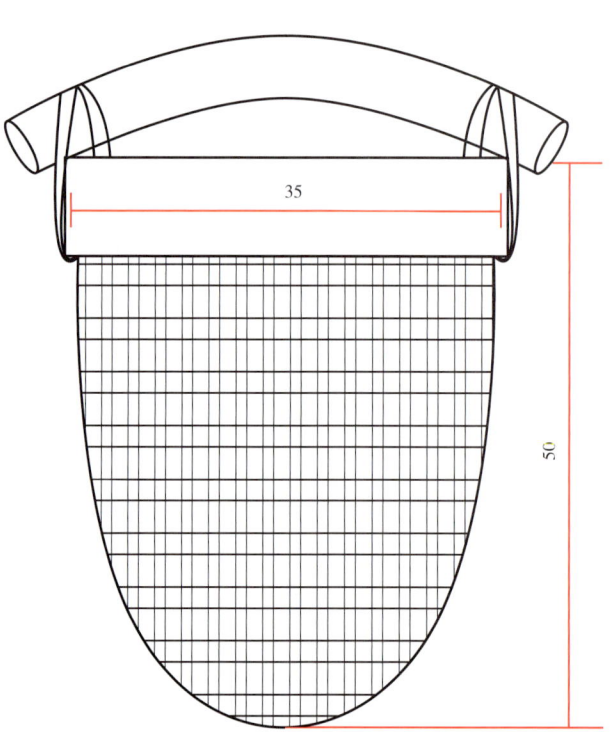

图二　柳编水桶尺寸图(单位:cm)

图三 达斡尔族柳编"人"字形庭院篱笆实物图

图六 达斡尔族柳编盘实物图

图四 达斡尔族柳编筐实物图

图七 达斡尔族柳编篮子实物图

图五 达斡尔族柳编笊篱实物图

图八 达斡尔族柳编晒筐实物图

图九 达斡尔族柳编桶实物图

图十 达斡尔族柳编鱼篓实物图

达斡尔族绣花枕头

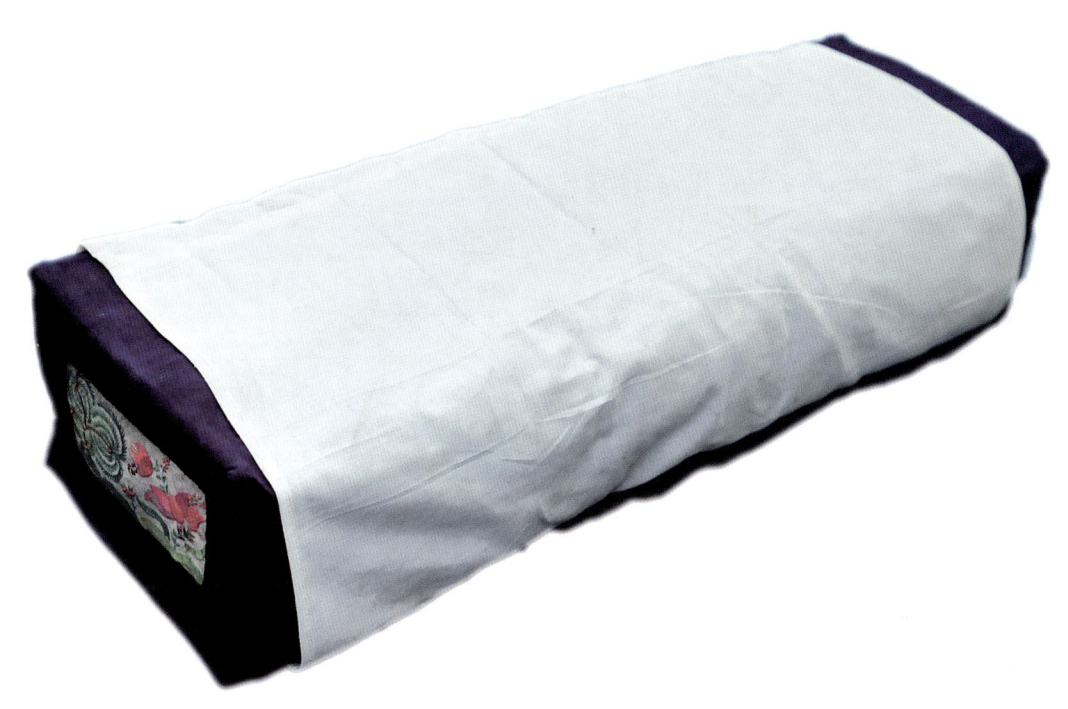

图一　达斡尔族绣花枕头主图

达斡尔族成年人用的枕头大部分都是长方形的两端绣有各种图案、纹饰的绣花枕,达斡尔族的刺绣无论从绣法还是题材、内容上都具有独特的民族风格,枕头两端的绣片是达斡尔族刺绣的经典作品。

枕头为长方形,长约60～70厘米,高约25厘米。枕头大部分为深色,以蓝色、黑色居多。两端的侧面堵头是正方形,中间是正方形的绣片,多以白布或白绸为底,其上有多种综合绣法的刺绣作品,周边为4～5厘米宽的宽边装饰。枕头的缝制无非布料剪裁,针线缝纫,而刺绣则是达斡尔族传统文化的重要组成部分,无论在色彩上还是造型上都形成了自己的民族特色。刺绣图案题材丰富,技法精美,主要取材于达斡尔族的民间故事,或为吉祥图案、风景图案等。在刺绣的技法方面,对山石花草树木的描绘,采取变形夸张的手法,多以绸布折叠后以补花的形式绣制,称为折叠绣,再用各种不同几何形小色块加以点缀,增强了画面的视觉层次感;人物和动物则多以堆绣的方法再补绣一些其他的针法,有凹凸的浮雕层次感;绣片的构图多以民间绘画的平视构图为主,利用散点透视法,使故事情节描绘得更为完整。

达斡尔族的枕头是达斡尔人定居生活后的典型装饰生活用品，得到了广泛的应用，特别是达斡尔族刺绣艺术，不论在色彩上还是造型处理上都形成了自己的民族特色，刺绣技法也形成了自己独特的艺术表现，从而发展了本民族的审美价值观。认真梳理、归纳、总结达斡尔族的刺绣艺术的文献记载与实物例证，将是今后民族学、社会学、艺术学和设计学很重要的学术命题。

图片来源

图一、图九至图十五　孟凡奇　摄影
图二至图四　李婕　制图
图五至图八　李晓璇　制图

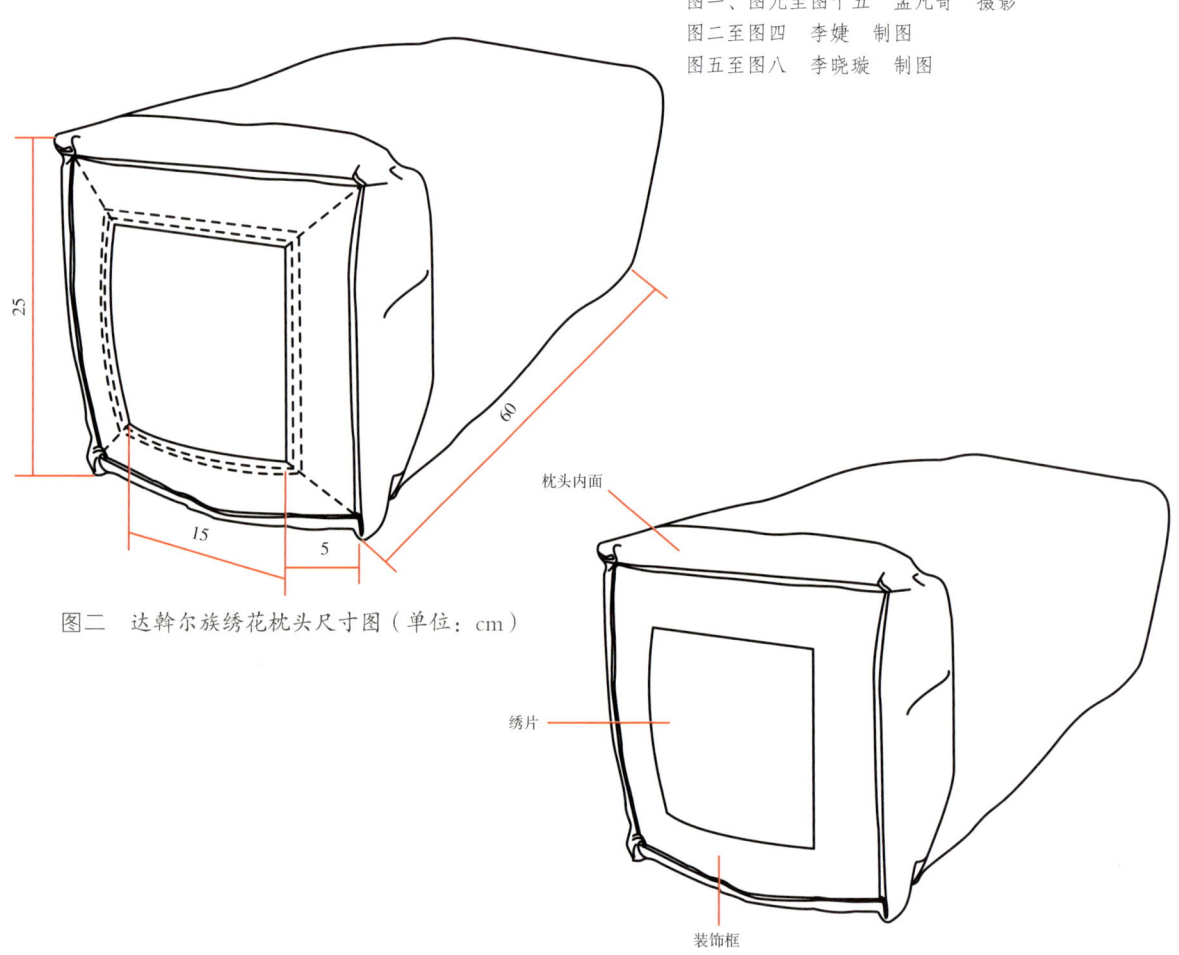

图二　达斡尔族绣花枕头尺寸图（单位：cm）

图三　达斡尔族绣花枕头结构名称图

图四　达斡尔族绣花枕头绣片局部纹样示意图

图五　达斡尔族绣花枕头绣花局部分析图1

图八　达斡尔族绣花枕头绣花局部分析图4

图六　达斡尔族绣花枕头绣花局部分析图2

图九　达斡尔族绣花枕头绣片局部实物图1

图七　达斡尔族绣花枕头绣花局部分析图3

图十　达斡尔族绣花枕头绣片局部实物图2

图十一　达斡尔族绣花枕头绣片局部实物图3

图十四　达斡尔族绣花枕头局部特写图1

图十二　达斡尔族绣花枕头绣片局部实物图4

图十五　达斡尔族绣花枕头局部特写图2

图十三　达斡尔族绣花枕头绣片局部实物图5

达斡尔族桦树皮篓

图一 达斡尔族桦树皮篓主图

达斡尔族日常生活用具种类多样、造型各异,其中以桦树皮器皿的制作较为丰富,独具民族地域特色。桦树皮篓作为传统民族工艺,是树皮艺术的特色代表,是桦树皮文化与达斡尔族民间工艺相结合的产物,同时也彰显了达斡尔人生活简朴与粗犷的审美情趣。

桦树皮篓,是以桦树皮为原材料,制成大小不一,用以装盐、饭、首饰等的树皮篓。桦树皮篓具有不变形、不开裂、防潮湿、防腐蚀、不怕磕碰、轻巧耐用等特点。桦树皮篓造型简单粗犷,一般多为圆筒形,直径约为25厘米左右,器壁相对较高,约为20厘米左右,带有的器盖为顶开式,为桦树皮原有色。其制作方法为:拨平桦树皮表面,使其光洁匀称,而后将桦树皮架于火上烘烤,使其变软后,压平裁剪成器身所用的长条形(一般器身为双层树皮),外表向内卷成筒状,筒状两边对合并压叠缝合,而后用马尾绳将器身与器底向内缝合,最后在

第六章 达斡尔族传统手工艺

301

器身上端外沿镶一圈柳木板条，器身下端压制波浪云纹进行装饰，给人以和谐、匀称之感；皮篓盖上用形态各异的打压刻画装饰，用以修饰皮篓盖。这样制作出的桦树皮篓既美观大方又使用方便，独具传统特色。

桦树皮篓作为达斡尔族传统生活用具，以其独特的制作方法，优美的造型方式，注重天然材料的巧妙利用，反映出这一时期达斡尔族的生活方式与思想意识，是达斡尔族生活用具历史进程中的具体而有形的见证，同时也凝结着达斡尔人的审美情感，为现代器皿设计提供了新的理念，是实用价值与审美价值的高度融合。

图片来源
图一　孟凡奇　摄影
图二至图五　李婕　制图

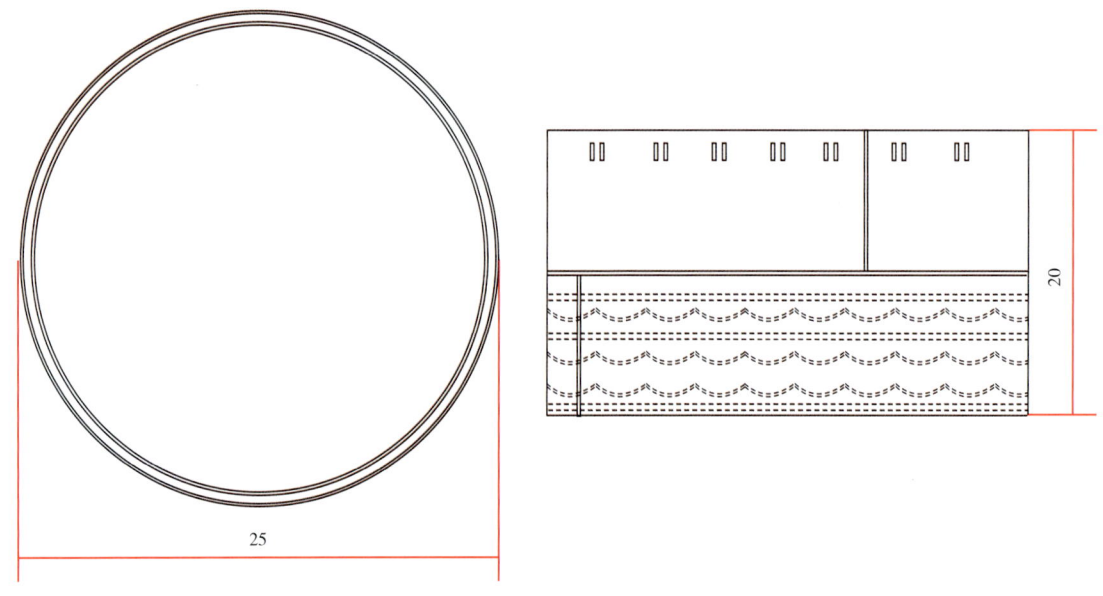

图二　达斡尔族桦树皮篓尺寸图（单位：cm）

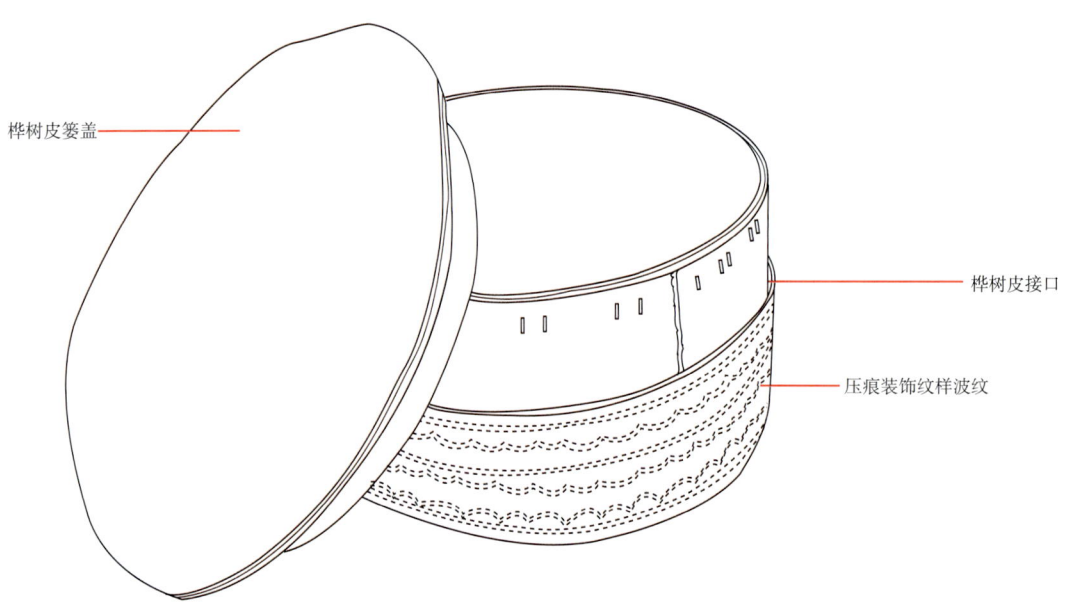

图三　达斡尔族桦树皮篓结构名称图

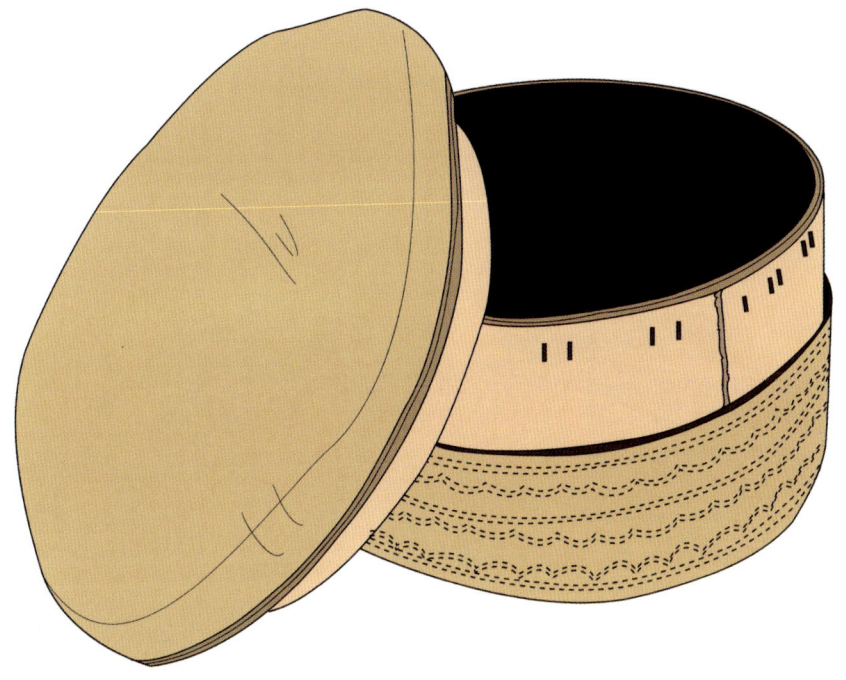

图四　达斡尔族桦树皮篓效果图

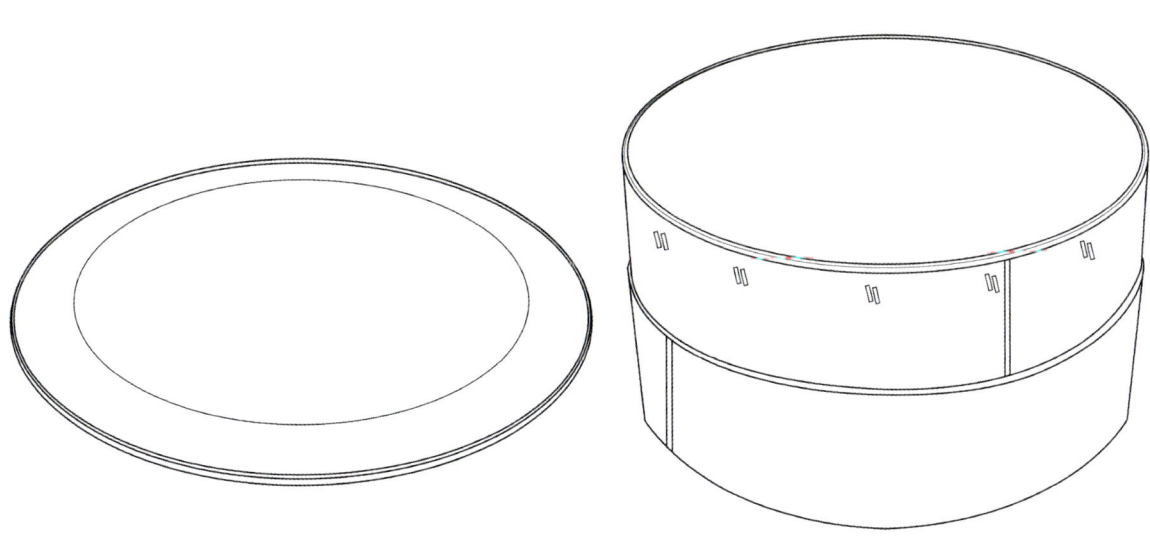

图五　达斡尔族桦树皮篓分解示意图

达斡尔族柳编晾晒盘

图一　达斡尔族柳编晾晒盘主图

达斡尔人在长期的生产、生活劳作中，经过不断创造与积累经验，逐步研发出属于本民族特色的日常生活实用工具——柳编晾晒盘。柳编晾晒盘，达斡尔语称为"西拉·车日车"，用于晾晒干菜，最早是达斡尔族生活中不可或缺的生活用具，而后逐渐演变成为实用性较强的工艺美术品，其造型特色对现代工艺造型产生了深远影响。

柳编晾晒盘，因编织手法的不同形成的纹理各不相同，所需材料为柳条，易取，一般可就地取材。其制作方法极为简单，用割来的柳条趁湿编制，或将柳条去皮后，在开水中蒸煮，使柳条具有韧性，不易折断，再将处理后的柳条根据所需进行编制造型。柳编晾晒盘形状与盘子基本一样，底部为椭圆形，如同帽子的头顶部，而后向上编织逐步变大的圆形面积，即成盘状，深度不可太深，最后用较宽的柳条交错编制其边缘。编制过程中，柳条的编织方向一至，经过层层叠压交错，整齐有序。其造型特点是：整齐、美观、实用、透风性好。

柳编晾晒盘作为实用艺术，通过其简单、质朴的工艺造型特色，彰显了达斡尔族民众善于利用自然条件创造审美情趣及价值，以满足人们生活需要的智慧，完美地使实用性和艺术性相结合，是研究达斡尔族文化社会的重要载体。

图片来源
图一、图四、图五　孟凡奇　摄影
图二、图三　李婕　制图
图六　刘祥　制图

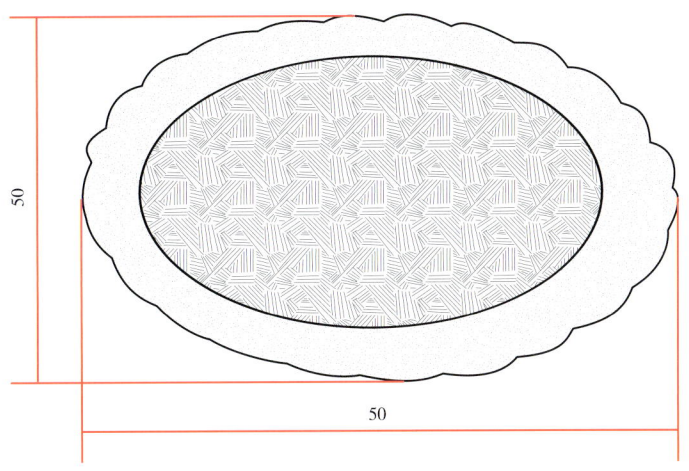

图二　达斡尔族柳编晾晒盘尺寸图（单位：cm）

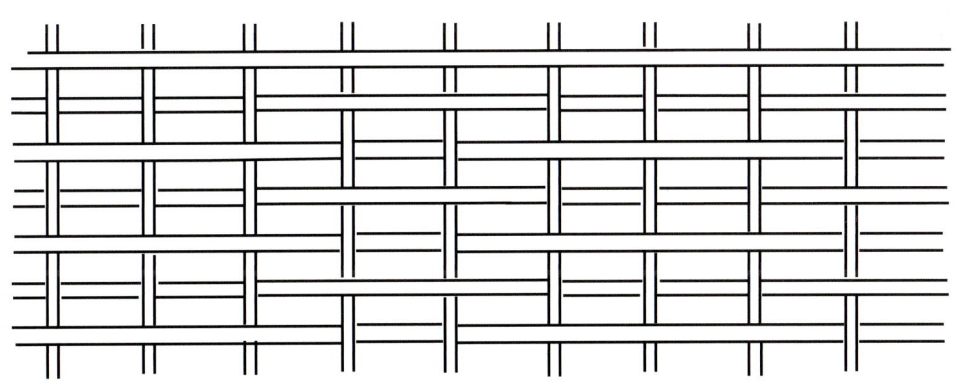

图三　达斡尔族柳编晾晒盘编制方法示意图

图四　达斡尔族柳编晾晒盘实物图　　图五　达斡尔族柳编晾晒盘底部实物图

图六 达斡尔族柳编晾晒盘使用情境图

达斡尔族剪纸

图一　达斡尔族剪纸主图1

达斡尔族剪纸有着悠久的历史，是达斡尔族最为流行的民间艺术。达斡尔族妇女是剪纸艺术的主要创造者，在妇女们的创作之下，剪纸以其朴实、生动的风格丰富了达斡尔人的精神世界。达斡尔族民众将剪纸艺术生活化，根植于劳动人民深厚的土壤之中，是民俗文化的传承与代表，承载了达斡尔人独特的审美情感。

达斡尔族剪纸形状各异、种类繁多，讲究剪纸图样、纹样的变化多端，在不同的装饰主体上的图案有着不同的应用，表达出风格多样的情感内涵。达斡尔族的剪纸主要用在室内纸糊的天棚、门窗上。形式一般多以圆形、方形、三角形与纹饰组合形等为主，图案多为云卷纹、花草纹、动物纹与植物纹样等，多用红色等彩色纸剪。人与花卉组合纹样剪纸，是先将纸张对合重叠，将花卉与人物结合形象绘制于纸张上（也可不用绘制），将其剪下，剪时线条及纹样可根据需要变化，而后展开，贴于门窗即可。蝴蝶与人组合形剪纸、鹿与人组合形剪纸等制作过程都是如此。达斡尔族剪纸工艺精细，色彩搭配得当，整体风格明快秀丽、朴实典雅，极具装饰性，饱含吉祥意味与古朴之美。

人与花卉组合纹样剪纸、蝴蝶与人组合形剪纸、鹿与人组合形剪纸等，都可反映出达斡尔人思维上灵活多变与丰富的想象力。

达斡尔族每一件剪纸作品都显示着它独有的审美价值，也是记录达斡尔族吉祥文化的印记。达斡尔族剪纸艺术充实了人们的生活，唤起人们对生命的追求、对生活的信念，充分寄托和体现了达斡尔人对真善美的追求和向往，成为现代非物质文化遗产保护中不可或缺的一部分。

图片来源
图一至图四　孟凡奇　摄影
图五　李婕　制图

图二　达斡尔族剪纸主图2

图三　达斡尔族剪纸主图3

图四　达斡尔族剪纸主图4

图五　达斡尔族剪纸线稿图

达斡尔族猎鹰尾上的装饰铃

图一　达斡尔族猎鹰尾上的装饰铃主图1

　　达斡尔族承袭祖先契丹人的遗风，养鹰成了达斡尔族地区的习俗，鹰也便成为人们生活中最贵重的鸟。达斡尔族猎人将捕获的鹰进行驯养，在其尾根上系上一个铜制的小装饰铃铛，以呈现其独特的地域风格。小装饰铃所蕴含的精致的手工艺技术，展现了达斡尔族质朴的造物特色，对现代设计理念产生了深远影响。

　　装饰铃所需材料为铜、动物毛发、红色线、动物的扁骨或皮革等，将这些材料进行缝制、拼接，然后制成种类、造型、样式各异的尾铃。达斡尔人常用的装饰铃为六种：扁形刻有花纹的铃铛；动物扁骨上系圆形中间突起铃铛；皮革下面系有红绳，上部拴有椭圆形底部开口铃铛；形似贝壳并刻有纹样造型铃铛，铃铛下部用红线缠绕拴有动物毛发；将圆形铃铛捆在动物长毛发中，顶口扎起；形似大钟，刻有民族文字，底口为圆形铃铛，铃铛口用红色线拴起。六种尾铃因其形状各异，导致发出的声音也各有不同，装饰在猎鹰尾部极具美观效果。

　　通过猎鹰尾上的装饰铃，表现出达斡尔人对工艺装饰的热爱，并用美点缀着生产生活的各个层面。同时，这种装饰物的出现，也间接地揭示出达斡尔族的生活习俗与社会性质，人们改造客观世界的能力和创造美的智慧，反映出民众物质生活、精神生活中积极乐观的精神气质。

图片来源

图一至图三　孟凡奇　摄影
图四至图六　李婕　制图
图七　刘祥　制图

图二 达斡尔族猎鹰尾上的装饰铃主图2

图三 达斡尔族猎鹰尾上的装饰铃主图3

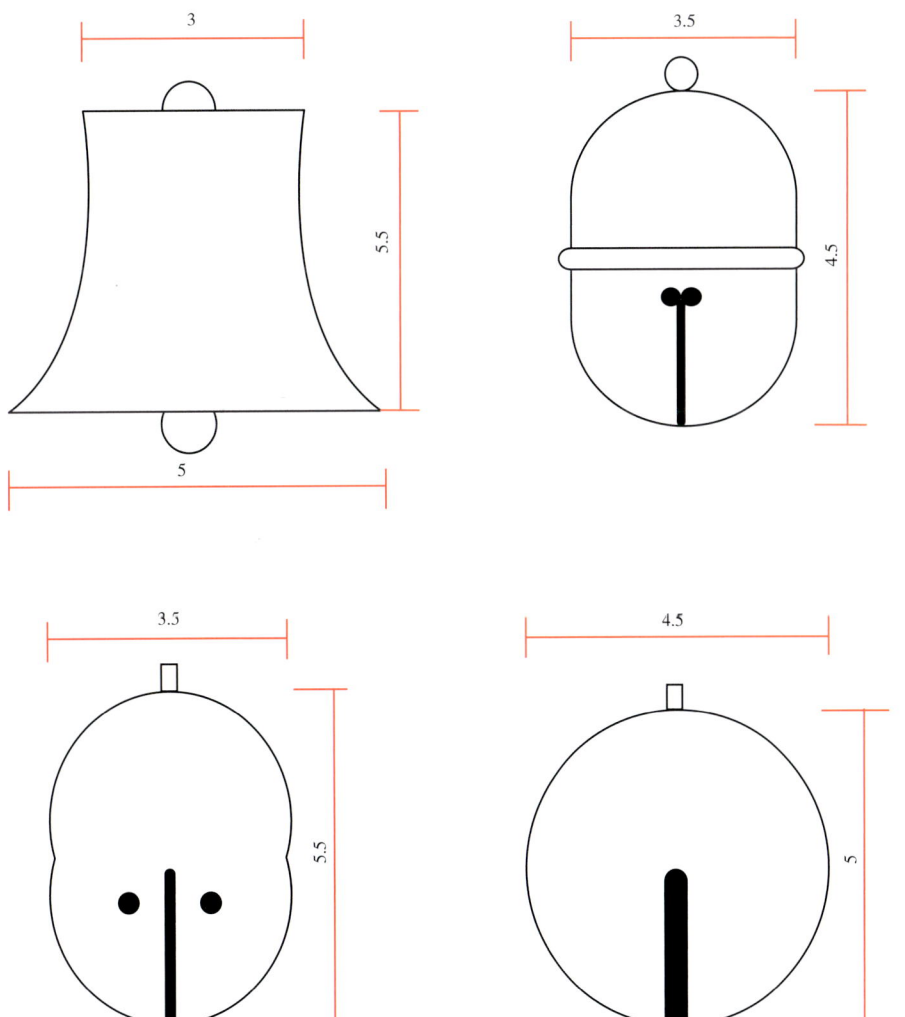

图四 达斡尔族猎鹰尾上的装饰铃尺寸图（单位：cm）

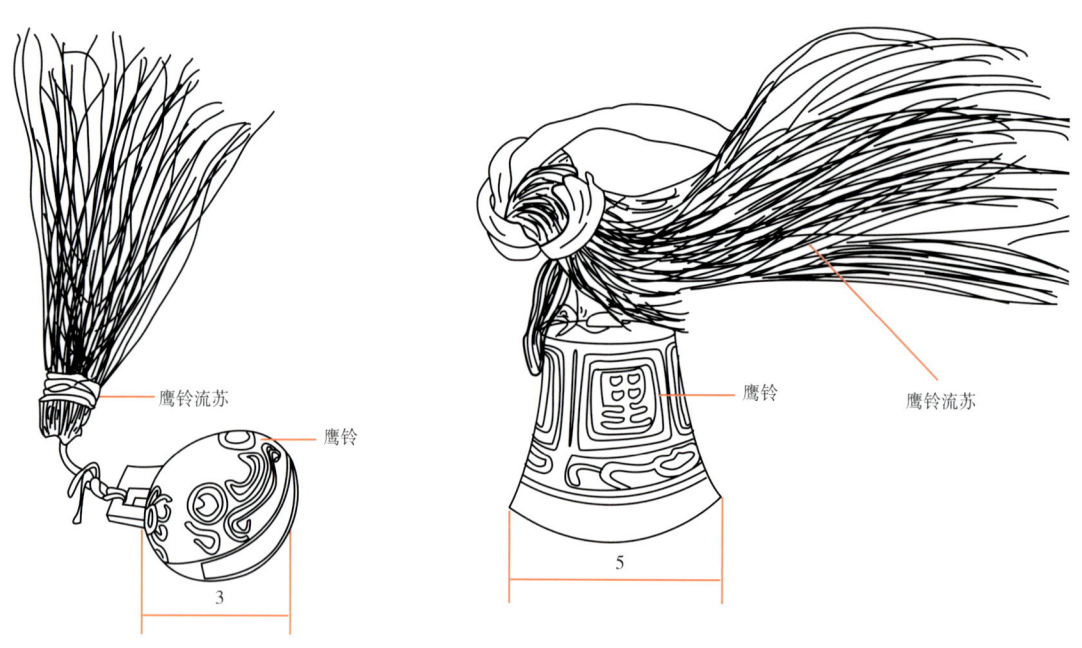

图五　达斡尔族猎鹰尾上的装饰铃侧面造型分析图（单位：cm）

图六　达斡尔族猎鹰尾上的装饰铃颜色分析图

图七　达斡尔族猎鹰尾上的装饰铃使用情境图

第七章
达斡尔族传统民俗和宗教造像

达斡尔族哈尼卡

图一　达斡尔族哈尼卡主图

哈尼卡是一种用于儿童游戏的纸偶，与达斡尔语"眼仁"一词同音，是眼仁中的小人形之意。它的形成与巫术和萨满教有直接或间接的承继关系，起初用以招魂、烧掉治病等。到了清末民初，哈尼卡在传统巫俗的基础上增加了观赏性、娱乐性、趣味性，成了一种基于对生活的理解和对成年人言行仿效的儿童游戏。

哈尼卡人物是由男、女、老、幼组成，都是正面站立，衣着则都是地道的达斡尔族装束。哈尼卡作为儿童游戏中的人物，它的角色设定与情节安排折射出本真的道德伦理追求，达斡尔族世代恪守的长幼有序、热爱劳动、亲仁善邻等传统美德都是孩子们在游戏中的表现内容，也是她们饶有兴趣、反复在游戏中试图再现和还原的主题。哈尼卡所蕴含的伦理道德、文化意蕴主要是在游戏场景中得以充分显现的，一定程度上对儿童起到自我教育和自我规范的作用，在达斡尔族传统社会中发挥着积极的道德教化功能。

哈尼卡一般高约15厘米，小巧玲珑。从制作材料上分为两种：一种是纯粹用纸制作的，另一种是用纸、布、蛋壳等制作的。纯粹用纸制作的分素色、彩色两种样式：素色的哈尼卡先用白纸对折剪出人物的头颈部分，粘贴在剖成半寸的细苇杆和秸秆上，然后用稍厚的纸叠成圆锥状并剪去尖顶部分，将剪好的头部与之插接起来，再把圆锥形的下端剪齐，即可站立，接着配以头饰、衣饰，使人物既有性别、年龄的区分，又有千变万化的面貌。彩色的哈尼卡是用彩纸、布、蛋壳贴绘的，更具有妙趣，它在纸制的基础上还要加上交叉在胸前的双臂，身上贴上用各种彩纸剪制出的坎肩、腰带、衣饰、荷包、佩刀等，做工精细，融入了现代的审美意识，色彩、样式、质感都与本民族的服饰趋于一致，体现出这个民族特有的生活趣味和艺术风貌。哈尼卡艺术易于理解也易于操作，但把它置放在达斡尔族的生活原貌中去考察，则远非那么简单，其背后有耐人寻味的民俗内涵，启人深思。

达斡尔族哈尼卡艺术富有特色的艺术风貌是达斡尔族原生态民俗文化的一个缩影。在哈尼卡艺术的审美中，十分注重表现神韵，并且包含了强烈的"善"的内容，使哈尼卡艺术的美不仅具有纯粹艺术的美感，而且夹杂着许多非审美的因素。哈尼卡之美是抽象的，最终指向的是伦理精神的美。哈尼卡艺术具有使人折服的天然情趣，在达斡尔人生产生活的过程中，不断汲取生活元素，始终贴近现实生活，吸收本土桦树皮艺术、萨满教人物造型特色，与并存互生的达斡尔族民间刺绣艺术互为生发、代代相传、历久弥新，共同构筑了达斡尔族民俗文化的精神世界。

图片来源

图一　苏都尔·伟伟　摄影
图二、图三　李婕　制图
图四　聂鸣　摄影
图五　李晓璇　制图
图六至图十　孟凡奇　摄影

图二　达斡尔族哈尼卡尺寸图（单位：cm）

图三　达斡尔族哈尼卡结构名称图

图四　达斡尔族哈尼卡制作实景图

图五　达斡尔族哈尼卡制作情境图

图六　达斡尔族哈尼卡作品实物图1

图七　达斡尔族哈尼卡作品实物图2

图八 达斡尔族哈尼卡作品实物图3

图九 达斡尔族哈尼卡作品实物图4

图十 达斡尔族哈尼卡作品实物图5

达斡尔族婚俗

图一 达斡尔族婚礼——送新娘

达斡尔族实行一夫一妻制与氏族外婚制，同一个姓氏、氏族内部不通婚，不与外民族人结婚，特别是不把姑娘嫁到外民族。这种成婚模式是在一定的生存空间内长期形成的行为规范，集合宗教信仰、民俗意愿、民俗心理等因素，是民族内心世界的外在形态化的民俗体系。达斡尔族婚俗展现了达斡尔地区的民俗风情与特色文化。

达斡尔族举办婚礼仪式一般在冬春农历双月，因为这一时期农事生产活动少，空闲时间长。达斡尔族的婚礼十分隆重，一般婚事要经过说媒、定亲、过礼、娶亲等几个程序完成。达斡尔族到适婚年龄的男女普遍采用托媒说亲方式，男女提亲需由媒人出面，自由恋爱者亦如此。通常男方请一位能言善道者，穿戴整齐，携带礼品前去提亲。一般媒人最少要去女方家提两次亲，算是定下来。男方则要向女方纳两次礼。第一次纳礼在婚礼前两三个月，称为"察恩特"，俗称"小礼"或"食物礼"，具体为祖马一匹，意为祖绳连结的姻亲；一头乳牛，还报岳母用乳汁哺育女儿的恩情；宰猪五口，其中一口褪毛猪，四口毛猪；白酒数坛以及自制糕点和奶制品若干，所送礼品多少根据家庭情况而定。纳礼这天男方同父母及媒人一起，将礼物带到女方家，同时男方拜见女方父母及其他长辈，姑娘要躲起来。晚上女方家设宴款待贵客及同家族的人，宴席上男方向长辈敬酒磕头，正式认亲，商量大礼日期、礼数并交换订婚的媒帖等。男方返回时，女方家赠马匹。第二次纳礼称为"托列"，即"衣物礼"或"大礼"，在婚礼的前一个月，由未婚女婿独自送去，给女方结婚所用布料、成衣、被褥和首饰等，如离女方家较远，也可送钱，由女方家购置新婚衣物，双方商定迎娶日期。

按照商定的结婚日期，新郎将盛装骑马跟随本家族人前往女方家迎亲，当晚男女双方使用同一碗筷互相进食，并请子女双全妇女监督，寓意夫妻婚后感情融洽。清晨，女婿先骑马回报，新娘则蒙上红色盖头乘坐篷车，由其亲弟或近亲驾车前往，其余送亲男女坐于马车上或骑马，带着嫁妆及陪送礼品，一路欢声歌唱，沿途遇见行人，不论是否相识，都分予酒肉和点心。送亲的喜车一定要在日落前到达，男方会在中途派人迎接，并向客人敬酒。然后，一人回去报信，一人陪同缓缓前行。队伍行至村外，停在路旁，点燃篝火，等候迎接。喜车到男方家门口时，男方派若干儿女双全的男女向新婚夫妇抛撒五谷杂粮，求富贵。新郎父母把双杯酒，依次敬来宾"接风酒""进门酒"，滴酒求育。新娘进西屋面窗盘坐于南炕，姑嫂为其解下红盖头，梳理头发，表示已正式成为男方家里的一员。男方引导来宾进屋入座，并宴请本村亲友。第二天，要举行赛马等娱乐活动进行庆贺并设酒宴，活动结束后，送亲来宾即返回，新郎要给岳父母准备酒肉和礼品，由送亲人员带回。男方父母敬"出门酒"，新娘送亲人于大门外，新郎送至村外，意味着新人新生活的开始。第三天，新娘由妯娌陪同拜见老人和长辈，并敬酒，磕头认亲。婚后一个月，由女婿驾车送新娘回娘家住半个月，之后由弟弟赶车将姐姐送回。

达斡尔族不轻易离婚，认为离婚是不体面的事。在达斡尔族有句俗语称："写离婚书的地方，三年不长草。"离婚男子要受到耻笑，如实在要离婚，则须举行盛大的离婚仪式，丈夫要跪卧地上，妻子从他颈部跨过，并将一块白布缠在男家的烟囱上，用来象征丈夫已经死去。

达斡尔族传统婚俗制度，繁多的礼仪、规矩以及婚宴等旧俗，是丰富的民族文化内涵的活态展现。透彻解析达斡尔族婚姻的类型、缔结形式及主要行为特点，对于我们全面把握由古婚俗向近代婚俗转变的历史脉络具有重要启迪。

图片来源
图一至图四　苏都尔·伟伟　摄影

图二　达斡尔族婚礼——新娘家亲戚饮进门酒

图三　达斡尔族婚礼——新郎显示身手

图四　达斡尔族婚礼——新郎家代表人给新娘父亲敬烟

达斡尔族祭敖包

图一 达斡尔族祭敖包主图

达斡尔族敖包的建立，源于当地民众为采集、狩猎等日常生活需要而离开居住地，在易迷失方向的山口、树林旁堆砌石堆作为引路标志，因此石堆被称为敖包。敖包文化符号是以自然崇拜为内涵，山石树木为主体，展现了达斡尔人原始的信仰意识与民俗民风。随着社会的不断发展，宗教思想的侵入，敖包则代表着萨满教的文化意识形态，被达斡尔人赋予了祭祀天地诸神的新内涵，是人对自然崇拜意识的直观反映，是达斡尔人最普遍与重要的祭祀活动。

敖包在民众心中是神灵享祭的居所。敖包的设立，选在地势开阔、山之高处，敖包祭台面向南，用石头堆积而成，直径约5米，高约0.5米，形状为大小不一的圆形鼓包，有些地区大敖包附近分有数个小敖包。敖包顶端中间插有高十几米不等的木杆，柳条环绕木杆四周捆扎，柳枝上绑红、黄、蓝三色绸带，分别代表祭祀火、大地、天。木杆上悬挂彩色布条和旗子。祭祀者以规定线路回转祭拜，其目的是保持原始敖包的意识特征。祭祀者们在祭拜敖包去山顶的路上，首先祭杆，其次在石块砌的祭台上摆放祭品并诵经。敖包最初以屯为单位，后以莫昆为单位，一般分春、秋两季进行祭拜，并设有专门的组织安排祭祀活动。春祭敖包，在五月由妇女们举行，不可宰杀牲畜，供奉素食，用来祭天地山川诸神，祈求一年风调雨顺、农事顺利、人畜兴旺，并共饮礼酒，演社戏，以激发万物繁衍能力。秋祭敖包，多在八月举行，"巴格奇"当主祭人，念祷词，主要用以感谢天神与祖先关照，恩赐丰收，同时祈求来年再获丰年、免除灾难。祭祀时，全屯族人参加，将熟牛、羊放于木盘中祭献敖包，焚香磕头，将肉按户均分，用以表示互帮互助之情，而后进行文体活动。

就其本质而言，祭敖包是人对自然崇拜意识的直观反映，都出于祈盼风调雨顺、人畜兴旺、五谷丰登的共同心愿与目的，这种信仰意识根植于达斡尔族的日常生产生活中，也是达斡尔族生活文化在其观念领域中的具体反映，是无形的造物思想与有形的造物活动设计的完美结合。

图片来源
图一　苏都尔·伟伟　摄影
图二至图五　孟凡奇　摄影

图二　达斡尔族祭敖包时的装饰树

图三　达斡尔族祭敖包的碑坊

图四　达斡尔族敖包碑坊

图五　达斡尔族敖包

达斡尔族抹黑节

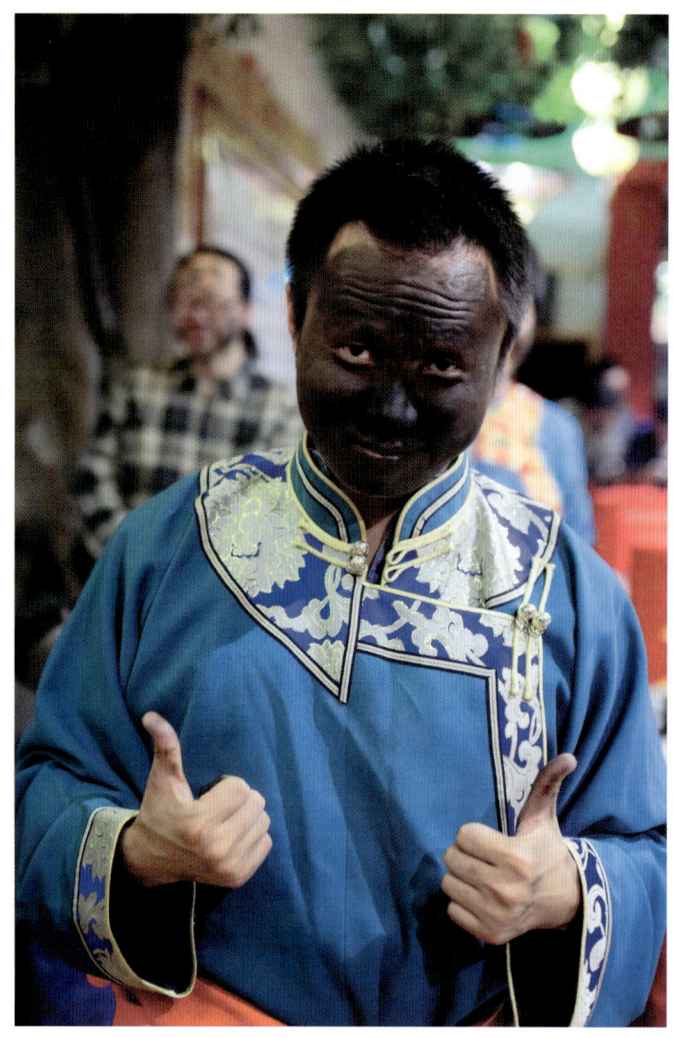

图一　达斡尔族抹黑节主图1

抹黑节，达斡尔语称作"霍乌都如"，又称之为抹灰节、黑灰节，是达斡尔族最热闹的传统民族节日，于每年农历正月十六日举行。抹黑节节日风俗与原始宗教思想有关，达斡尔人认为把脸抹黑神灵就可驱邪避灾。民间说法为，抹黑节这天，五谷之神下凡巡视民情，人们互相将对方脸上抹黑，一是为了祈求五谷之神切勿将黑穗病传到人间，以保民众身体健康；二是为了保佑庄稼风调雨顺、五谷丰登。

在达斡尔地区流传着"小煤炭，大抹黑，人人脸上黑黝黝"的民间风俗习惯。抹黑节当天所需材料为锅底黑灰,标准做法是:将生土豆一切两半,趁湿时放于煮饭铁锅底像研墨一样使劲磨,磨出来的颜色浓黑带光泽,抹在脸上则黑亮。抹黑的过程,也是接福祈福的过程,脸被抹得越黑的人说明人缘越好,在新一年里收获的祝福也越多;相反,这天要是保持白脸,则是未收到新年的祝福。正月十六天未亮之前,早起老人在儿媳陪同下,先在儿孙脑门抹点锅底黑灰,老人及儿媳之间互抹,边抹边为孩子祈福,其目的是避灾免祸。为孩子们抹黑祈福标志着抹黑节的开始。这一天,各家各户不闭门,人人都可开门而入,互相摸黑送祝福。年轻的小伙子们往姑娘脸上抹,遇到年老者须先施礼请安后,在老人额头抹个小黑点,以代表在新的一年送去对老人长寿安康的深深祝福。儿童也会参与抹黑节活动,这也使达斡尔族的这一民俗节日活动能够传承下来。到晚上,洗干净脸后,大家围在一起吃"奇克乌图莫",即荞面蒸饺。

抹黑节以活态形式文化存在,代表着达斡尔族民族文化影响着民众的心理。随着这个民族生活环境的变化和社会的进步,很多民俗节日文化都在被同化或逐渐消失,达斡尔族的文化亦是如此。通过了解与认知抹黑节民俗节日,对我们研究达斡尔族民俗文化在美学、艺术学、民俗学及设计思想中的运用都有着不可替代的作用。"黑"不仅是一种颜色,同时也代表着文化符号,对达斡尔族民族节日研究有着深远影响。

图片来源

图一、图二　苏都尔·伟伟　摄影

图二　达斡尔族抹黑节主图2

达斡尔族萨满神鼓

图一　达斡尔族萨满神鼓主图

"神鼓是没有字的经，鼓槌是神灵的笔；没有鼓唱不出神的声，显不出神的形。"（《神秘的萨满世界》，乌丙安著）。神鼓是达斡尔族萨满的重要神器，在萨满教中神鼓是有灵气的，它可以带着萨满涉水过河、遨游太空。在各种萨满仪式中，萨满必须手持神鼓，边唱边舞边击鼓。神鼓在萨满教中的地位是不可替代的。

达斡尔族萨满教中的神鼓形状不一，有圆形的、椭圆形的、长条形的。达斡尔族的神鼓属于单面鼓，一面蒙上皮革，另一面设把手，以便萨满在舞动时抓握。神鼓一般都是萨满自己制作，直径约为50厘米，厚度约为10厘米。鼓圈一般以松木、槐木、柏木为原料，将取来的木料削成长约200厘米、宽5厘米、厚1厘米的木条，然后将木料在火上烤，使其弯曲成圆形，两头接口处用刀削成斜形，用胶粘贴。鼓皮一般用狍皮、羊皮、牛皮制作，将动物毛皮在水中浸泡一天一夜，取出后去毛，用胶粘贴在鼓圈上即可，为了防止鼓皮与鼓圈打滑，经常要内衬一条麻绳。鼓面上经常会有些象征着太平与和平的图案，或连续的几何纹样，或萨满教的一些通天的文字符号等。鼓槌一般用桦木制作，长大约为40厘米，在鼓槌的面上也要包上狍皮或水獭皮。

神鼓是达斡尔族萨满教乐器的核心，神鼓的鼓点带动了全部萨满音乐、舞蹈及神歌表演，让神灵知晓，祈求神灵的保佑。

图片来源
图一　孟凡奇　摄影
图二至图七　李婕　制图
图八　刘祥　制图

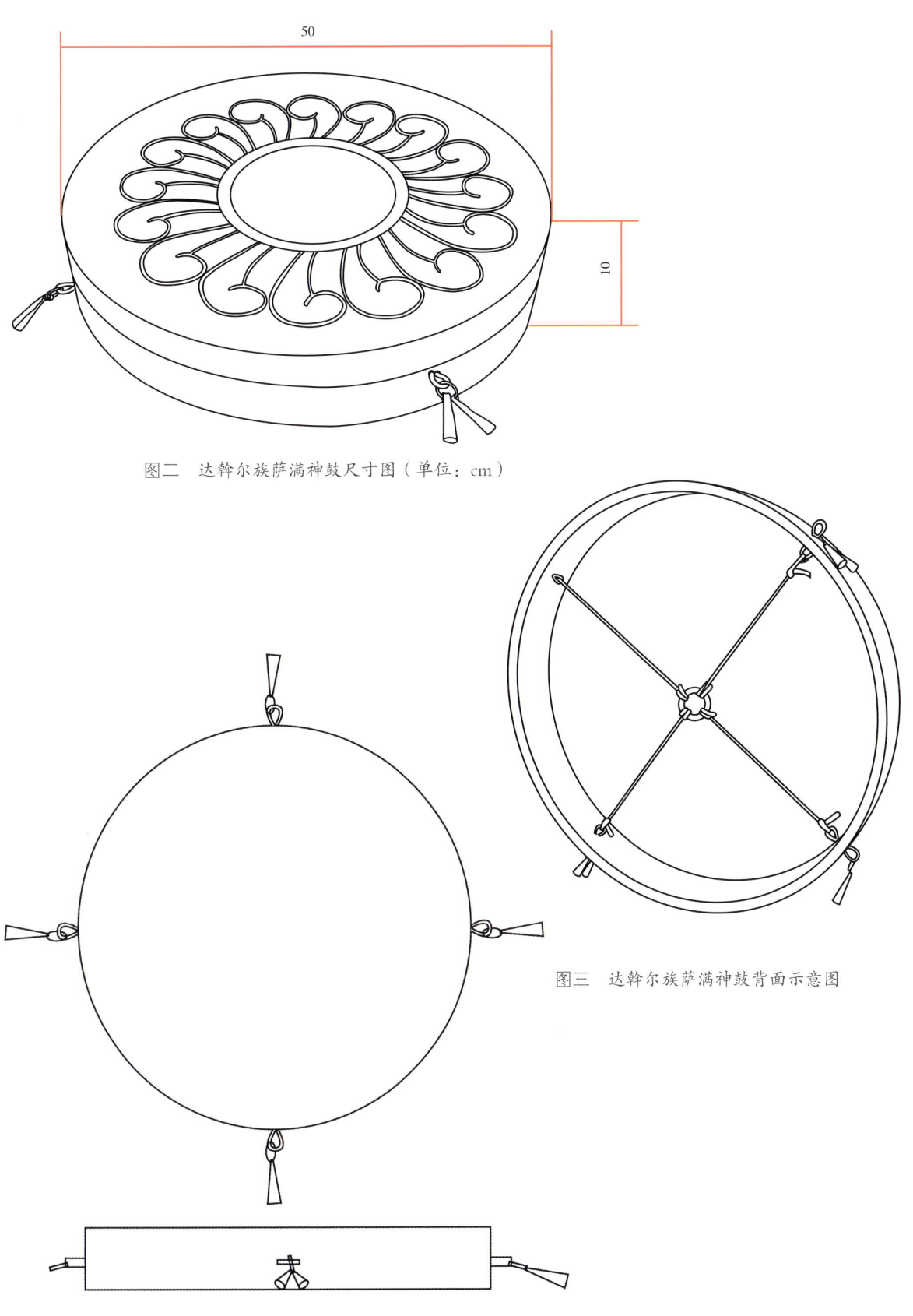

图二　达斡尔族萨满神鼓尺寸图（单位：cm）

图三　达斡尔族萨满神鼓背面示意图

图四　达斡尔族萨满神鼓顶视图

图五　达斡尔族萨满神鼓纹样示意图1

图六　达斡尔族萨满神鼓纹样示意图2

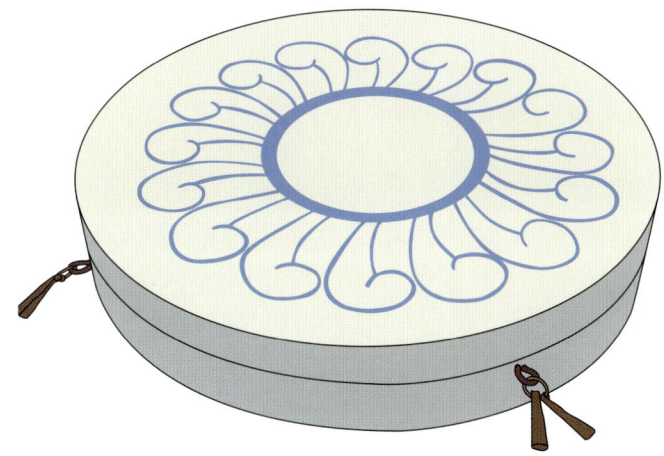

图七 达斡尔族萨满神鼓效果图

图八 达斡尔族萨满神鼓使用情境图

第七章 达斡尔族传统民俗和宗教造像

达斡尔族萨满神帽

图一　达斡尔族萨满神帽主图

达斡尔族的萨满神帽是萨满在舞动时所戴的帽子，它不仅具有一定象征意义，而且与萨满的等级也有一定的关联。萨满神帽的鹿角上系挂着不同种颜色的哈达，哈达的多寡标志着萨满神事的阅历。达斡尔族的萨满神帽是萨满在表演时的重要服饰。

萨满神帽高约70厘米，直径为30厘米，主要是由宽4厘米的2片铜片为基本构件，这两片铜片呈"十"字花形搭接，铜片上刻有花纹。"十"字花帽架上左右分别伸出两个铜质的鹿角，上面系有若干红、黄、绿、蓝、白五色哈达。"十"字花帽架正中间铜片上镶嵌着莲花瓣的珊瑚珠，帽檐下方有用七彩线装饰的丝绶，长短正好遮住萨满的双目，在萨满表演的时候增加了萨满舞动时的神秘气氛。神帽内套着黑色大绒的帽头，上面绣有两只凤的纹样，边上有系在额下的系带。神帽是识别萨满资历的标志，鹿角权数的多寡，标志着萨满级别的高低，初当萨满者只能用红布包头，出道三年以后才可以带上有三权鹿角的神帽，再经过三年才可以带上有六权鹿角的神帽。

神帽是萨满在表演时的重要配饰，也是萨满等级以及神事阅历的标志，它同时具有一定的装饰作用，双凤盘缠的纹样刺绣图案、精湛的镶嵌艺术、七色线条的装饰等，为萨满在舞动的过程中增添了神秘感。

图片来源

图一　孟凡奇　摄影

图二、图三　李婕　制图

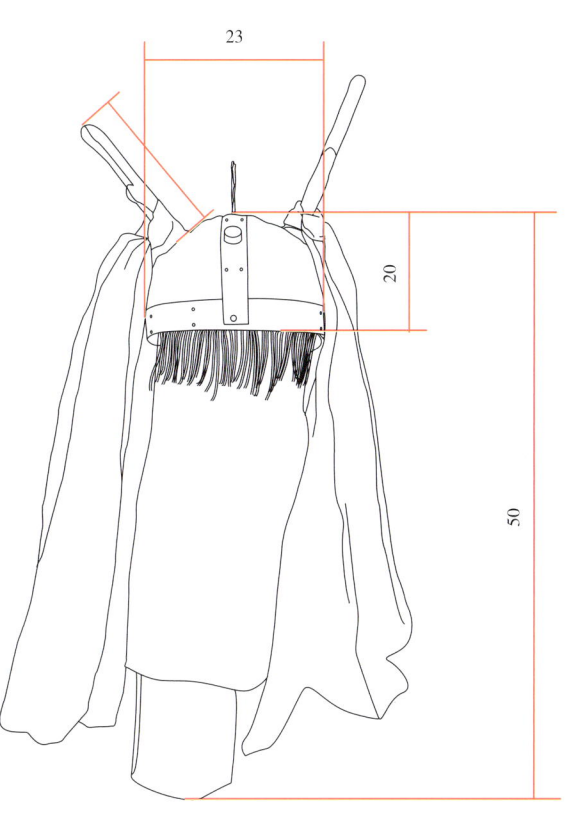

图二　达斡尔族萨满神帽尺寸图（单位：cm）

图三　达斡尔族萨满神帽颜色分析图

达斡尔族萨满神衣

图一　达斡尔族萨满神衣主图

达斡尔语称萨满神衣为"萨玛希凯",是达斡尔族萨满在跳神治病和举行大型祭奠时所穿戴的。其做工精细,装饰华丽,总重量可达150斤。

萨满的神衣是用熟软的犴毛皮做成的对襟长袍。毛皮本身偏土黄色,领口用红、黄、绿三色彩条作为装饰,从领口至下摆,有九个盘扣,左边是作为扣的小铜铃,右边则对应着用绿色绸缎编织成的扣眼。肩部正中镶嵌着两厘米的绿色布条。袖筒及袍子左右下摆各配有三条黑色大绒,大绒的上面绣有粉色的花、绿色的叶子及黄色的五角星。左右下摆的每条绒上钉着10个铜铃,一共60个铜铃。袖口为箭袖,卷起时呈马蹄形,黑绒底黄牙边，并绣有蓝色云彩、黄色月亮，内侧缀有铜铃。前胸缀有贝壳组成的六组图案，下面是直径为5厘米的小铜镜60个，分六排排列。神衣的背面分成三个部分，最上面是肩背部，黑色大绒上绣有龙凤图案，中间部分缀着五个铜镜，中间大铜镜为护背镜，直径为30厘米，其他四个小铜镜直径为16厘米。腰部以下称为条裙，是由上下共两层的24条裙带组成，黑绒底黄色边，上层的12条裙带长20厘米，宽6厘米，上面绣有荷花；下层的12条裙带长57厘米，宽6厘米，上面绣有桂花；最下面是十二个属相，底穗为深浅颜色不一的12色彩线，象征着一年的12个月。

达斡尔族的萨满神衣是具有一定象征意义的与神灵对话的媒介，是萨满舞者在表演时的服饰，它华丽的装饰、浓重的色彩为萨满的表演增添了无尽的神秘气息。

图片来源
图一　孟凡奇　摄影
图二至图五　李婕　制图
图六　刘祥　制图

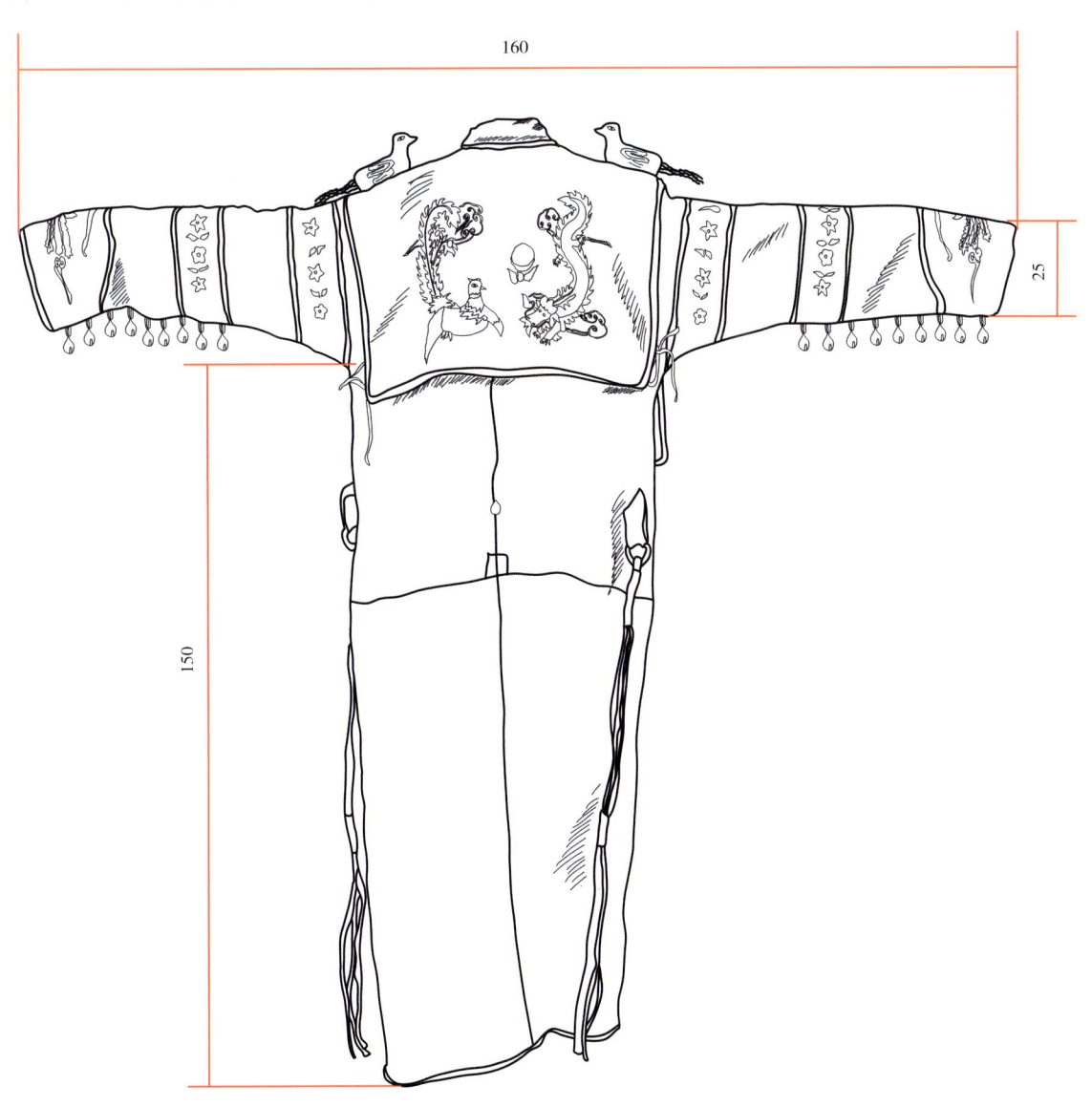

图二　达斡尔族萨满神衣尺寸图（单位：cm）

图三　达斡尔族萨满神衣局部分析图1

图四　达斡尔族萨满神衣局部分析图2

图五 达斡尔族萨满神衣示意图

图六 达斡尔族萨满神衣穿着示意图

达斡尔族曲棍球

图一　达斡尔族曲棍球比赛场面

曲棍球，达斡尔语称"贝阔"，是达斡尔人普遍喜爱的一种民间传统体育运动，达斡尔族生活的地区内蒙古莫力达瓦自治区素有"曲棍球之乡"的美誉。达斡尔族的曲棍球运动起源于古代的生产实践，并在娱乐活动中得到了发展，是与达斡尔先民以狩猎为主的生产、生活方式息息相关的。达斡尔语称曲棍球场地两端的球门为"阿那格"或"耶热"，分别意为狩猎营地和野兽洞穴，说明达斡尔族曲棍球运动源于狩猎活动的安营扎寨和在野兽洞口堵击野兽的活动。这种体育运动在达斡尔族已有近千年的传承。

曲棍球用于击球的球棍，是用整棵矮小的根部弯曲的柞木或水曲柳木制作的，长约1.5米，木柄下端呈弯月状，是击球的部位；球分为毛球、木球和火球，直径大约为10厘米。毛球是用兽毛团成的，软软的并具有弹性，球速慢，适于少年儿童和老年人击打。成年人一般使用木球，木球用杏树根或桦树上长的菌瘤加工而成，比较坚固耐用。火球，即把木球掏成空心，再在球上搓出几个窟窿，内燃松明或桦树皮，或用毛毡球浸上易燃品，可长时不熄，在朦胧的月色中，球飞来飞去，划出一道道绚丽的弧线，与其他体育项目相比，别有一番风趣。

曲棍球运动，多在春秋两季闲时进行，农历一、二月份最为盛行。打曲棍球要选择一块空地，参加者分成相等人数的两队，总人数不限，但两队人数相等，少则每队六七人，多则十几人均可。球场需一个200米长、50米宽的平坦空地，中间划分界线，两端各设球门一个，参赛队员可分为守门员、前锋、后卫等。比赛时，在场地中线发球，双方你争我夺，队员为了战胜对方，利用娴熟的技巧、灵活的动作密切配合，比赛中攻入对方球门的球数多者为胜者。比赛也有相关规定：不能扔出球棍击球，不得用球棍打人，除守门员外不能用手碰球、用脚踢球，球棍一律从右侧击出、不得从左侧击出等。除了正式比赛，一般不设专门的裁判，大家都自觉遵守比赛规则。

1976年，在莫力达瓦达斡尔族自治旗成立了我国第一支男子曲棍球队，1982年成立了我国第一支女子曲棍球队。1982年在巴基斯坦举行的第一届亚洲杯曲棍球大赛上，以莫旗达斡尔族青年为主力的中国队夺得了第二名，在国际曲棍球坛上第一次升起了五星红旗。2008年奥运会中，莫力达瓦的五名达斡尔族曲棍球队员参加了奥运比赛，也有很多达斡尔族曲棍球队员现在在世界各地担任教练工作，在达斡尔族的历史上留下了光辉的篇章。在国家体委的号召下，达斡尔族的中小学普遍开展了曲棍球运动，成为课上课下的重要训练项目，为国家曲棍球队选送了大批优秀的球员，也为我国曲棍球运动的发展和壮大立下了汗马功劳！

根植于民族深厚沃土的达斡尔族曲棍球文化，在草原文化中独树一帜，并在不断发展。曲棍球运动对于培养青少年一代勇敢顽强、机智敏捷、群体合作的优良作风，无疑起到了很好的作用，始终是强健大众身心、彰显民族精神的传统体育项目。达斡尔族的曲棍球运动是在先民的狩猎生活中得以传承和发展的，这种体育运动项目的背后隐匿着这个民族的生产生活方式，它既包括球棍、曲棍球、球场、球门等物品中所体现的传统造物文化，也包括曲棍球训练、比赛和表演等活动中所体现的行为方式文化，对民俗学、行为学、社会学等设计发生学相关领域都有重要的研究价值。历史上达斡尔族的造物思想、造物文化、生产方式、行为方式等也都凝练在这传统的体育项目之中。

图片来源
图一、图十　苏都尔·伟伟　摄影
图二、图三　李婕　制图
图四至图九　孟凡奇　摄影

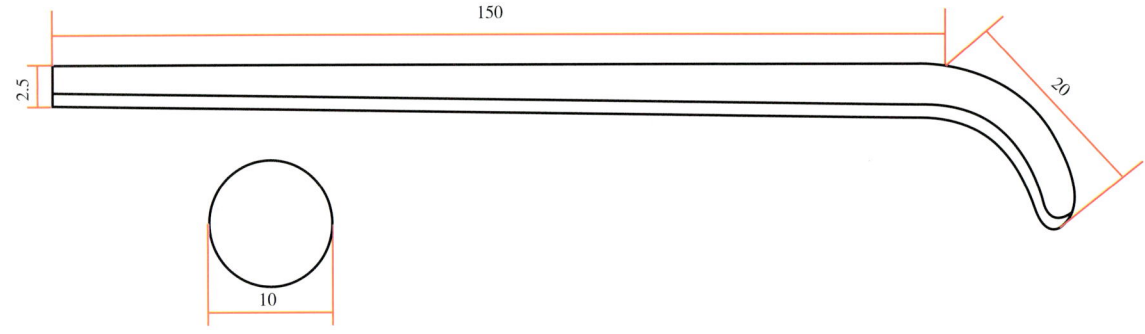

图二　达斡尔族曲棍球尺寸图（单位：cm）

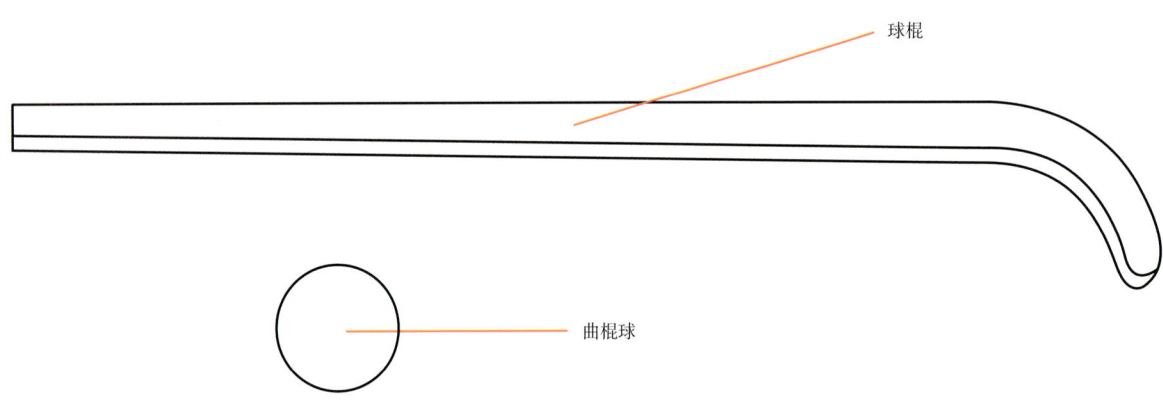

图三　达斡尔族曲棍球名称图

图四　木球实物图

图五　火球实物图

图六　毛球实物图　　　　　　　　　图七　20世纪80年代中国第一批球棍

图八　莫力达瓦达斡尔族自治旗第一曲棍球球场

图九　莫力达瓦达斡尔族自治旗第二曲棍球球场

图十　点燃火球的达斡尔族少年曲棍球队

达斡尔族围鹿棋

图一 达斡尔族围鹿棋主图

达斡尔人把下围鹿棋称为"博格·台里贝",是达斡尔族传统的体育智力游戏。围鹿棋棋盘类似中国象棋棋盘,玩法类似跳棋和围棋。围鹿棋"以狗围鹿"的游戏方法,是达斡尔先民早期集体围猎的生产方式的游戏再现。下围鹿棋在达斡尔族的民间生活中较为常见,老少皆宜,不受场地限制,随时可以操之对弈,既可以开动脑筋,又能够消遣闲暇,是达斡尔族一种有利于智力开发和锻炼应变能力的棋类游戏。

围鹿棋的主棋盘是由一个大的正方形平分成四个小正方形组成,每个小正方形由"米"字平分,纵横相连。在主棋盘正方形的两侧各有一个三角形,内部均画有"十"字形,这称为"山",是"鹿"或"狼"躲避的地方。"山"与主棋盘的交合处叫"山口"。棋盘可以有木制、石刻,也可在纸和沙土上画。围鹿棋共有26枚棋子,其中两个大棋子代表"鹿",24个小棋子代表"猎狗"或"猎人"。棋子一般用木头雕刻成鹿和狗的形态,也可以用石头、木棍或"萨克"(兽的脚踝骨)来代替。在莫力达瓦民俗博物馆收藏的围鹿棋,制作精良,栩栩如生。主棋盘大概有70厘米长、50厘米宽、30厘米高,适合两人面对面对垒。鹿棋与狗棋的尺寸大概长有8厘米,宽度为2厘米,高度为6厘米。棋子是木雕而成,无论是"鹿"还是"狗",形象生动。2只鹿棋和24只狗棋形象各异，动作均是呈向前围猎状，有的猎狗张开大嘴，伸出舌头，形象凶猛，仿佛吼叫着立刻要蹿出很远；有的呈稳坐等待状态，仿佛悠闲地静等鹿的出现；还有的猎狗已经是正在起跑的动作，看到猎物（鹿）后，先向其示威，静观猎物的状态。

开局前，一方执两个鹿棋子，放在两座山的"山口"处；另一方执 24 个狗棋子，将8个放在棋盘中间的八个点上，剩余16个等待开局后用于围堵"鹿"。开局时，每人一步轮流执棋，执"鹿"者先走，可任意走一格，或从一个"狗"上跳过，跳过则可以吃掉被跳过的棋子，一次只能吃掉一个。游戏需要争取多吃掉棋子，使对方无力围堵。执狗棋者，需要把剩余的 16 个狗棋子每次一个放到棋盘上，方能动用棋盘上的狗棋子。如果"狗"把"鹿"围住，使其无棋可走或是围困在山上为胜。如果"鹿"被"狗"围得无路可走，则执狗棋者胜；如果"狗"被"鹿"吃得所剩无几，则执鹿棋者为胜，以此标志一局结束。

围鹿棋是达斡尔族极具民族特色的游艺活动，反映了达斡尔族早期集体围猎生产的捕猎生活，是达斡尔族一种经常性的智力竞技和民间文化娱乐形式。在围鹿棋的玩弈过程中，参与者的行为、动作、思维方式及精神状态，可以用行为学的发生方式来予以解释；而围鹿棋的制作工艺，棋盘和棋子的造型形态，则是中国传统造物文化的表征。达斡尔族的围鹿棋具有很高的文化内涵，体现了达斡尔人的生活情趣，展现了其自娱自乐的生活内容，造就了民族传统竞技的多元发展。

图片来源
图一、图八至图十　孟凡奇　摄影
图二、图四　李婕　制图
图三、图五　李晓璇　制图
图六、图七　苏都尔·伟伟　摄影

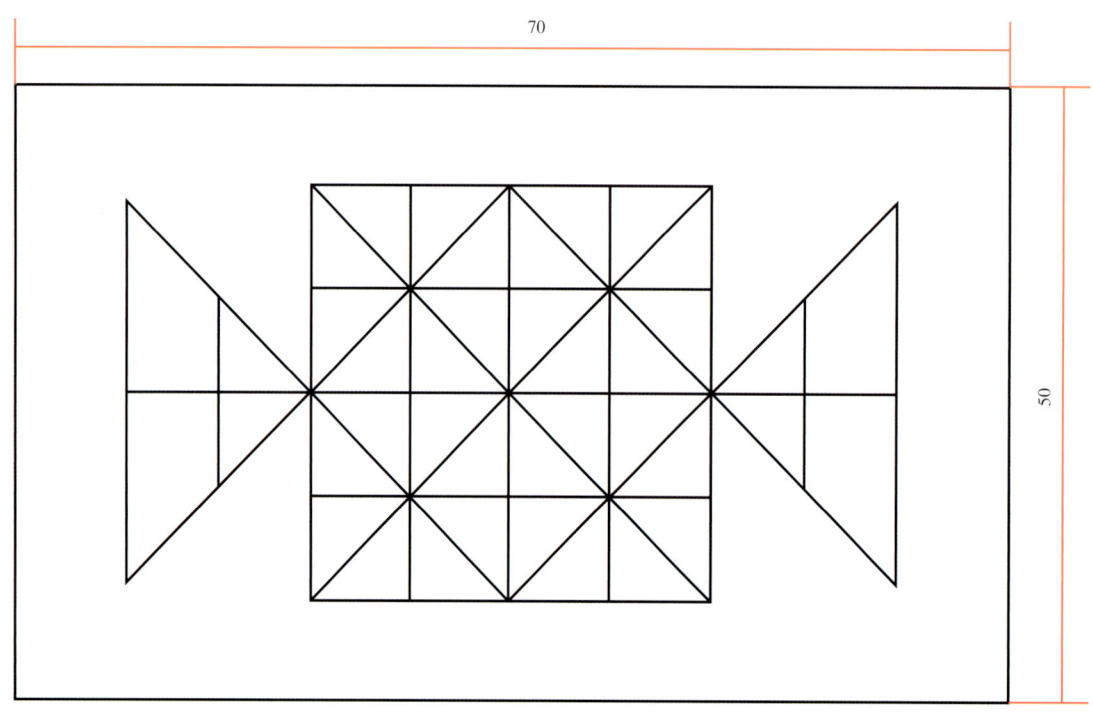

图二　达斡尔族围鹿棋尺寸图（单位：cm）

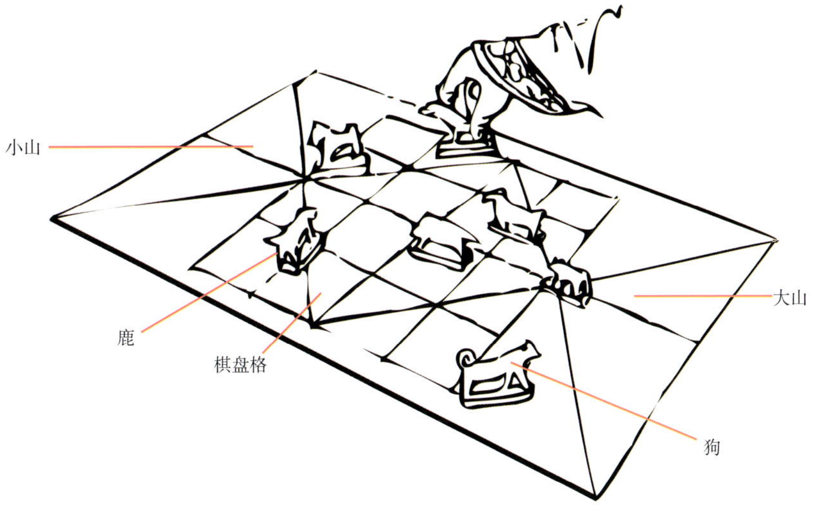

图三　达斡尔族围鹿棋结构名称图

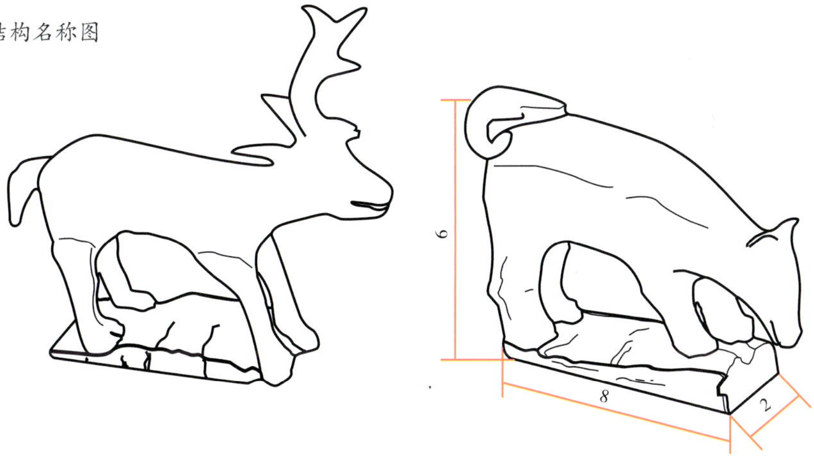

图四　达斡尔族围鹿棋棋子尺寸图（单位：cm）

图五　达斡尔族围鹿棋使用情境图

图六　达斡尔族围鹿棋使用实景图

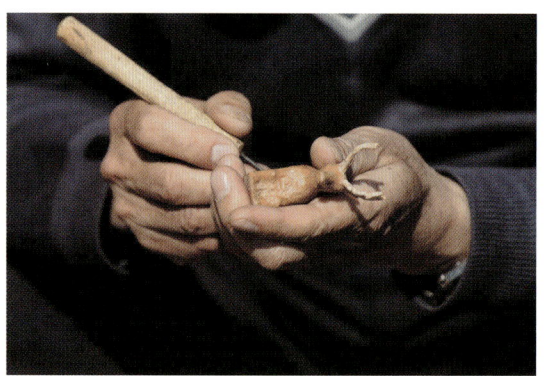

图七　达斡尔族围鹿棋制作场面实景图

图八　达斡尔族围鹿棋局部实物图

图九　达斡尔族围鹿棋棋子正面实物图

图十　达斡尔族围鹿棋棋子侧面实物图

达斡尔族扳棍赛

图一　达斡尔族扳棍赛场图

达斡尔族体育运动项目扳棍赛与人们的生产生活紧密联系，早期由于军事斗争和练兵活动的开展，扳棍这项运动被作为当时的一种训练项目。随着时间的推移，达斡尔族的经济发展以农业为主，民众的生活条件也得到改善，扳棍这项活动不再用于军事训练，而是进入民众的日常生活中，人们可以利用更多生产余暇时间组织和参与这项体育活动。这些都潜移默化地影响着达斡尔族扳棍赛这项体育运动的发展，从而形成了具有民族地方特色的体育文化。

扳棍赛又称为"把劲"，是具有传统民族特色的体育活动，也是较为普及的体育运动项目之一。比赛简便易行，男女老幼皆宜，不受人数、场地、时间的限制，是一项群众性和娱乐性较强的体育活动。扳棍赛所需器械极为简单易取，只需备一根长度约为1米、直径约3厘米的光滑木棍即可。比赛要求参赛者双方两脚互蹬，伸直双腿坐于地面之上，双方的双手相互交叉紧握棍，待裁判宣布比赛开始，双方各自用力扳拉，在比赛过程中不得屡次分腿、斜倒或突然松棍，如因力气不足而把任意一方拉起臀部离地为胜，反之则为败。当被扳起者失败下场后，围观者可以接替上场较量。

扳棍赛这项体育活动存在于达斡尔民众的日常生活中，也影响着达斡尔族民俗风情。它既是一项体育运动，也蕴含着内涵丰富的民族文化，集中展现了达斡尔族在传统民族体育文化中的发展轨迹，对了解与研究达斡尔族古代体育扳棍赛的文化特征，传承和发挥其独有的社会效用具有重要意义。

图片来源

图一　苏都尔·伟伟　摄影
图二　孟凡奇　摄影
图三至图五　李婕　制图

图二　达斡尔族扳棍赛实景图

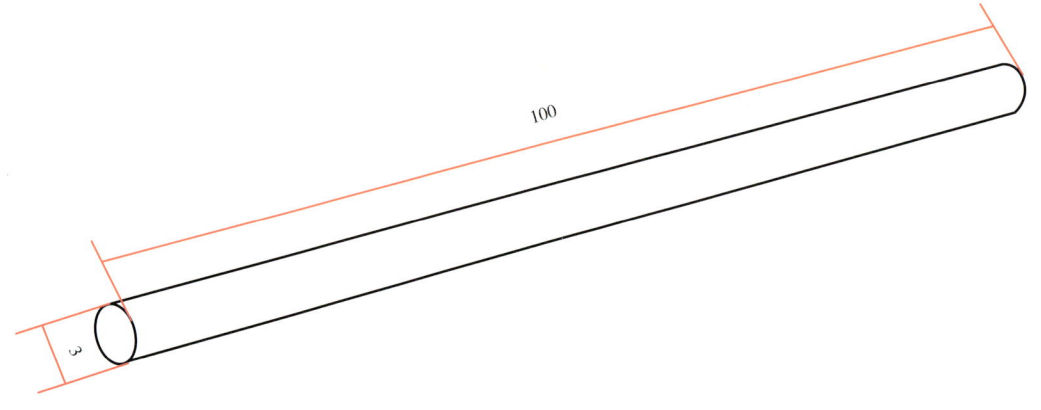

图三　达斡尔族扳棍赛器械尺寸图（单位：cm）

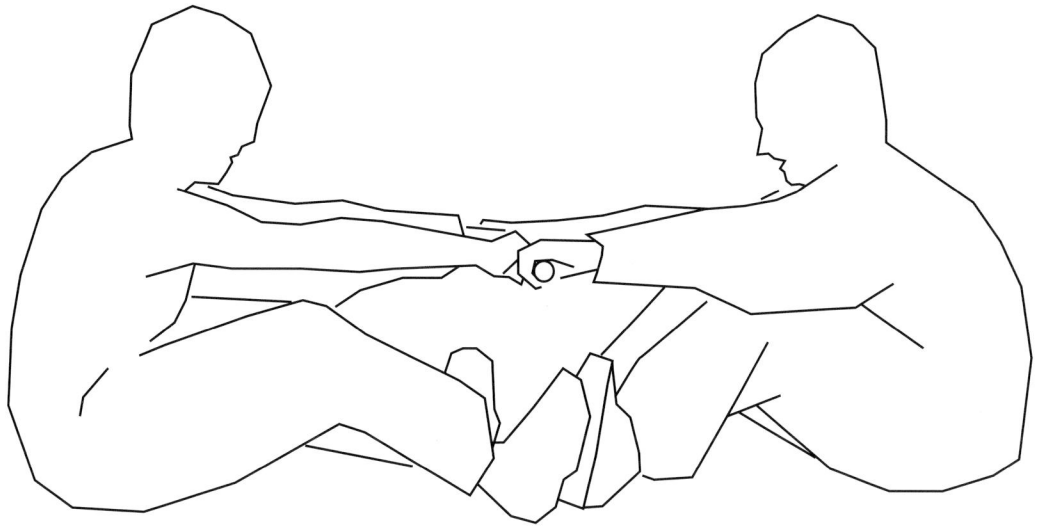

图四　达斡尔族扳棍赛玩法侧视图

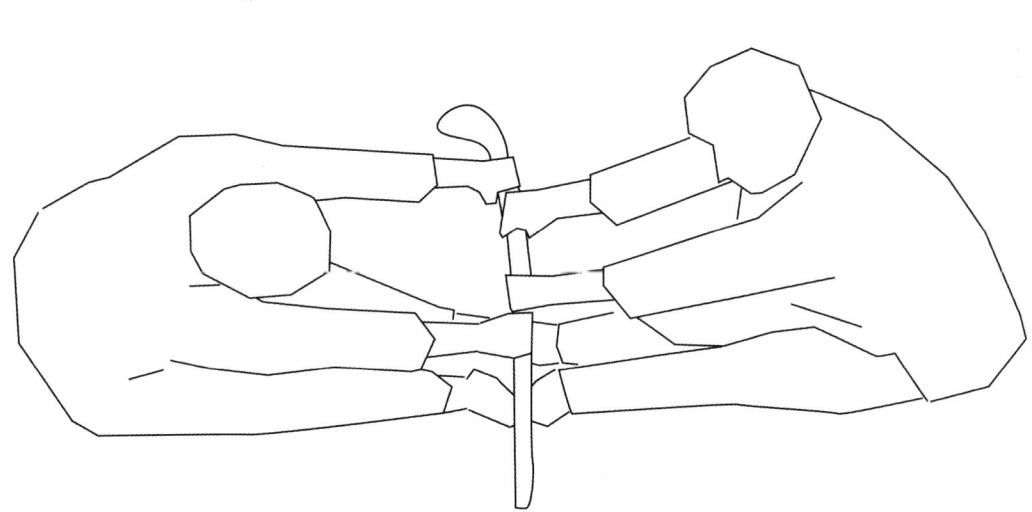

图五　达斡尔族扳棍赛玩法顶视图

达斡尔族颈力赛

图一　达斡尔族颈力赛场面

《达斡尔族志稿》中曾这样记载："契丹旧俗，以射猎为业，以禽兽为食。辽之先世始教民稼穑，树艺五谷，相时而耕。"生产生活方式的不断演进，深深地影响着达斡尔民族的体育文化，造就了其独特的民间传统体育运动项目——颈力赛。颈力赛强健了达斡尔人的体魄，培养了达斡尔人豪爽豁达的性格和不畏艰险的精神气质，形成了具有民族特色、文化深厚的体育运动项目。

颈力赛是达斡尔族民众在田间劳作、渔猎休息时，不需专门场地就可进行的体育比赛项目，是生活化的体育活动。颈力赛所需材料极为简单，取一条长约4米的宽布带，参赛者脚对脚伸直腿坐于地面上，将结好扣的宽布带套于双方的脖颈部，然后双手用力按住各自腿部，等待比赛开始。开赛后，参赛者双方各自用力后仰，并努力将对方拉起，在各自用力期间，不得分腿或向一方倾倒，如因颈力不足而被对方拉起臀部离地者为败，相反则另一方取胜。

颈力赛依附于一定的民众日常生活文化及风俗习惯，凝聚了达斡尔民族文化的精华和情感内涵。这种运动项目不只是一种运动，也代表着一种文化符号，了解与研究颈力赛体育活动本身蕴藏的文化，对传承其独有的社会效用具有重要意义，对研究民俗文化学、社会学等相关领域具有重要价值，对比较与现代体育不同的文化特征和价值观念有重要作用。

图片来源

图一　苏都尔·伟伟　摄影

图二至图四　李婕　制图

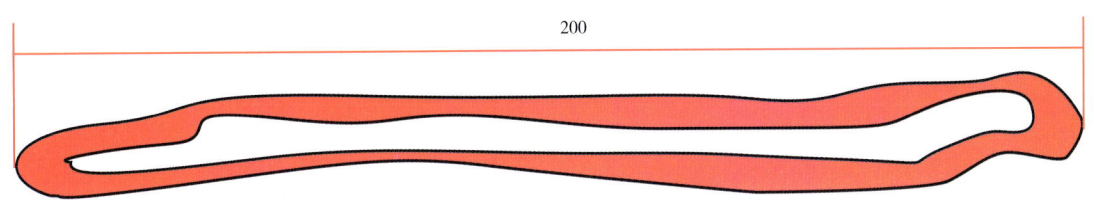

图二　达斡尔族颈力赛绳尺寸图（单位：cm）

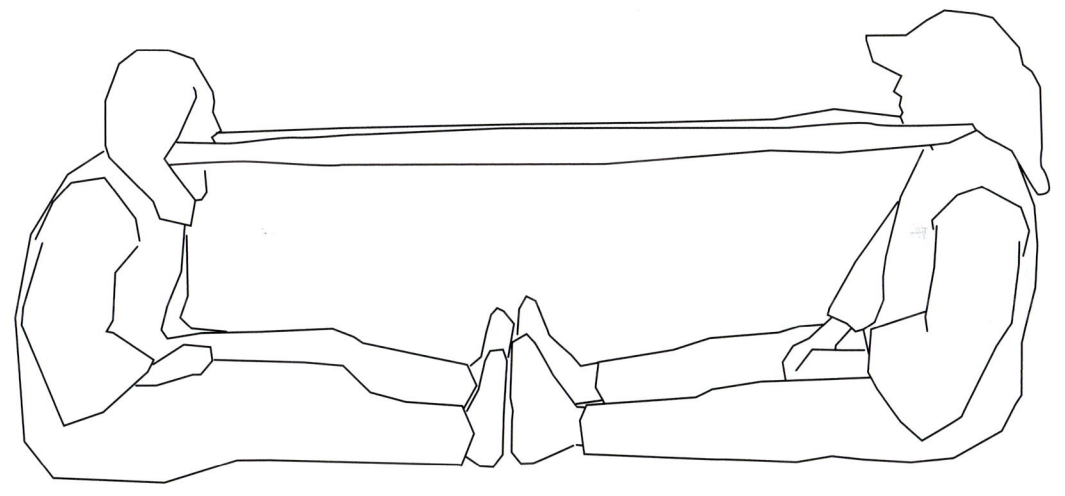

图三　达斡尔族颈力赛玩法侧视图

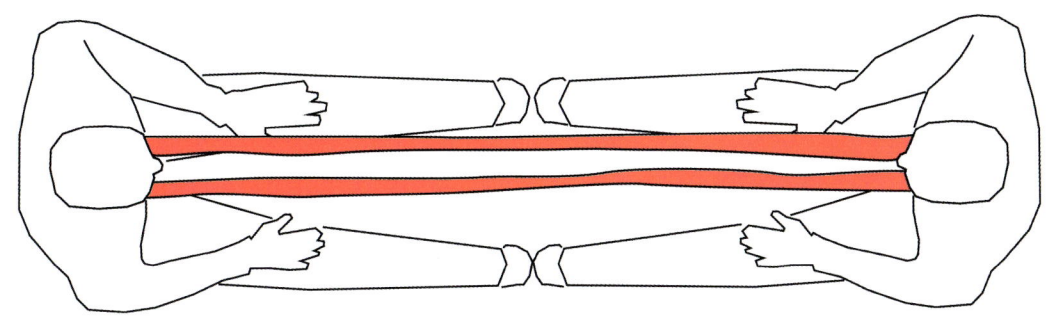

图四　达斡尔族颈力赛玩法顶视图

声　明

本书编写时收入的个别图片，因条件所限，未能同相关著作权人取得联系，获得授权，敬请谅解。请相关著作权人及时与编者联系，以便奉上稿酬。谢谢！